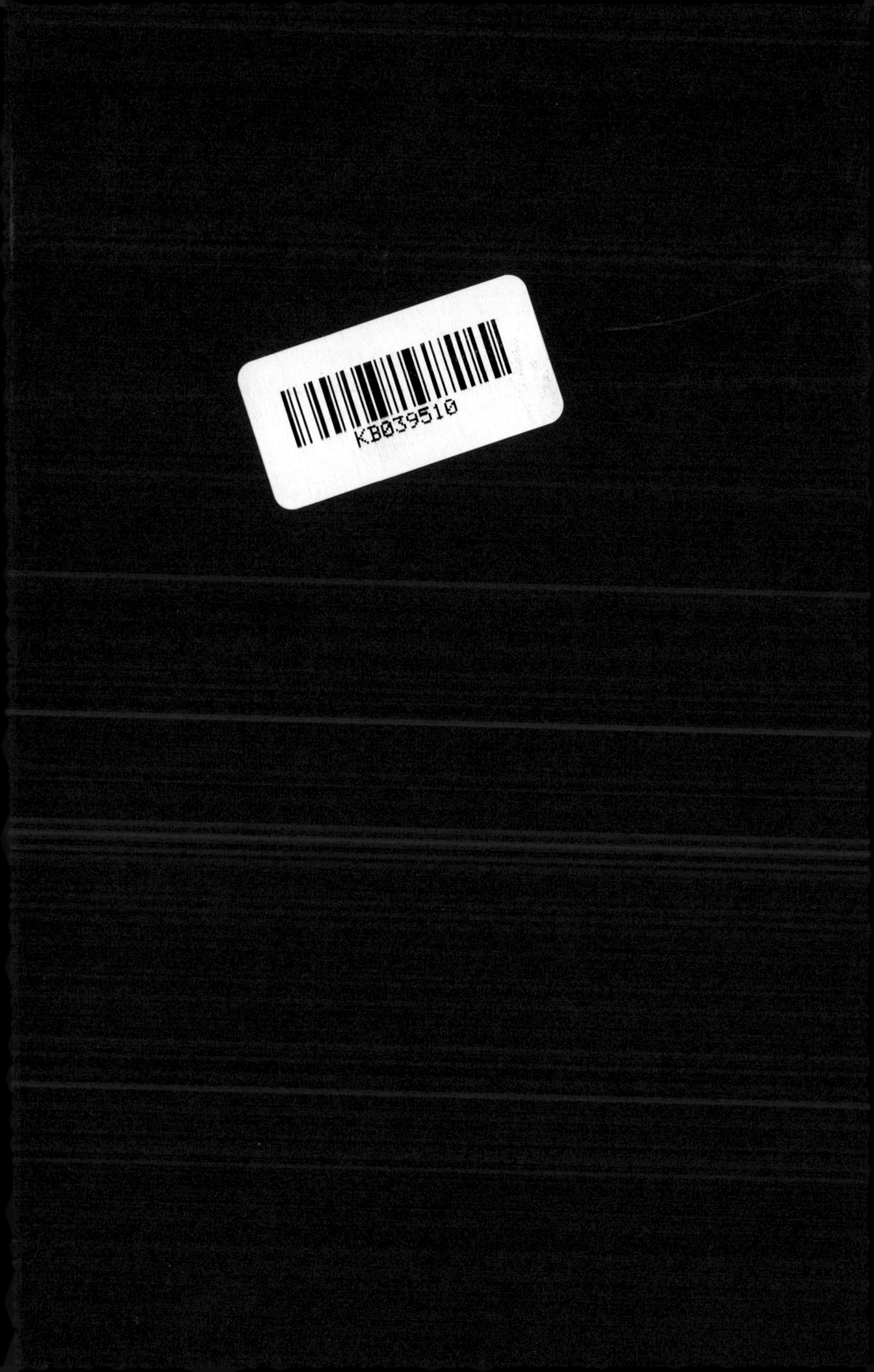
KB039510

uxori meae

한국 · 독일

민법전 상속편

이진기 편역

박영사

서 문

편역자를 학자의 길로 이끌어주신 曺 圭昌 교수님께서 <대한민국 민법전>을 독일어로 번역하여 출간한 때부터 벌써 40년 가까이 지났습니다. 이중에서 <상속편> 만을 떼어 다시 독일어로 옮기고 처음으로 우리말로 바꾼 <독일민법전 상속편>과 함께 묶어 책으로 냅니다. <독일민법전 상속편>은 되도록 직역하였습니다. 책의 끝부분에 편역자가 만든 색인을 붙입니다. 모자라거나 잘못된 번역은 힘닿는 대로 바로 잡겠습니다.

이 책이 있기까지 도움을 주신 모든 분들께 두 손 모아 감사드립니다. 고맙습니다.

2019년 10월

이 진기

목 차

제 1 권
대한민국 민법 상속편

민법
Koreanisches Bürgerliches Gesetzbuch

第 5 編　相續
Fünftes Buch. Erbrecht

제 2 권
독일연방공화국 민법 상속편

Bürgerliches Gesetzbuch
독일민법

Buch 5. Erbrecht
제 5 권 상속법

제 1 권

대한민국 민법 상속편

민법

第5編 相續

第1章 相續

第1節 總則

第997條 (相續開始의 原因)

相續은 死亡으로 因하여 開始된다.

第998條 (相續開始의 場所)

相續은 被相續人의 住所地에서 開始한다.

第998條의2 (相續費用)

相續에 관한 費用은 相續財産 중에서 支給한다.

Koreanisches Bürgerliches Gesetzbuch

Fünftes Buch. Erbrecht[1]

Erster Abschnitt.[2] Erbfolge

Erstes Kapitel. Allgemeine Vorschriften

§ 997.[3] (Erbfall)

Der Erbfall tritt mit dem Tod einer Person ein.
<§§ 1922, 1942 BGB>

§ 998.[4] (Ort des Erbfalls)

Der Erbfall tritt an dem (letzten) Wohnort des Erblassers ein.
<vgl. § 1944 III BGB>

§ 998-2.[5] (Kosten der Beerbung)

Die Kosten der Beerbung fallen der Erbschaft zur Last.
<§ 2121 IV, vgl. auch § 1968 BGB>

---

1 Solange sich die Änderung auf den Begriff ‚Gütererbfolge' bzw. ‚Gütererbe' bezieht, ist für die diesbezüglichen Überschriften und Vorschriften (vgl. auch § 13 Einführungsvorschriften vom 13.01.1990) im Fünften Buch (Erbrecht) keine neue Übersetzung erforderlich.

2 Der 2. Abschnitt des Fünften Buches wurde mit der Änderung vom 13.01.1990 zum 1. Abschnitt.

3 § 997 neu gefasst durch Gesetz vom 13.01.1990.

4 § 998 neu gefasst durch Gesetz vom 13.01.1990.

5 § 998-2 neu eingeführt durch Gesetz vom 13.01.1990.

第999條 (相續回復請求權)

① 相續權이 僭稱相續權者로 인하여 침해된 때에는 相續權者 또는 그 法定代理人은 相續回復의 訴를 제기할 수 있다.

② 第1項의 相續回復請求權은 그 침해를 안 날부터 3年, 相續權의 침해행위가 있은 날부터 10년을 경과하면 消滅된다.

第2節 相續人

第1000條 (相續의 順位)

① 相續에 있어서는 다음 順位로 相續人이 된다.

1. 被相續人의 直系卑屬
2. 被相續人의 直系尊屬
3. 被相續人의 兄弟姉妹
4. 被相續人의 4寸 이내의 傍系血族

② 前項의 境遇에 同順位의 相續人이 數人인 때에는 最近親을 先順位로 하고 同親等의 相續人이 數人인 때에는 共同相續人이 된다.

③ 胎兒는 相續順位에 관하여는 이미 出生한 것으로 본다.

第1001條 (代襲相續)

前條 第1項第1號와 第3號의 規定에 依하여 相續人이 될 直系卑屬 또는 兄弟姉妹가 相續開始前에 死亡하거나 缺格者가 된 境遇에 그 直系卑屬이 있는 때에는 그 直系卑屬이 死亡하거나 缺格된 者의 順位에 갈음하여 相續人이 된다.

§ 999.[6] (Erbschaftsanspruch)

(1) Der Erbe oder sein gesetzlicher Vertreter kann die Erbschaftsklage gegen jeden erheben, der auf Grund eines ihm nicht zustehenden Erbrechts sein Erbrecht verletzt hat.
<§§ 2018 ff. BGB>
(2) Der Erbschaftsanspruch nach Abs. 1 wird mit Ablauf von drei Jahren nach dem Tag, an welchem der Erbe von der Verletzung Kenntnis erlangt hat, und mit Ablauf von zehn Jahren nach dem Tag, an welchem der Erbfall eingetreten ist, ausgeschlossen.

Zweites Kapitel. Erben[7]

§ 1000. (Rangfolge der Erben)

(1)[8] Bei dem Erbfall können in folgender Rangfolge Erben werden:
1. Verwandte des Erblassers in gerade absteigender Linie;
2. Verwandte des Erblassers in gerade aufsteigender Linie;
3. Geschwister des Erblassers;
4. Blutverwandte des Erblassers bis zum vierten Grad in der Seitenlinie.

(2) Sind im Falle des Absatzes 1 mehrere Erben von gleicher Rangordnung vorhanden, so erben die näheren vor den entfernteren; Sind mehrere gleich nahe Verwandte vorhanden, so erben sie gemeinschaftlich.
<§§ 1922 II, 1930 BGB>
(3)[9] Das Kind, das zur Zeit des Erbfalls noch nicht geboren ist, aber bereits gezeugt war, gilt als geboren.
<§ 1922 II BGB>

§ 1001.[10] (Beerbung an Stelle eines Verstorbenen oder Erbunwürdigen)

Leben zur Zeit des Erbfalls die Abkömmlinge oder die Geschwister des Erblassers gemäß § 1000 Abs. 1 Ziffer 1 und 3 nicht mehr oder sind sie für erbunwürdig erklärt, so erben nach der für sie bestimmten Rangordnung deren Abkömmlinge an ihrer Stelle.
<§§ 1924 III, 1925 III, 1926 III, 1928 III, vgl. § 1923 I, vgl. § 1934>

---

6 § 999 neu gefasst durch Gesetz vom 13.01.1990.
7 Überschrift neu gefasst durch Gesetz vom 13.01.1990.
8 § 1000 Abs. 1 neu gefasst durch Gesetz vom 13.01.1990.
9 § 1000 Abs. 3 neu gefasst durch Gesetz vom 13.01.1990.
10 § 1001 neu gefasst durch Gesetz vom 30.12.2014.

第1002條 削除

第1003條 (配偶者의 相續順位)

① 被相續人의 配偶者는 第1000條 第1項第1號와 第2號의 規定에 依한 相續人이 있는 境遇에는 그 相續人과 同順位로 共同相續人이 되고 그 相續人이 없는 때에는 單獨相續人이 된다.

② 第1001條의 境遇에 相續開始前에 死亡 또는 缺格된 者의 配偶者는 同條의 規定에 依한 相續人과 同順位로 共同相續人이 되고 그 相續人이 없는 때에는 單獨相續人이 된다.

第1004條 (相續人의 缺格事由)

다음 각 호의 어느 하나에 該當한 者는 相續人이 되지 못한다.

1. 故意로 直系尊屬, 被相續人, 그 配偶者 또는 相續의 先順位나 同順位에 있는 者를 殺害하거나 殺害하려한 者
2. 故意로 直系尊屬, 被相續人과 그 配偶者에게 傷害를 加하여 死亡에 이르게 한 者
3. 詐欺 또는 强迫으로 被相續人의 상속에 관한 遺言 또는 遺言의 撤回를 방해한 者
4. 詐欺 또는 强迫으로 被相續人의 상속에 관한 遺言을 하게 한 者
5. 被相續人의 상속에 관한 遺言書를 僞造·變造·破棄 또는 은닉한 者

§ 1002. (aufgehoben am 13.01.1990)

§ 1003.[11] (Erbrecht des Ehegatten)

(1) Bei Vorhandensein der Erben gemäß § 1000 Abs.1 Nr. 1 oder 2 erbt der überlebende Ehegatte des Erblassers mit diesen in gleicher Rangordnung gemeinschaftlich; bei Nichtvorhandensein dieser Erben erbt der Ehegatte allein.
(2) Im Falle des § 1001 erbt der Ehegatte desjenigen, der zur Zeit des Erbfalls nicht mehr lebt oder für erbunwürdig erklärt ist, mit den Erben gemäß § 1001 in gleicher Rangordnung gemeinschaftlich; bei Nichtvorhandensein dieser Erben erbt der Ehegatte allein.
<§ 1931, vgl. § 1932 BGB>

§ 1004.[12] (Erbunwürdigkeit)

Erbunwürdig ist:
1. wer einen der Verwandten in gerade aufsteigender Linie, den Erblasser, dessen Ehegatten, einen der ihm in der Rangordnung für die Erbfolge vorhergehenden oder mit ihm gleichstehenden Verwandten vorsätzlich getötet oder zu töten versucht hat,
2. wer einen der Verwandten in gerade aufsteigender Linie, den Erblasser oder dessen Ehegatten durch die vorsätzliche körperliche Verletzung den Tod verursacht hat;
3.[13] wer den Erblasser durch arglistige Täuschung oder durch Drohung gehindert hat, ein Testament über den Nachlass zu errichten oder widerrufen,
4.[14] wer den Erblasser durch arglistige Täuschung oder durch Drohung gezwungen hat, ein Testament über den Nachlass zu errichten,
5.[15] wer ein Testament über den Nachlass nachgemacht, verfälscht, vernichtet oder versteckt hat.
<§ 2339 BGB>

---

11 § 1003 neu gefasst durch Gesetz vom 13.01.1990.

12 Der Einführungssatz des § 1004 neu gefasst und Ziffer 3, 4 und 5 des § 1004 neu eingeführt durch Gesetz vom 13.01.1990.

13 § 1004 Nr. 3 neu gefasst durch Gesetz vom 31.03.2005.

14 § 1004 Nr. 4 neu gefasst durch Gesetz vom 31.03.2005.

15 § 1004 Nr. 5 neu gefasst durch Gesetz vom 31.03.2005.

第 3 節 相續의 效力

第 1 款 一般的 效力

第1005條 (相續과 包括的 權利義務의 承繼)

相續人은 相續開始된 때로부터 被相續人의 財産에 關한 包括的 權利義務를 承繼한다. 그러나 被相續人의 一身에 專屬한 것은 그러하지 아니하다.

第1006條 (共同相續과 財産의 共有)

相續人이 數人인 때에는 相續財産은 그 共有로 한다.

第1007條 (共同相續人의 權利義務承繼)

共同相續人은 各自의 相續分에 應하여 被相續人의 權利義務를 承繼한다.

第1008條 (特別受益者의 相續分)

共同相續人 中에 被相續人으로부터 財産의 贈與 또는 遺贈을 받은 者가 있는 境遇에 그 受贈財産이 自己의 相續分에 達하지 못한 때에는 그 不足한 部分의 限度에서 相續分이 있다.

Drittes Kapitel.[16] Wirkungen der Erbfolge

Erster Titel. Wirkungen der Erbfolge

§ 1005.[17] (Übergang der Rechte und Pflichten als Ganzes)

Mit dem Erbfall gehen die Rechte und Pflichten über das Vermögen des Erblassers als Ganzes auf einen oder mehreren Erben über. Das gilt jedoch nicht, wenn die Rechte und Pflichten des Erblassers höchstpersönlich sind.
<§ 1922 I BGB>

§ 1006.[18] (Mehrheit von Erben und gemeinschaftliches Vermögen)

Hinterlässt der Erblasser mehrere Erben, so wird der Nachlass gemeinschaftliches Vermögen der Erben.
<§ 1924 IV, § 2032 I BGB>

§ 1007. (Übergang der Rechte und Pflichten des Erblassers auf Miterben)

Die Rechte und Pflichten des Erblassers gehen auf jeden Miterben entsprechend dem Verhältnis seines Erbteils an der Erbschaft über.
<§ 1922 I BGB>

§ 1008.[19] (Erbteil des Berschenkte)

Hat ein Miterbe vom Erblasser eine Schenkung unter Lebenden empfangen oder ein Vermächtnis von Todes wegen erhalten, so kann er nur insoweit sein Erbrecht geltend machen, als der Wert der Schenkung oder des Vermächtnisses den seines Erbteils nicht beträgt.
<vgl. §§ 2050 ff. BGB>

---

16 Überschrift neu gefasst durch Gesetz vom 13.01.1990.
17 § 1005 neu gefasst durch Gesetz vom 13.01.1990.
18 § 1006 neu gefasst durch Gesetz vom 13.01.1990.
19 § 1008 neu gefasst durch Gesetz vom 31.12.1977.

第1008條의2 (寄與分)

① 共同相續人 중에 상당한 기간 동거·간호 그 밖의 방법으로 피상속인을 특별히 부양하거나 피상속인의 재산의 유지 또는 증가에 특별히 기여한 자가 있을 때에는 相續開始 당시의 被相續人의 財産價額에서 共同相續人의 協議로 정한 그 者의 寄與分을 控除한 것을 相續財産으로 보고 第1009條 및 第1010條에 의하여 算定한 相續分에 寄與分을 加算한 額으로써 그 者의 相續分으로 한다.

② 第1項의 協議가 되지 아니하거나 協議할 수 없는 때에는 家庭法院은 第1項에 規定된 寄與者의 請求에 의하여 기여의 時期·방법 및 정도와 相續財産의 額 기타의 事情을 참작하여 寄與分을 정한다.

③ 寄與分은 相續이 開始된 때의 被相續人의 財産價額에서 遺贈의 價額을 控除한 額을 넘지 못한다.

④ 第2項의 規定에 의한 請求는 第1013條 第2項의 規定에 의한 請求가 있을 경우 또는 第1014條에 規定하는 경우에 할 수 있다.

第1008條의3 (墳墓 등의 承繼)

墳墓에 속한 1町步 이내의 禁養林野와 600坪 이내의 墓土인 農地, 族譜와 祭具의 所有權은 祭祀를 主宰하는 者가 이를 承繼한다.

§ 1008-2.[20] (Sonderbeitrag)

(1) Hat ein Miterbe während längerer Zeit durch Aufrechterhaltung einer häuslichen Gemeinschaft, Krankenpflege oder ähnliches Benehmen für den Erblasser den Unterhalt gewährt sowie bei Erhaltung oder Vermehrung seines Vermögens besonders mitgewirkt, so beträgt die Erbschaft den Wert des Vermögens des Erblassers zur Zeit des Erbfalls abzüglich des durch das gegenseitige Einvernehmen zwischen den Miterben bestimmten Sonderbeitrags; der Erbteil gemäß §§ 1009, 1010 fällt dem Sonderbeiträger zusammen mit dem Sonderbeitrag als sein eigener Erbteil zu.
(2) Ist das Einvernehmen nach Abs. 1 nicht erfolgt oder nicht zu erfolgen, so entscheidet das Familiengericht auf Antrag des Sonderbeiträgers des Absatzes 1 mit Rücksicht auf Zeitdauer, Art und Weise des Sonderbeitrages, Höhe der Erbschaft und andere Umstände über die Höhe des Sonderbeitrags.
(3) Die Höhe des Sonderbeitrags kann den Wert der Erbschaft abzüglich des Wertes des Vermächtnisses zur Zeit des Erbfalls nicht überschreiten.
(4) Der Antrag des Absatzes 2 kann auch gestellt werden, wenn die Nachlassteilung gemäß § 1013 Abs. 2 beantragt oder der Anspruch des § 1014 geltend gemacht wird.
<§ 2057a BGB>

§ 1008-3.[21] (Übergang der Gegenstände für Jesa[22])

Der zu einer Grabstätte gehörende Wald bis zu einem Jeongbo, worauf das Abholzen verboten ist, landwirtschaftlicher Grund und Boden bis zu 600 Pyeong, dessen Erträge zur Erhaltung der Grabstätte dienen, Familienstammbuch und Gegenstände, die bei Jesa gebraucht werden, gehen auf denjenigen über, welcher Jesa leitet.[23]

---

20 § 1008－2 neu eingeführt durch Gesetz vom 13.01.1990.

21 § 1008－3 neu eingeführt durch Gesetz vom 13.01.1990.

22 ‚Jesa' ist die traditionelle Zeremonie für die Ahnenverehrung.

23 Ein „Pyeong" entspricht 3,3 m^2, ein „Jeongbo" 9.917,4 m^2.

第2款 相續分

第1009條 (法定相續分)

① 同順位의 相續人이 數人인 때에는 그 相續分은 均分으로 한다.

② 被相續人의 配偶者의 相續分은 直系卑屬과 共同으로 相續하는 때에는 直系卑屬의 相續分의 5割을 加算하고, 直系尊屬과 共同으로 相續하는 때에는 直系尊屬의 相續分의 5割을 加算한다.

③ 削除

第1010條 (代襲相續分)

① 第1001條의 規定에 依하여 死亡 또는 缺格된 者에 갈음하여 相續人이 된 者의 相續分은 死亡 또는 缺格된 者의 相續分에 依한다.

② 前項의 境遇에 死亡 또는 缺格된 者의 直系卑屬이 數人인 때에는 그 相續分은 死亡 또는 缺格된 者의 相續分의 限度에서 第1009條의 規定에 依하여 이를 定한다. 第1003條 第2項의 境遇에도 또한 같다.

第1011條 (共同相續分의 讓受)

① 共同相續人 中에 그 相續分을 第三者에게 讓渡한 者가 있는 때에는 다른 共同相續人은 그 價額과 讓渡費用을 償還하고 그 相續分을 讓受할 수 있다.

② 前項의 權利는 그 事由를 안 날로부터 3月, 그 事由있은 날로부터 1年內에 行使하여야 한다.

Zweiter Titel. Erbteil

§ 1009. (Gesetzlicher Erbteil)

(1)[24] Hinterlässt der Erblasser mehrere Erben der gleichen Rangordnung, so erben sie zu gleichen Teilen.
<§ 1924 IV BGB>

(2)[25] Erbt der überlebende Ehegatte des Erblassers neben Verwandten in gerade absteigender Linie, so beträgt sein Anteil das Eineinhalbfache des einem Verwandten zufallenden Erbteils; dies gilt auch, wenn er neben Verwandten des Erblassers in gerade aufsteigender Linie erbt.
<vgl. § 1931 I BGB>

(3) (aufgehoben am 13.01.1990)

§ 1010. (Erbteil bei Beerbung an Stelle eines Verstorbenen oder Erbunwürdigen)

(1) Der Erbteil desjenigen, der aufgrund des § 1001 an die Stelle eines Verstorbenen oder Erbunwürdigen tritt, bestimmt sich nach dem Anteil an der Erbschaft, der dem Verstorbenen oder Erbunwürdigen zufallen würde.

(2) Sind im Falle des Absatzes 1 mehrere Verwandte in gerader absteigender Linie des Verstorbenen oder des Erbunwürdigen vorhanden, so werden ihre Erbteile gemäß den Vorschriften des § 1009 in Höhe des Anteils, der dem Verstorbenen oder Erbunwürdigen zufallen würde, bestimmt. Dies gilt auch für den Fall des § 1003 Abs. 2.
<§§ 1924 III, 1925 III, 1926 III BGB>

§ 1011. (Zurücknahmerecht der Miterben)

(1) Hat ein Miterbe seinen Erbteil an dem Nachlass an einen Dritten veräußert, so sind die übrigen Miterben gegen Erstattung dessen Wertes und der Übertragungskosten zur Zurücknahme berechtigt.

(2) Ausgeübt werden kann das Zurücknahmerecht binnen drei Monaten nach dem Tag, an welchem der andere Miterbe von der Veräußerung Kenntnis genommen hat, und innerhalb eines Jahres nach dem Tag, an welchem der Anteil eines Miterben an den Dritten veräußert ist.
<§§ 2033, 2034–2037 BGB>

---

24 § 1009 Abs. 1 neu gefasst durch Gesetz vom 13.01.1990.

25 § 1009 Abs. 2 neu gefasst durch Gesetz vom 13.01.1990.

第3款 相續財産의 分割

第1012條 (遺言에 依한 分割方法의 指定, 分割禁止)

被相續人은 遺言으로 相續財産의 分割方法을 定하거나 이를 定할 것을 第三者에게 委託할 수 있고 相續開始의 날로부터 5年을 超過하지 아니하는 期間內의 그 分割을 禁止할 수 있다.

第1013條 (協議에 依한 分割)

① 前條의 境遇外에는 共同相續人은 언제든지 그 協議에 依하여 相續財産을 分割할 수 있다.

② 第269條[26]의 規定은 前項의 相續財産의 分割에 準用한다.

第1014條 (分割後의 被認知者 等의 請求權)

相續開始後의 認知 또는 裁判의 確定에 依하여 共同相續人이 된 者가 相續財産의 分割을 請求할 境遇에 다른 共同相續人이 이미 分割 其他 處分을 한 때에는 그 相續分에 相當한 價額의 支給을 請求할 權利가 있다.

第1015條 (分割의 遡及效)

相續財産의 分割은 相續開始된 때에 遡及하여 그 效力이 있다. 그러나 第三者의 權利를 害하지 못한다.

---

26 第269條 (分割의 方法)

① 分割의 方法에 關하여 協議가 成立되지 아니한 때에는 共有者는 法院에 그 分割을 請求할 수 있다.

② 現物로 分割할 수 없거나 分割로 因하여 顯著히 그 價額이 減損될 念慮가 있는 때에는 法院은 物件의 競賣를 命할 수 있다.

Dritter Titel. Teilung des Nachlasses

§ 1012. (Teilungsanordnungen und Ausschließung der Teilung durch letztwillige Verfügung)

Der Erblasser kann durch letztwillige Verfügung Anordnungen für die Art und Weise der Nachlassteilung treffen oder einem Dritten überlassen, sie anzuordnen; er kann auch bis zum Ablauf von fünf Jahren nach Eintritt des Erbfalls die Auseinandersetzung ausschließen.
<§ 2048, § 2044 BGB>

§ 1013. (Auseinandersetzung)

(1) Mit Ausnahme des § 1012 können die Miterben den Nachlass durch Vereinbarung [im gegenseitigen Einvernehmen] jederzeit teilen.
(2) Für die Auseinandersetzung gelten die Vorschrift des § 269[27] entsprechend.
<§ 2042 BGB>

§ 1014. (Erbersatzanspruch des Anerkannten nach der Nachlassteilung)

Verlangt derjenige, der erst nach Eintritt des Erbfalls durch Anerkennung oder durch Gerichtsurteil als der Miterbe festgestellt wurde, die Teilung des Nachlasses, so ist er berechtigt, von den übrigen den Ersatz des auf ihn zufallenden Anteils in Geld zu verlangen, wenn der Nachlass bereits geteilt oder in einer anderen Weise verfügt worden ist.
<vgl. § 2043 BGB>

§ 1015. (Rückwirkung der Teilung)

Die Teilung des Nachlasses wirkt auf den Zeitpunkt des Erbfalls zurück. Das Recht eines Dritten bleibt davon unberührt.

---

27 § 269. [Art und Weise der Teilung]
(1) Können sich die Miteigentümer über die Art und Weise der Teilung nicht einigen, kann ein Miteigentümer bei Gericht die Teilung beantragen.
(2) Ist die Teilung der Sache in Natur unmöglich oder ist dadurch eine wesentliche Verminderung des Wertes zu befürchten, so kann das Gericht anordnen, dass sie in Wege öffentlicher Versteigerung verkauft wird.

第1016條 (共同相續人의 擔保責任)

共同相續人은 다른 共同相續人이 分割로 因하여 取得한 財産에 對하여 그 相續分에 應하여 賣渡人과 같은 擔保責任이 있다.

第1017條 (相續債務者의 資力에 對한 擔保責任)

① 共同相續人은 다른 相續人이 分割로 因하여 取得한 債權에 對하여 分割當時의 債務者의 資力을 擔保한다.

② 辨濟期에 達하지 아니한 債權이나 停止條件있는 債權에 對하여는 辨濟를 請求할 수 있는 때의 債務者의 資力을 擔保한다.

第1018條 (無資力共同相續人의 擔保責任의 分擔)

擔保責任있는 共同相續人 中에 償還의 資力이 없는 者가 있는 때에는 그 負擔部分은 求償權者와 資力있는 다른 共同相續人이 그 相續分에 應하여 分擔한다. 그러나 求償權者의 過失로 因하여 償還을 받지 못한 때에는 다른 共同相續人에게 分擔을 請求하지 못한다.

§ 1016. (Gewährleistung bei Zuteilung an einen Miterben)

Jeder Miterbe hat wegen eines Mangels einer dem anderen Miterben durch Auseinandersetzung zugeteilten Sache zu seinem Anteil an der Erbschaft in gleicher Weise wie ein Verkäufer Gewähr zu leisten.
<§ 2042 II – § 757 BGB>

§ 1017. (Erbenhaftung für Zahlungsfähigkeit der Miterben)

(1) Ist eine Forderung infolge Teilung des Nachlasses einem Miterben zugefallen, so haben die übrigen für die Zahlungsfähigkeit des Schuldners zur Zeit der Teilung des Nachlasses Gewähr zu leisten.
(2) Ist die Forderung zur Zeit der Teilung noch nicht fällig oder von einer aufschiebenden Bedingung abhängig, so haben die übrigen Miterben für die Zahlungsfähigkeit des Schuldners zu der Zeit, zu welcher die Forderung geltend gemacht werden kann, Gewähr zu leisten.
<§ 2042 II – § 757 BGB>

§ 1018. (Erbenhaftung für Zahlungsunfähigkeit eines Miterben)

Ist einer der Miterben, die Gewähr zu leisten haben, zahlungsunfähig, so haben der ausgleichberechtigte Miterbe und die übrigen den auf den zahlungsunfähigen Miterben entfallenden Ausgleichsbetrag nach ihren Anteilen an der Erbschaft zu tragen. Hat sich der Ausgleichsberechtigte wegen eigener Fahrlässigkeit nicht befriedigt, so kann er den Ausgleich von den übrigen nicht verlangen.
<vgl. §§ 755, 766 BGB>

第4節 相續의 承認 및 抛棄

第1款 總則

第1019條 (承認, 抛棄의 期間)

① 相續人은 相續開始있음을 안 날로부터 3月內에 單純承認이나 限定承認 또는 抛棄를 할 수 있다. 그러나 그 期間은 利害關係人 또는 檢事의 請求에 依하여 家庭法院이 이를 延長할 수 있다.

② 相續人은 제1항의 承認 또는 抛棄를 하기 前에 相續財産을 調査할 수 있다.

③ 제1항의 규정에 불구하고 상속인은 상속채무가 상속재산을 초과하는 사실을 중대한 과실없이 제1항의 기간내에 알지 못하고 단순승인(제1026조 제 1호 및 제2호의 규정에 의하여 단순승인한 것으로 보는 경우를 포함한다)을 한 경우에는 그 사실을 안 날부터 3월내에 한정승인을 할 수 있다.

第1020조 (제한능력자의 승인 · 포기의 기간)

상속인이 제한능력자인 경우에는 제1019조 제 1항의 기간은 그의 친권자 또는 후견인이 상속이 개시된 것을 안 날부터 기산(起算)한다.

Viertes Kapitel.[28] Annahme und Ausschlagung der Erbschaft

Erster Titel. Allgemeine Vorschriften

§ 1019. (Annahme- und Ausschlagungsfrist)

(1)[29] Der Erbe kann die Erbschaft innerhalb der Frist von drei Monaten nach dem Tag, an welchem er von dem Eintritt des Erbfalls Kenntnis genommen hat, bedingt oder unbedingt annehmen oder ausschlagen. Das Familiengericht kann auf Antrag eines der Interessenten oder des Staatsanwalts sie verlängern.
(2)[30] Vor Annahme oder Ausschlagung gemäß Absatz 1 kann der Erbe den Zustand der Erbschaft prüfen.
(3)[31] Hat der Erbe, ohne grobe Fahrlässigkeit nicht wissend, dass der Nachlass zur Berichtigung aller Nachlassverbindlichkeiten nicht ausreicht, innerhalb der im Abs. 1 vorgeschriebenen Frist die Erbschaft vorbehaltlos angenommen(einschließlich der Fälle, in denen die Erbschaft in Gemäßheit der § 1026 Nr. 1 als vorbehaltlos angenommen gilt), kann er, unbeschadet der Vorschrift des Absatzes 1, binnen der Frist von drei Monaten nach dem Tag, an welchem er von der Überschuldung des Nachlasses Kenntnis erlangt hat, bedingt annehmen.
<vgl. § 1980 BGB>

§ 1020.[32] (Annahme- und Ausschlagungsfrist für den in der Geschäftsfähigkeit Beschränkten)

Ist der Erbe in der Geschäftsfähigkeit beschränkt, so wird die im § 1019 Abs. 1 vorgeschriebene Frist von dem Tag an gerechnet, an welchem der Träger der elterlichen Gewalt oder sein Vormund Kenntnis vom Eintritt des Erbfalls erlangt hat.

---

28 Überschrift neu gefasst durch Gesetz vom 13.01.1990.
29 § 1019 Abs. 1 neu gefasst durch Gesetz vom 13.01.1990.
30 § 1019 Abs. 2 neu gefasst durch Gesetz vom 14.01.2002.
31 § 1019 Abs. 3 neu eingeführt durch Gesetz vom 14.01.2002.
32 § 1020 neu gefasst durch Gesetz vom 07.03.2011.

第1021條 (承認, 抛棄期間의 計算에 關한 特則)

相續人이 承認이나 抛棄를 하지 아니하고 第1019條 第1項의 期間 內에 死亡한 때에는 그의 相續人이 그 自己의 相續開始있음을 안 날로부터 第1019條 第1項의 期間을 起算한다.

第1022條 (相續財産의 管理)

相續人은 그 固有財産에 對하는 것과 同一한 注意로 相續財産을 管理하여야 한다. 그러나 單純承認 또는 抛棄한 때에는 그러하지 아니하다.

第1023條 (相續財産保存에 必要한 處分)

① 法院은 利害關係人 또는 檢事의 請求에 依하여 相續財産의 保存에 必要한 處分을 命할 수 있다.

② 法院이 財産管理人을 選任한 境遇에는 第24條 乃至 第26條의 規定을 準用한다.

第1024條 (承認, 抛棄의 取消禁止)

① 相續의 承認이나 抛棄는 第1019條 第1項의 期間內에도 이를 取消하지 못한다.

② 前項의 規定은 總則編의 規定에 依한 取消에 影響을 미치지 아니한다. 그러나 그 取消權은 追認할 수 있는 날로부터 3月, 承認 또는 抛棄한 날로부터 1年內에 行使하지 아니하면 時效로 因하여 消滅된다.

§ 1021. (Sondervorschrift über die Fristberechnung)

Stirbt der Erbe vor dem Ablauf der Frist des § 1019 Abs. 1, ohne die Erbschaft anzunehmen oder auszuschlagen, so wird sie von dem Tag an gerechnet, an welchem der Erbe des Verstorbenen vom Eintritt des Erbfalls an ihn selbst Kenntnis erlangt.
<vgl. § 1952 BGB>

§ 1022. (Verwaltung des Nachlasses)

Der Erbe hat bei der Nachlassverwaltung die Sorgfalt walten zu lassen, die er in seinen Angelegenheiten anzuwenden pflegt. Dies gilt jedoch nicht, wenn er die Erbschaft vorbehaltlos angenommen oder ausgeschlagen hat.
<vgl. § 1959 I BGB>

§ 1023. (Anordnung für die Sicherung des Nachlasses)

(1) Das Gericht[33] kann auf Antrag eines Interessenten oder des Staatsanwalts Maßnahmen für die Sicherung des Nachlasses anordnen.
(2) Hat das Gericht[34] einen Nachlassverwalter bestellt, so gelten die Vorschriften der §§ 24 bis 26 entsprechend.

§ 1024. (Ausschluss der Anfechtung)

(1)[35] Die Anfechtung der Annahme oder der Ausschlagung der Erbschaft ist auch innerhalb der im § 1019 Abs. 1 vorgeschriebenen Frist ausgeschlossen.
<§ 1959 I BGB>
(2) Die Vorschriften über Anfechtung von Rechtsgeschäften im Allgemeinen Teil dieses Gesetzbuches bleiben vom Absatz 1 unberührt. Das Anfechtungsrecht erlischt jedoch mit Ablauf von drei Monaten nach dem Tag, an welchem das anfechtbare Rechtsgeschäft bestätigt werden konnte, oder mit Ablauf von einem Jahr nach dem Tag, an welchem Annahme oder Ausschlagung erklärt ist.
<vgl. § 121 I BGB>

---

33 Familiengericht.
34 Familiengericht.
35 § 1024 Abs. 1 neu gefasst durch Gesetz vom 13.01.1990.

第 2 款 單純承認

第1025條 (單純承認의 效果)

相續人이 單純承認을 한 때에는 制限없이 被相續人의 權利義務를 承繼한다.

第1026條 (法定單純承認)

다음 各號의 事由가 있는 境遇에는 相續人이 單純承認을 한 것으로 본다.

1. 相續人이 相續財産에 對한 處分行爲를 한 때
2. 상속인이 제1019조 제 1항의 기간내에 한정승인 또는 포기를 하지 아니한 때
3. 相續人이 限定承認 또는 拋棄를 한 後에 相續財産을 隱匿하거나 不正消費하거나 故意로 財産目錄에 記入하지 아니한 때

第1027條 (法定單純承認의 例外)

相續人이 相續을 拋棄함으로 因하여 次順位 相續人이 相續을 承認한 때에는 前條 第3號의 事由는 相續의 承認으로 보지 아니한다.

第 3 款 限定承認

第1028條 (限定承認의 效果)

相續人은 相續으로 因하여 取得할 財産의 限度에서 被相續人의 債務와 遺贈을 辨濟할 것을 條件으로 相續을 承認할 수 있다.

Zweiter Titel. Annahme der Erbschaft

§ 1025.[36] (Wirkung der Annahme)

Nimmt der Erbe die Erbschaft vorbehaltlos an, so gehen die Rechte und Pflichten des Erblassers als Ganzes auf den Erben über.
<§§ 1967, 2013, 2016 BGB>

§ 1026. (Annahme der Erbschaft kraft Gesetzes)

Die Erbschaft gilt als unbedingt angenommen, wenn der Erbe
1. über einen der Nachlassgegenstände verfügt hat,
2. innerhalb der im § 1019 Abs. 1 vorgeschriebenen Frist die Erklärung weder über bedingte Annahme noch über Ausschlagung abgegeben hat,
3. einen der Nachlassgegenstände versteckt, unberechtigt verbraucht oder absichtlich eine Unvollständigkeit der im Inventar enthaltenen Angabe der Nachlassgegenstände herbeiführt, nachdem er bedingt angenommen oder ausgeschlagen hat.

<§§ 1943, 1944 BGB>

§ 1027. (Ausnahme)

Hat ein nachrangiger Erbe infolge Ausschlagung eines vorrangigen Erben bereits die Erbschaft angenommen, so gilt eine Handlung [ins. des vorrangigen Erben], die einen der in § 1026 Zif. 3 vorgeschriebenen Gründe bewirkt, nicht als die Annahme.

Dritter Titel. Bedingte Annahme

§ 1028.[37] (Bedingte Annahme)

Der Erbe kann die Erbschaft unter der Bedingung annehmen, dass er für die Nachlassverbindlichkeiten und für die Beschwerungen aus Vermächtnissen in Höhe des durch den Erbfall auf ihn zufallenden Vermögens (Nachlasses) haftet.
<vgl. §§ 1950, 1979, 1980 BGB>

---

36 § 1025 neu gefasst durch Gesetz vom 13.01.1990.

37 § 1028 neu gefasst durch Gesetz vom 13.01.1990.

第1029條 (共同相續人의 限定承認)

相續人이 數人인 때에는 各 相續人은 그 相續分에 應하여 取得할 財産의 限度에서 그 相續分에 依한 被相續人의 債務와 遺贈을 辨濟할 것을 條件으로 相續을 承認할 수 있다.

第1030條 (限定承認의 方式)

① 相續人이 限定承認을 함에는 제1019조 제1항 또는 제3항의 期間 內에 相續財産의 目錄을 添附하여 法院에 限定承認의 申告를 하여야 한다.
② 제1019조 제3항의 규정에 의하여 한정승인을 한 경우 상속재산 중 이미 처분한 재산이 있는 때에는 그 목록과 가액을 함께 제출하여야 한다.

第1031條 (限定承認과 財産上 權利義務의 不消滅)

相續人이 限定承認을 한 때에는 被相續人에 對한 相續人의 財産上 權利義務는 消滅하지 아니한다.

第1032條 (債權者에 對한 公告, 催告)

① 限定承認者는 限定承認을 한 날로부터 5日內에 一般相續債權者와 遺贈받은 者에 對하여 限定承認의 事實과 一定한 期間 內에 그 債權 또는 受贈을 申告할 것을 公告하여야 한다. 그 期間은 2月 以上이어야 한다.

§ 1029. (Bedingte Annahme von einem Miterben)

Sind mehrere Erben vorhanden, so kann jeder Erbe die Erbschaft unter der Bedingung annehmen, dass er für die Nachlassverbindlichkeiten und für die Beschwerungen aus Vermächtnissen nur in Höhe des im Verhältnis zu seinem Erbteil auf ihn zufallenden Anteils an dem Vermögen haftet.

§ 1030. (Form der bedingten Annahme)

(1)[38] Zur bedingten Annahme einer Erbschaft hat der Erbe binnen der im § 1019 Abs. 1 3 bestimmten Frist sie schriftlich mit Vorlegung des Nachlassverzeichnisses bei Gericht[39] anzuzeigen; Das gleiche gilt, wenn § 1019 Abs. 3 Anwendung findet.

<vgl. § 1945 BGB>

(2)[40] Hat der Erbe, welcher nach Vorschrift des § 1019 Abs. 3 bedingt annahm, bereits über einen Nachlassgegenstand verfügt, hat er ein Verzeichnis des Nachlasses mit dem Wert des Gegenstandes [bei dem Gericht] einzureichen.

<vgl. § 1993, § 1980, § 2063 BGB>

§ 1031. (Nichterlöschen vom Rechtsverhältnis zwischen dem Erblasser und dem Erben)

Hat der Erbe bedingt angenommen, erlöschen die vermögensrechtlichen Rechte und Pflichten des Erben gegenüber dem Erblasser nicht.

<vgl. § 1967 BGB>

§ 1032. (Aufgebot an dem Nachlassgläubiger und dem Vermächtnisnehmer)

(1) Der bedingt Annehmende hat innerhalb von fünf Tagen nach dem Tag, an welchem die Annahme bedingt erklärt worden ist, den Nachlassgläubigern und den Vermächtnisnehmern im Wege der öffentlichen Bekanntmachung die Annahme anzuzeigen und sie zur Anmeldung der Forderungen und Vermächtnisse aufzufordern. Die Anmeldefrist beträgt mindestens zwei Monate.

<vgl. §§ 1970, 2061 BGB>

---

38 § 1030 I neu gefasst durch Gesetz vom 31.03.2005.

39 Familiengericht.

40 § 1030 II neu eingeführt durch Gesetz vom 31.03.2005.

② 第88條 第2項, 第3項과 第89條의 規定은 前項의 境遇에 準用한다.

第1033條 (催告期間 中의 辨濟拒絕)

限定承認者는 前條 第1項의 期間滿了前에는 相續債權의 辨濟를 拒絕할 수 있다.

第1034條 (配當辨濟)

① 限定承認者는 第1032條 第1項의 期間滿了後에 相續財産으로서 그 期間內에 申告한 債權者와 限定承認者가 알고 있는 債權者에 對하여 各 債權額의 比率로 辨濟하여야 한다. 그러나 優先權있는 債權者의 權利를 害하지 못한다.

② 제1019조 제 3항의 규정에 의하여 한정승인을 한 경우에는 그 상속인은 상속재산 중에서 남아있는 상속재산과 함께 이미 처분한 재산의 가액을 합하여 제1항의 변제를 하여야 한다. 다만, 한정승인을 하기 전에 상속채권자나 유증받은 자에 대하여 변제한 가액은 이미 처분한 재산의 가액에서 제외한다.

第1035條 (辨濟期前의 債務 等의 辨濟)

① 限定承認者는 辨濟期에 이르지 아니한 債權에 對하여도 前條의 規定에 依하여 辨濟하여야 한다.

② 條件있는 債權이나 存續期間의 不確定한 債權은 法院의 選任한 鑑定人의 評價에 依하여 辨濟하여야 한다.

第1036條 (受贈者에의 辨濟)

限定承認者는 前2條의 規定에 依하여 相續債權者에 對한 辨濟를 完了한 後가 아니면 遺贈받은 者에게 辨濟하지 못한다.

第1037條 (相續財産의 競賣)

前3條의 規定에 依한 辨濟를 하기 爲하여 相續財産의 全部나 一部를 賣却할 必要가 있는 때에는 민사집행법에 依하여 競賣하여야 한다.

(2) Im Falle des Absatzes 1 finden die Vorschriften des §§ 88 Abs. 2, 3 und 89 entsprechende Anwendung.
<§ 1970 BGB>

§ 1033. (Einrede des Aufgebotsverfahrens)

Der bedingt Annehmende kann bis zum Ablauf der im § 1032 Abs. 1 bestimmten Frist die Berichtigung einer Nachlassverbindlichkeit verweigern.
<vgl. § 2015 BGB>

§ 1034. (Berichtigung der Nachlassverbindlichkeiten)

Der bedingt Annehmende hat nach Ablauf der Anmeldefrist des § 1032 Abs. 1 aus dem Nachlass die fristgemäß angemeldeten Nachlassgläubiger und andere ihm bereits bekannten Gläubiger im Verhältnis zu ihren Forderungsbeträgen zu befriedigen. Die Verteilung darf nicht zum Nachteil der bevorrechtigten Forderungen geschehen.
<vgl. § 1908, §§ 187 ff. InsO>

§ 1035. (Erfüllung einer noch nicht fälligen Nachlassverbindlichkeit)

(1) Der bedingt Annehmende hat auch eine noch nicht fällige Nachlassverbindlichkeit nach Maßgabe des § 1034 zu erfüllen.
(2) Ist eine Nachlassverbindlichkeit von einer Bedingung abhängig oder deren Dauer unbestimmt, so hat der bedingt Annehmende den durch vom Gericht[41] bestellten Sachverständige festgestellten Wert zu zahlen.

§ 1036. (Befriedigung der Vermächtnisnehmer)

Der bedingt Annehmende darf den Vermächtnisnehmer erst berichtigen, wenn er nach Maßgabe der §§ 1034, 1035 sämtliche Nachlassgläubiger befriedigt hat.

§ 1037. (Versteigerung der Erbschaft)

Ist zur Berichtigung nach Maßgabe der §§ 1034 bis 1036 der Verkauf der Erbschaft ganz oder teilweise erforderlich, so ist sie nach den Vorschriften des Vollstreckungsgesetzes öffentlich zu versteigern.

41 Familiengericht.

第1038條 (부당변제 등으로 인한 책임)

① 限定承認者가 第1032條의 規定에 依한 公告나 催告를 懈怠하거나 第1033條 乃至 第1036條의 規定에 違反하여 어느 相續債權者나 遺贈받은 者에게 辨濟함으로 因하여 다른 相續債權者나 遺贈받은 者에 對하여 辨濟할 수 없게 된 때에는 限定承認者는 그 損害를 賠償하여야 한다. 제1019조 제3항의 규정에 의하여 한정승인을 한 경우 그 이전에 상속채무가 상속재산을 초과함을 알지 못한 데 과실이 있는 상속인이 상속채권자나 유증받은 자에게 변제한 때에도 또한 같다.

② 제1항 전단의 境遇에 辨濟를 받지 못한 相續債權者나 遺贈받은 者는 그 事情을 알고 辨濟를 받은 相續債權者나 遺贈받은 者에 對하여 求償權을 行使할 수 있다. 제1019조 제3항의 규정에 의하여 한정승인을 한 경우 그 이전에 상속채무가 상속재산을 초과함을 알고 변제받은 상속채권자나 유증받은 자가 있는 때에도 또한 같다.

③ 第766條의 規定은 제1항 및 제2항[42]의 境遇에 準用한다.

第1039條 (申告하지 않은 債權者 等)

第1032條 第1項의 期間內에 申告하지 아니한 相續債權者 및 遺贈받은 者로서 限定承認者가 알지 못한 者는 相續財産의 殘餘가 있는 境遇에 限하여 그 辨濟를 받을 수 있다. 그러나 相續財産에 對하여 特別擔保權있는 때에는 그러하지 아니하다.

第1040條 (共同相續財産과 그 管理人의 選任)

① 相續人이 數人인 境遇에는 法院은 各 相續人 其他 利害關係人의 請求에 依하여 共同相續人 中에서 相續財産管理人을 選任할 수 있다.

---

42 第766條 (損害賠償請求權의 消滅時效)
① 不法行爲로 因한 損害賠償의 請求權은 被害者나 그 法定代理人이 그 損害 및 加害者를 안 날로부터 3年間 이를 行使하지 아니하면 時效로 因하여 消滅한다.
② 不法行爲를 한 날로부터 10年을 經過한 때에도 前項과 같다.

§ 1038.[43] (Haftung für gesetzwidrige Befriedigung)

(1) Wird ein Nachlassgläubiger oder ein Vermächtnisnehmer von der Befriedigung ausgeschlossen, weil der bedingt Annehmende Anzeige und Aufforderung zur Anmeldung nach § 1032 versäumt oder entgegen den §§ 1033 bis 1036 einen der Nachlassgläubiger oder der Vermächtnisnehmer befriedigt hat, so ist er verpflichtet, den (ins. dadurch entstandenen) Schaden zu ersetzen.
(2) Im Absatz 1 Satz 1 kann der nicht befriedigte Nachlassgläubiger oder Vermächtnisnehmer von den befriedigten Ausgleich verlangen, soweit dieser bei der Befriedigung in Kenntnis einer solchen Sachlage war. Das gilt auch, wenn ein Nachlassgläubiger oder ein Vermächtnisnehmer in Kenntnis der Überschuldung vor der bedingten Annahme gemäß der Vorschrift des § 1019 III die Befriedigung erhielte.
(3) Auf Absatz 1 und 2 findet die Vorschrift des § 766[44] entsprechende Anwendung.

§ 1039. (Befriedigung des Ausgeschlossenen)

Ein Nachlassgläubiger oder ein Vermächtnisnehmer, der seine Forderung bis zum Ablauf der in § 1032 Abs. 1 bestimmten Frist nicht angemeldet hat und dem bedingt Annehmenden unbekannt ist, kann nur insoweit befriedigt werden, als der Nachlass durch die Befriedigung der nicht ausgeschlossenen Nachlassverbindlichkeiten nicht erschöpft wird. Dies gilt jedoch nicht, wenn der Gläubiger ein Sicherungsrecht an einem der Nachlassgegenstände hat.

§ 1040. (Bestellung des Nachlassverwalters)

(1) Sind mehrere Erben vorhanden, so kann das Gericht[45] auf Antrag eines Erben oder eines Interessenten einen der Erben als Nachlassverwalter bestellen.

---

43 § 1038 neu gefasst durch Gesetz vom 31.03.2005.

44 § 766. (Verjährung des Schadensersatzanspruchs)
(1) Der Anspruch auf Ersatz des aus einer unerlaubten Handlung entstandenen Schadens verjährt in drei Jahre von dem Tage an, an welchem der Verletzte oder sein gesetzlicher Vertreter von dem Schaden und von der Person des Schädigers Kenntnis erlangt hat.
(2) Nach Ablauf von zehn Jahren von dem Tag der unerlaubten Handlung an verjährt der Anspruch.

45 Familiengericht.

② 法院이 選任한 管理人은 共同相續人을 代表하여 相續財産의 管理와 債務의 辨濟에 關한 모든 行爲를 할 權利義務가 있다.

③ 第1022條, 第1032條 乃至 前條의 規定은 前項의 管理人에 準用한다. 그러나 第1032條의 規定에 依하여 公告할 5日의 期間은 管理人이 그 選任을 안 날로부터 起算한다.

第 4 款 拋棄

第1041條 (拋棄의 方式)

相續人이 相續을 拋棄할 때에는 第1019條 第1項의 期間內에 家庭法院에 拋棄의 申告를 하여야 한다.

第1042條 (拋棄의 遡及效)

相續의 拋棄는 相續開始된 때에 遡及하여 그 效力이 있다.

第1043條 (拋棄한 相續財産의 歸屬)

相續人이 數人인 境遇에 어느 相續人이 相續을 拋棄한 때에는 그 相續分은 다른 相續人의 相續分의 比率로 그 相續人에게 歸屬된다.

第1044條 (拋棄한 相續財産의 管理繼續義務)

① 相續을 拋棄한 者는 그 拋棄로 因하여 相續人이 된 者가 相續財産을 管理할 수 있을 때까지 그 財産의 管理를 繼續하여야 한다.

② 第1022條와 第1023條의 規定은 前項의 財産管理에 準用한다.

(2) Dem gerichtlich bestellten Nachlassverwalter stehen Rechte und Pflichten zu, in Namen aller Erben jede Handlung für die Nachlassverwaltung und die Erfüllung der Nachlassverbindlichkeiten vorzunehmen.
(3) Die Vorschriften der §§ 1022, 1032 bis 1039 gelten für den Nachlassverwalter des Absatzes 2 entsprechend. Die Frist von fünf Tagen für die Bekanntmachung gemäß § 1032 beginnt mit dem Tag, an welchem der Verwalter Kenntnis von seiner Ernennung erlangt hat.
<§§ 1981, 1984, 1985 BGB>

Vierter Titel. Ausschlagung

§ 1041.[46] (Form der Ausschlagung)

Zur Ausschlagung der Erbschaft hat der Erbe sie innerhalb der im § 1019 Abs. 1 bestimmten Frist bei Familiengericht anzuzeigen.
<§ 1945 BGB>

§ 1042. (Rückwirkung der Ausschlagung)

Die Ausschlagung wirkt auf den Zeitpunkt des Erbfalls zurück.
<vgl. §§ 1946, 1953 I, 2346 BGB>

§ 1043. (Anfall der ausgeschlagenen Erbschaft)

Sind mehrere Erben vorhanden und schlägt einer der Erben den auf ihn entfallenden Anteil an der Erbschaft aus, so fällt er den übrigen Erben nach dem Verhältnis ihrer Anteile zu.
<vgl. § 1953 II BGB>

§ 1044. (Pflicht zur Fortführung der Verwaltung) (Pflicht zur Verwaltung des ausgeschlagenen Nachlasses)

(1) Der Ausschlagende ist verpflichtet, die Nachlassverwaltung bis zu dem Zeitpunkt fortzuführen, in welchem derjenige, der infolge der Ausschlagung als Erbe berufen wird, sie übernimmt.
(2) Im Falle des Absatzes 1 gelten die Vorschriften der §§ 1022 und 1023 für die Nachlassverwaltung entsprechend.
<vgl. §§ 1959, 1981 I BGB>

46 § 1041 neu gefasst durch Gesetz vom 13.01.1990.

第 5 節 財産의 分離

第1045條 (相續財産의 分離請求權)

① 相續債權者나 遺贈받은 者 또는 相續人의 債權者는 相續開始된 날로부터 3月內에 相續財産과 相續人의 固有財産의 分離를 法院에 請求할 수 있다.

② 相續人이 相續의 承認이나 抛棄를 하지 아니한 동안은 前項의 期間經過後에도 財産의 分離를 法院에 請求할 수 있다.

第1046條 (分離命令과 債權者 等에 對한 公告, 催告)

① 法院이 前條의 請求에 依하여 財産의 分離를 命한 때에는 그 請求者는 5日內에 一般相續債權者와 遺贈받은 者에 對하여 財産分離의 命令있은 事實과 一定한 期間內에 그 債權 또는 受贈을 申告할 것을 公告하여야 한다. 그 期間은 2月 以上이어야 한다.

② 第88條 第2項, 第3項과 第89條[47]의 規定은 前項의 境遇에 準用한다.

---

47 第88條 (債權申告의 公告)

① 淸算人은 就任한 날로부터 2月內에 3回 以上의 公告로 債權者에 대하여 一定한 期間內에 그 債權을 申告할 것을 催告하여야 한다. 그 期間은 2月 以上이어야 한다.

② 前項의 公告에는 債權者가 期間內에 申告하지 아니하면 淸算으로부터 除外될 것을 表示하여야 한다.

③ 第1項의 公告는 法院의 登記事項의 公告와 同一한 方法으로 하여야 한다.

第89條 (債權申告의 催告)

淸算人은 알고 있는 債權者에게 대하여는 각각 그 債權申告를 催告하여야 한다. 알고 있는 債權者는 淸算으로부터 除外하지 못한다.

Fünftes Kapitel. Trennung des Nachlasses vom eigenen Vermögen des Erben

§ 1045. (Anspruch auf die Trennung des Nachlasses)

(1) Der Nachlassgläubiger, der Vermächtnisnehmer und der Gläubiger des Erben kann binnen drei Monaten nach dem Tag, an welchem der Erbfall eintritt, dem Gericht[48] den Antrag auf die Trennung des Nachlasses vom eigenen Vermögen des Erben stellen.
(2)[49] Die Trennung des Nachlasses kann auch nach Ablauf der im Absatz 1 bestimmten Frist beantragt werden, soweit der Erbe die Erbschaft weder angenommen noch ausgeschlagen hat.

§ 1046. (Anordnung der Nachlasstrennung; Aufgebot)

(1) Ordnet das Gericht[50] auf Antrag einer der in § 1045 genannten Personen die Trennung des Nachlasses vom eigenen Vermögen des Erben an, so hat der Antragsteller binnen fünf Tagen im Wege der öffentlichen Bekanntmachung den Nachlassgläubigern und den Vermächtnisnehmern die Anordnung der Nachlasstrennung anzuzeigen und sie zur Anmeldung ihrer Forderungen und Vermächtnisse innerhalb einer bestimmten Frist aufzufordern. Die Frist soll mindestens zwei Monate betragen.
(2) Im Falle des Absatzes 1 finden die Vorschriften der § 88 Abs. 2, 3 und § 89[51] entsprechende Anwendung.

---

48 Familiengericht.

49 Neu gefasst durch Gesetz vom 13.01.1990.

50 Familiengericht.

51 § 88. [Bekanntmachung über Anmeldung der Ansprüche]
(1) Der Liquidator hat innerhalb von zwei Monaten nach Amtsantritt durch mehr als dreimalige Bekanntmachung die Gläubiger bis zu einer bestimmten Frist zur Anmeldung ihrer Ansprüche aufzufordern. Der Dauer der Anmeldefrist soll mindestens zwei Monate betragen.
(2) In der Bekanntmachung ist zum Ausdruck zu bringen, dass die Gläubiger, die ihre Ansprüche nicht fristgerecht anmelden, von der Liquidation ausgeschlossen werden.
(3) Die Bekanntmachung hat in gleicher Weise zu erfolgen, wie das Gericht die Eintragungen zu veröffentlichen pflegt.
§ 89. [Aufforderung zur Anmeldung der Ansprüche]
Der Liquidator hat die bekannten Gläubiger zur Anmeldung ihrer Ansprüche einzeln aufzufordern. Bekannte Gläubiger dürfen nicht von der Liquidation ausgeschlossen werden.

第1047條 (分離後의 相續財産의 管理)

① 法院이 財産의 分離를 命한 때에는 相續財産의 管理에 關하여 必要한 處分을 命할 수 있다.

② 法院이 財産管理人을 選任한 境遇에는 第24條 乃至 第26條의 規定을 準用한다.

第1048條 (分離後의 相續人의 管理義務)

① 相續人이 單純承認을 한 後에도 財産分離의 命令이 있는 때에는 相續財産에 對하여 自己의 固有財産과 同一한 注意로 管理하여야 한다.

② 第683條 乃至 第685條[52] 및 第688條 第1項, 第2項[53]의 規定은 前項의 財産管理에 準用한다.

---

52 第683條 (受任人의 報告義務)
受任人은 委任人의 請求가 있는 때에는 委任事務의 處理狀況을 報告하고 委任이 終了한 때에는 遲滯없이 그 顚末을 報告하여야 한다.
第684條 (受任人의 取得物 等의 引渡, 移轉義務)
① 受任人은 委任事務의 處理로 因하여 받은 金錢 其他의 物件 및 그 受取한 果實을 委任人에게 引渡하여야 한다.
② 受任人이 委任人을 위하여 自己의 名義로 取得한 權利는 委任人에게 移轉하여야 한다.
第685條 (受任人의 金錢消費의 責任)
受任人이 委任人에게 引渡할 金錢 또는 委任人의 利益을 위하여 使用할 金錢을 自己를 爲하여 消費한 때에는 消費한 날 以後의 利子를 支給하여야 하며 그 外의 損害가 있으면 賠償하여야 한다.

53 第688條 (受任人의 費用償還請求權 等)
① 受任人이 委任事務의 處理에 관하여 必要費를 支出한 때에는 委任人에 대하여 支出한 날 以後의 利子를 請求할 수 있다.
② 受任人이 委任事務의 處理에 必要한 債務를 負擔한 때에는 委任人에게 自己에 갈음하여 이를 辨濟하게 할 수 있고 그 債務가 辨濟期에 있지 아니한 때에는 相當한 擔保를 提供하게 할 수 있다. <개정 2014. 12. 30.>
③ 受任人이 委任事務의 處理를 위하여 過失없이 損害를 받은 때에는 委任人에 대하여 그 賠償을 請求할 수 있다.

§ 1047. (Anordnung der Nachlassverwaltung)

(1) Das Gericht[54] kann bei der Anordnung der Nachlasstrennung auch die für Nachlassverwaltung notwendigen Maßnahmen treffen.
(2) Auf den von dem Gericht[55] bestellten Nachlassverwalter finden die Vorschriften der §§ 24 bis 26 entsprechende Anwendung.
<vgl. §§ 1975 BGB>

§ 1048. (Sorgfaltspflicht des Erben nach der Anordnung)

(1) Ordnet das Gericht,[56] nachdem der Erbe unbeschränkt angenommen hat, jedoch die Trennung des Nachlasses an, so hat der Erbe bei der Nachlassverwaltung die Sorgfalt walten zu lassen, die er in seinen Angelegenheiten anzuwenden pflegt.
(2) Die Vorschriften der §§ 683 bis 685[57] und des § 688 Abs. 1 und 2[58] sind für die Nachlassverwaltung nach Absatz 1 entsprechend anzuwenden.

---

54 Familiengericht.

55 Familiengericht.

56 Familiengericht.

57 § 683. [Auskunftspflicht des Beauftragten]
Der Beauftragte ist verpflichtet, dem Auftraggeber auf Verlangen über den Stand der Geschäftsbesorgung Auskunft zu erteilen und nach der Ausführung des Auftrags unverzüglich Rechenschaft abzulegen.
§ 684. [Herausgabepflicht]
(1) Der Beauftragte ist verpflichtet, dem Auftraggeber Geld, Sache sowie die gezogenen Früchte, welche er aus der Geschäftsbesorgung erlangt, herauszugeben.
(2) Der Beauftragte verpflichtet sich, dem Auftraggeber alle Rechte, die er für diesen in eigenem Namen erwirbt, zu übertragen.
§ 685. [Verzinsung des verwendeten Geldes]
Verwendet der Beauftragte Geld für sich, das er dem Auftraggeber herauszugeben oder für ihn zu verwenden hat, so ist er verpflichtet, das Geld vom Tage der Verwendung an zu verzinsen und den daraus entstehenden Schaden zu ersetzen.

58 § 688. [Anspruch auf Ersatz von Aufwendungen]
(1) Macht der Beauftragte zum Zwecke der Ausführung des Auftrags Aufwendungen, so kann er vom Auftraggeber den von dem Tag der Verwendung an den verzinsten Ersatz verlangen.
(2) Geht der Beauftragte eine Verbindlichkeit ein, die er zum Zwecke der Ausführung des Auftrags für erforderlich halten darf, so kann er vom Auftragsgeber die Berichtigung der Verbindlichkeit oder, wenn sie noch nicht fällig ist, eine angemessene Sicherheitsleistung verlangen. <§ 688 II neu gefaßt durch Gesetz vom 30.12.2014>
(3) Erleidet der Beauftragte ohne eigenes Verschulden aus der Ausführung des Auftrags einen Schaden, so kann er vom Auftraggeber Entschädigung verlangen.

第1049條 (財産分離의 對抗要件)

財産의 分離는 相續財産인 不動産에 關하여는 이를 登記하지 아니하면 第三者에게 對抗하지 못한다.

第1050條 (財産分離와 權利義務의 不消滅)

財産分離의 命令이 있는 때에는 被相續人에 對한 相續人의 財産上 權利義務는 消滅하지 아니한다.

第1051條 (辨濟의 拒絕과 配當辨濟)

① 相續人은 第1045條 및 第1046條의 期間滿了前에는 相續債權者와 遺贈받은 者에 對하여 辨濟를 拒絕할 수 있다.

② 前項의 期間滿了後에 相續人은 相續財産으로써 財産分離의 請求 또는 그 期間內에 申告한 相續債權者, 遺贈받은 者와 相續人이 알고 있는 相續債權者, 遺贈받은 者에 對하여 各 債權額 또는 受贈額의 比率로 辨濟하여야 한다. 그러나 優先權있는 債權者의 權利를 害하지 못한다.

③ 第1035條 乃至 第1038條의 規定은 前項의 境遇에 準用한다.

第1052條 (固有財産으로부터의 辨濟)

① 前條의 規定에 依한 相續債權者와 遺贈받은 者는 相續財産으로써 全額의 辨濟를 받을 수 없는 境遇에 限하여 相續人의 固有財産으로부터 그 辨濟를 받을 수 있다.

② 前項의 境遇에 相續人의 債權者는 相續人의 固有財産으로부터 優先辨濟를 받을 權利가 있다.

§ 1049. (Voraussetzung für die Wirkung der Nachlasstrennung)

Ist eine unbewegliche Sache ein Nachlassgegenstand, so kann der Erbe die Trennung der unbeweglichen Sache nicht geltend machen, es sei denn, dass sie im Grundbuch eingetragen ist.

§ 1050. (Nichterlöschen der Rechtsverhältnisse zwischen dem Erblasser und dem Erben)

Hat das Gericht die Trennung des Nachlasses angeordnet, so erlöschen die vermögensrechtlichen Rechte und Pflichten des Erben gegenüber dem Erblasser nicht.

§ 1051. (Verweigerung der Befriedigung; Erfüllung der Nachlassverbindlichkeiten)

(1) Vor Ablauf der in den §§ 1045, 1046 bestimmten Frist kann der Erbe die Befriedigung des Nachlassgläubigers und Vermächtnisnehmers verweigern.
(2) Mit Ablauf der im Absatz 1 vorgeschriebenen Frist 1 hat der Erbe aus dem Nachlass Nachlassgläubiger und Vermächtnisnehmer, welche die Trennung des Nachlasses beantragt oder ihre Forderungen und Vermächtnisse fristgemäß angemeldet haben, sowie andere ihm bereits bekannten Nachlassgläubiger und Vermächtnisnehmer im Verhältnis zu ihren Verbindlichkeiten und Vermächtnissen zu berichtigen. Die Abwicklung darf jedoch nicht zum Nachteil des Rechts eines vorzugsberechtigten Gläubigers geschehen.
(3) Im Falle des Absatzes 1 gelten die Vorschriften der §§ 1035 bis 1038 entsprechend.
<§ 1967, vgl. §§ 1970 ff. BGB>

§ 1052. (Befriedigung aus eigenem Vermögen des Erben)

(1) Nachlassgläubiger und Vermächtnisnehmer des § 1051 1 können insoweit Befriedigung des Fehlbetrages aus eigenem Vermögen des Erben suchen, als sie aus dem Nachlass nicht befriedigten.
(2) Im Falle des Absatzes 1 kann sich der Gläubiger des Erben vorzugsweise aus seinem Vermögen befriedigen.

第 6 節　相續人의 不存在

第1053條 (相續人없는 財産의 管理人)

① 相續人의 存否가 分明하지 아니한 때에는 法院은 第777條[59]의 規定에 依한 被相續人의 親族 其他 利害關係人 또는 檢事의 請求에 依하여 相續財産管理人을 選任하고 遲滯없이 이를 公告하여야 한다.

② 第24條 乃至 第26條[60]의 規定은 前項의 財産管理人에 準用한다.

---

59 第777條 (親族의 범위)

親族關係로 인한 法律上 效力은 이 法 또는 다른 法律에 특별한 規定이 없는 한 다음 各號에 해당하는 者에 미친다.

1. 8村 이내의 血族
2. 4村 이내의 姻戚
3. 配偶者

[全文改正 1990. 1. 13.]

60 第24條 (管理人의 職務)

① 法院이 選任한 財産管理人은 管理할 財産目錄을 作成하여야 한다.

② 法院은 그 選任한 財産管理人에 對하여 不在者의 財産을 保存하기 爲하여 必要한 處分을 命할 수 있다.

③ 不在者의 生死가 分明하지 아니한 境遇에 利害關係人이나 檢事의 請求가 있는 때에는 法院은 不在者가 定한 財産管理人에게 前2項의 處分을 命할 수 있다.

④ 前3項의 境遇에 그 費用은 不在者의 財産으로써 支給한다.

第25條 (管理人의 權限)

法院이 選任한 財産管理人이 第118條[代理權의 範圍]에 規定한 權限을 넘는 行爲를 함에는 法院의 許可를 얻어야 한다. 不在者의 生死가 分明하지 아니한 境遇에 不在者가 定한 財産管理人이 權限을 넘는 行爲를 할 때에도 같다.

第26條 (管理人의 擔保提供, 報酬)

① 法院은 그 選任한 財産管理人으로 하여금 財産의 管理 및 返還에 關하여 相當한 擔保를 提供하게 할 수 있다.

② 法院은 그 選任한 財産管理人에 對하여 不在者의 財産으로 相當한 報酬를 支給할 수 있다.

③ 前2項의 規定은 不在者의 生死가 分明하지 아니한 境遇에 不在者가 定한 財産管理人에 準用한다.

Sechstes Kapitel.[61] Nichtvorhandensein des Erben

§ 1053. (Nachlasspfleger)

(1)[62] Ist das Vorhandensein eines Erben unbekannt oder ungewiss, so hat das Gericht[63] auf Antrag eines der in § 777[64] genannten Verwandten, eines Interessenten oder des Staatsanwalts einen Nachlasspfleger zu bestellen und dies unverzüglich öffentlich bekannt zu machen.

(2) Für den Nachlasspfleger des Absatzes 1 gelten die Vorschriften der §§ 24 bis 26[65] entsprechend.

<§§ 1960, 1961 BGB>

---

61 Überschrift neu gefasst durch Gesetz vom 13.01.1990.

62 § 1053 Abs. 1 neu gefasst durch Gesetz vom 13.01.1990.

63 Familiengericht.

64 § 777. [Verwandtschaftskreis]
Die rechtlichen Wirkungen der die Verwandtschaft regelnden Vorschriften erstrecken sich, soweit sich nicht aus diesem oder einem anderen Gesetz ergibt, auf alle Personen, die durch die folgenden Verwandtschaftskreise erfasst werden:
1. Verwandte bis zum achten Grad,
2. Verschwägerte bis zum vierten Grad,
3. Ehegatten
<§ 777 neu gefasst durch Gesetz vom 13.01.1990>

65 § 24. [Aufgaben des Verwalters]
(1) Der gerichtlich bestellte Verwalter hat ein Verzeichnis des zu verwaltenden Vermögens zu errichten.
(2) Das [Familien-]Gericht kann die zur Erhaltung des Vermögens erforderlichen Maßnahmen dem gerichtlich bestellten Verwalter gegenüber anordnen.
(3) Ist unbekannt, ob ein Abwesender noch am Leben ist, so kann das [Familien-]Gericht auf Antrag eines Betroffenen oder des Staatsanwalts die Maßnahmen der Absätze 1 und 2 bestimmten auch dem vom Abwesenden bestellten Verwalter gegenüber anordnen.
(4) In den Fällen der Absätze 1 bis 3 werden die Verwaltungskosten aus dem Vermögen des Abwesenden bestritten.
§ 25. [Befugnisse des Verwalters]
Der gerichtlich bestellte Verwalter bedarf der Genehmigung des [Familien-]Gerichts zu einem Rechtsgeschäft, das über die im § 118[Umfang der Vertretungsmacht] bestimmten Befugnisse hinausgeht. Ist unbekannt, ob ein Anwesender noch am Leben ist, gilt das Gleiche auch gegenüber dem von diesem bestellten Verwalter, wenn er über die ihm zustehenden Befugnisse hinaus handelt.
§ 26. [Sicherheitsleistung; Vergütung]
(1) Das [Familien-]Gericht kann dem gerichtlich bestellten Verwalter gegenüber anordnen, dass er eine angemessene Sicherheit für die ordnungsgemäße Verwaltung des Vermögens und dessen Herausgabe leistet.
(2) Das [Familien-]Gericht kann dem Verwalter eine angemessene Vergütung aus dem Vermögen des Abwesenden zubilligen.
(3) Ist unbekannt, ob ein Abwesender noch am Leben ist, gelten die Vorschriften der Absätze 1 und 2 auch für den von diesem bestellten Verwalter.

第1054條 (財産目錄提示와 狀況報告)

管理人은 相續債權者나 遺贈받은 者의 請求가 있는 때에는 언제든지 相續財産의 目錄을 提示하고 그 狀況을 報告하여야 한다.

第1055條 (相續人의 存在가 分明하여진 境遇)

① 管理人의 任務는 그 相續人이 相續의 承認을 한 때에 終了한다.

② 前項의 境遇에는 管理人은 遲滯없이 그 相續人에 對하여 管理의 計算을 하여야 한다.

第1056條 (相續人없는 財産의 淸算)

① 第1053條 第1項의 公告있은 날로부터 3月內에 相續人의 存否를 알 수 없는 때에는 管理人은 遲滯없이 一般相續債權者와 遺贈받은 者에 對하여 一定한 期間 內에 그 債權 또는 受贈을 申告할 것을 公告하여야 한다. 그 期間은 2月 以上이어야 한다.

② 第88條 第2項, 第3項, 第89條,[66] 第1033條 乃至 第1039條의 規定은 前項의 境遇에 準用한다.

第1057條 (相續人搜索의 公告)

제1056조 제 1항의 期間이 經過하여도 相續人의 存否를 알 수 없는 때에는 法院은 管理人의 請求에 依하여 相續人이 있으면 一定한 期間內에 그 權利를 主張할 것을 公告하여야 한다. 그 期間은 1년 이상이어야 한다.

---

66 제1046조 제2항 참조.

§ 1054. (Vorlegung des Inventars und Auskunftspflicht)

Auf Verlangen des Nachlassgläubigers oder Vermächtnisnehmers hat der Nachlasspfleger zu jeder Zeit die Einsicht des Verzeichnisses der Nachlassgegenstände zu gestatten und Auskunft über den Stand des Nachlasses zu erteilen.
<vgl. §§ 2010, 2011 BGB>

§ 1055. (Beendigung der Nachlassverwaltung)

(1) Die Aufgabe des Nachlasspflegers erlischt durch die Annahme der Erbschaft.
(2) Im Falle des Absatzes 1 hat der Nachlasspfleger unverzüglich dem Erben gegenüber über die Nachlassverwaltung Rechenschaft abzulegen.
<§ 1978, vgl. § 666 BGB>

§ 1056. (Aufgebot der Nachlassgläubiger und Vermächtnisnehmer)[67]

(1) Wird der Erbe nicht innerhalb der Frist von drei Monaten seit der Bekanntmachung nach § 1053 Abs. 1 ermittelt, so hat der Nachlasspfleger unter Bestimmung einer den Umständen entsprechenden Anmeldungsfrist Nachlassgläubiger und Vermächtnisnehmer unverzüglich zur Anmeldung ihrer Forderungen und Vermächtnisse öffentlich aufzufordern. Die Frist beträgt mindestens zwei Monate.
(2) Im Falle des Absatzes 1 finden die Vorschriften des § 88 Abs. 2, 3 und des § 89[68] sowie der §§ 1033 bis 1039 entsprechende Anwendung.

§ 1057.[69] (Bekanntmachung zur Ermittlung des Erben)

Lässt sich das Vorhandensein eines Erben bis zum Ablauf der in § 1056 Abs. 1 vorgeschriebene Frist nicht erfahren, so hat das Gericht[70] auf Antrag des Nachlasspflegers unter Bestimmung einer den Umständen entsprechenden Frist öffentlich bekanntzumachen, dass der Erbe innerhalb dieser Frist das Erbrecht geltend machen soll. Die Frist beträgt mindestens ein Jahr.
<vgl. § 1965 BGB>

---

67 Wörtrlich [Abwicklung des Nachlasses beim Nichtvorhandensein des Erben].
68 Siehe auch § 1032 II.
69 Neu gefasst durch Gesetz vom 31.03.2005.
70 Familiengericht.

第1057條의2 (特別緣故者에 대한 分與)

① 제1057조의 期間내에 相續權을 主張하는 者가 없는 때에는 家庭法院은 被相續人과 生計를 같이 하고 있던 者, 被相續人의 療養看護를 한 者 기타 被相續人과 특별한 緣故가 있던 者의 請求에 의하여 相續財産의 전부 또는 일부를 分與할 수 있다.

② 第1項의 請求는 제1057조의 期間의 만료후 2月 이내에 하여야 한다.

第1058條 (相續財産의 國家歸屬)

① 제1057조의2의 규정에 의하여 분여(分與)되지 아니한 때에는 相續財産은 國家에 歸屬한다.

② 第1055條 第2項의 規定은 제1항의 境遇에 準用한다.

第1059條 (國家歸屬財産에 對한 辨濟請求의 禁止)

前條 第1項의 境遇에는 相續財産으로 辨濟를 받지 못한 相續債權者나 遺贈을 받은 者가 있는 때에도 國家에 對하여 그 辨濟를 請求하지 못한다.

第2章 遺言

第1節 總則

第1060條 (遺言의 要式性)

遺言은 本法의 定한 方式에 依하지 아니하면 效力이 생하지 아니한다.

§ 1057-2.[71] (Zuteilung der Erbschaft an den Sonderinteressenten)

(1) Wird der Erbe nicht bis zum Ablauf der in § 1057 bestimmten Frist ermittelt, so kann das Familiengericht auf Verlangen desjenigen, der mit dem Erblasser einen gemeinsamen Hausstand führte, ihn pflegte oder in einer besonderen Beziehung zu ihm stand, dem Velangenden die Erbschaft ganz oder teilweise zuteilen.
(2) Der Anspruch des Absatzes 1 ist binnen zwei Monaten nach dem Ablauf der in § 1057 bestimmten Frist geltend zu machen.
<vgl. § 1964 BGB>

§ 1058.[72] (Anfall der Erbschaft an den Fiskus)

(1) Die Erbschaft, welche nach den Vorschriften des § 1057-2 nicht zugeteilt worden ist, fällt an den Fiskus.
(2) Im Falle des Absatzes 1 findet die Vorschrift des § 1055 Abs. 2 entsprechende Anwendung.
<§§ 1936, 1942 II, 1964, vgl. § 1966 BGB>

§ 1059. (Ausschluss des Nachlassgläubigers und Vermächtnisnehmers)

Im Falle des § 1058 Abs. 1 können Nachlassgläubiger oder Vermächtnisnehmer, die aus dem Nachlass nicht befriedigt wurden, die Befriedigung von dem Fiskus nicht verlangen.
<vgl. §§ 1965, 1966 BGB>

Zweiter Abschnitt.[73] Testament

Erstes Kapitel. Allgemeine Vorschriften

§ 1060. (Formerfordernis für ein Testament) (Testamentsform)

Ein Testament, das von einer in diesem Gesetz vorgeschriebenen Form abweichend errichtet wird, ist unwirksam.

---

71 § 1057-2 neu eingeführt durch Gesetz vom 13.01.1990, und neu gefasst durch Gesetz vom 31.03.2005.

72 Neu gefasst durch Gesetz vom 31.03.2005.

73 Dritter Abschnitt wurde durch Gesetz vom 13.01.1990 Zweiter Abschnitt.

第1061條 (遺言適齡)

滿17歲에 達하지 못한 者는 遺言을 하지 못한다.

제1062조 (제한능력자의 유언)

유언에 관하여는 제5조, 제10조 및 제13조[74]를 적용하지 아니한다.

---

74 第5條 (未成年者의 能力)

① 未成年者가 法律行爲를 함에는 法定代理人의 同意를 얻어야 한다. 그러나 權利만을 얻거나 義務만을 면하는 行爲는 그러하지 아니하다.

② 前項의 規定에 違反한 行爲는 取消할 수 있다.

제10조 (피성년후견인의 행위와 취소)

① 피성년후견인의 법률행위는 취소할 수 있다.

② 제1항에도 불구하고 가정법원은 취소할 수 없는 피성년후견인의 법률행위의 범위를 정할 수 있다.

③ 가정법원은 본인, 배우자, 4촌 이내의 친족, 성년후견인, 성년후견감독인, 검사 또는 지방자치단체의 장의 청구에 의하여 제2항의 범위를 변경할 수 있다.

④ 제1항에도 불구하고 일용품의 구입 등 일상생활에 필요하고 그 대가가 과도하지 아니한 법률행위는 성년후견인이 취소할 수 없다.

[전문개정 2011.3.7.]

제13조 (피한정후견인의 행위와 동의)

① 가정법원은 피한정후견인이 한정후견인의 동의를 받아야 하는 행위의 범위를 정할 수 있다.

② 가정법원은 본인, 배우자, 4촌 이내의 친족, 한정후견인, 한정후견감독인, 검사 또는 지방자치단체의 장의 청구에 의하여 제1항에 따른 한정후견인의 동의를 받아야만 할 수 있는 행위의 범위를 변경할 수 있다.

③ 한정후견인의 동의를 필요로 하는 행위에 대하여 한정후견인이 피한정후견인의 이익이 침해될 염려가 있음에도 그 동의를 하지 아니하는 때에는 가정법원은 피한정후견인의 청구에 의하여 한정후견인의 동의를 갈음하는 허가를 할 수 있다.

④ 한정후견인의 동의가 필요한 법률행위를 피한정후견인이 한정후견인의 동의 없이 하였을 때에는 그 법률행위를 취소할 수 있다. 다만, 일용품의 구입 등 일상생활에 필요하고 그 대가가 과도하지 아니한 법률행위에 대하여는 그러하지 아니하다.

[전문개정 2011.3.7.]

§ 1061. (Testierfähigkeit Minderjähriger)

Ein Minderjähriger kann ein Testament erst errichten, wenn er das siebzehnte Lebensjahr vollendet hat.
<§ 2229 I BGB>

§ 1062.[75] (Ausschluss der Vorschriften über Geschäftsfähigkeit)

Für die Errichtung eines Testaments sind die Vorschriften der §§ 5, 10 und des § 13[76] nicht anzuwenden.
<§ 2229 II, IV BGB>

---

75 § 1062 neu gefasst durch Gesetz vom 07.03.2011.

76 § 5. [Geschäftsfähigkeit Minderjähriger]

(1) Ein Minderjähriger bedarf zu einem Rechtsgeschäft der Einwilligung seines gesetzlichen Vertreters. Das gilt jedoch nicht für ein Rechtsgeschäft, durch das er lediglich ein Recht erlangt oder von einer Verpflichtung entbunden wird.

(2) Ein entgegen der Vorschrift des Absatzes 1 vorgenommenes Rechtsgeschäft kann angefochten werden.

§ 10. [Rechtsgeschäft des Betreuten; Anfechtung]

(1) Das Rechtsgeschäft des Betreuten kann angefochten werden.

(2) Ungeachtet der Vorschrift des Absatzes 1 kann das Familiengericht dem Betreuten den Umfang der nicht anfechtbaren Rechtsgeschäfte bestimmen.

(3) Das Familiengericht kann auf den Antrag des Betroffenen selbst, seines Ehegatten, seiner Verwandten bis zum vierten Grad, des Gegenbetreuers, bzw. Gegenvormundes, des Staatsanwalts oder des Vertreters der Städte und Gemeinde den Umfang im Sinne des Absatzes 2 verändern.

(4) Ungeachtet der Vorschrift des Absatzes 1 kann der Betreuer ein Geschäft des Betreuten wie den Einkauf der täglichen Gebrauchsgegenstände, das zum täglichen Leben unentbehrlich ist und mit geringwertigen Mitteln bewirkt werden kann, nicht anfechten.

<§ 10 neu gefasst durch Gesetz vom 13.01.1990>

§ 13. [Rechtsgeschäft des beschränkt Betreuten; Einwilligung]

(1) Das Familiengericht kann dem beschränkt Betreuten den Umfang der Rechtsgeschäfte, zu deren Vornahme die Einwilligung seines Betreuers erforderlich ist, bestimmen.

(2) Das Familiengericht kann auf den Antrag des Betroffenen selbst, seines Ehegatten, seiner Verwandten bis zum vierten Grad, des Gegenbetreuers, des Staatsanwalts oder des Vertreters der Städte und Gemeinde den Umfang im Sinne des Absatzes 1 verändern.

(3) Willigt der Betreuer nicht ein und erhöht sich infolgedessen der Gefahr erheblich, die Interessen des beschränkt Betreuten zu verletzen, so kann das Familiengericht auf seinen Antrag anstatt der Einwilligung die Genehmigung erteilen.

(4) Ein Rechtsgeschäft, das der Einwilligung des Betreuers bedürftig ist aber der beschränkt Betreute ohne die erforderliche Einwilligung vorgenommen hat, kann angefochten werden. Das gilt nicht für das Geschäft wie den Einkauf der täglichen Gebrauchsgegenstände, das zum täglichen Leben unentbehrlich ist und mit geringwertigen Mitteln bewirkt werden kann.

<§ 13 neu gefasst durch Gesetz vom 13.01.1990>

제1063조 (피성년후견인의 유언능력)

① 피성년후견인은 의사능력이 회복된 때에만 유언을 할 수 있다.

② 제1항의 경우에는 의사가 심신 회복의 상태를 유언서에 부기(附記)하고 서명날인하여야 한다.

第1064條 (遺言과 胎兒, 相續缺格者)

第1000條 第3項, 第1004條의 規定은 受贈者에 準用한다.

第 2 節 遺言의 方式

第1065條 (遺言의 普通方式)

遺言의 方式은 自筆證書, 錄音, 公正證書, 秘密證書와 口授證書의 5種으로 한다.

第1066條 (自筆證書에 依한 遺言)

① 自筆證書에 依한 遺言은 遺言者가 그 全文과 年月日, 住所, 姓名을 自書하고 捺印하여야 한다.

② 前項의 證書에 文字의 挿入, 削除 또는 變更을 함에는 遺言者가 이를 自書하고 捺印하여야 한다.

§ 1063.[77] (Testierfähigkeit des Betreuten)

(1) Der Betreute kann ein Testament nur errichten, wenn er bei Abgabe der Willenserklärung einsichtsfähig ist.
<§ 2229 IV BGB>
(2) Im Falle des Absatzes 1 hat der Arzt das Testament unter Angabe darüber, dass der Betreute sich zur Zeit der Testamentserrichtung im Stand normaler Geistestätigkeit befand, mit seiner Unterschrift zu versehen und zu siegeln.

§ 1064.[78] (Anzuwendende Vorschriften)

Die Vorschriften der §§ 1000 Abs. 3 und 1004 sind auf den Bedachten entsprechend anzuwenden.

Zweites Kapitel. Testamentsformen

§ 1065. (Ordentliche Testamentsformen)

Ein Testament kann in einer der im Folgenden angeführten fünf Formen errichtet werden: eine eigenhändige Erklärung, eine Tonbandaufnahme der mündlichen Erklärung, eine öffentliche Beurkundung, eine verschlossene Schrift mit der Erklärung und eine einfache mündliche Erklärung.

§ 1066. (Eigenhändiges Testament)

(1) Zur Errichtung eines eigenhändigen Testaments hat der Erblasser die Erklärung, die Zeit der Errichtung(Tag, Monat und Jahr), den Wohnsitz, den Vornamen und den Familiennamen des Erblassers niederzuschreiben und mit seinem Siegel zu versehen.
(2) Zur Vornahme einer Einfügung, Sreichung und Veränderung vom Inhalts des Testaments nach Absatz 1 hat der Erblasser eigenhändig zu korrigieren und darauf zu siegeln.
<§§ 2231, 2247, vgl. §§ 2253 ff. BGB>

---

77 § 1063 neu gefasst durch Gesetz vom 07.03.2011.

78 § 1064 neu gefasst durch Gesetz vom 13.01.1990.

第1067條 (錄音에 依한 遺言)

錄音에 依한 遺言은 遺言者가 遺言의 趣旨, 그 姓名과 年月日을 口述하고 이에 參與한 證人이 遺言의 正確함과 그 姓名을 口述하여야 한다.

第1068條 (公正證書에 依한 遺言)

公正證書에 依한 遺言은 遺言者가 證人 2人이 參與한 公證人의 面前에서 遺言의 趣旨를 口授하고 公證人이 이를 筆記朗讀하여 遺言者와 證人이 그 正確함을 承認한 後 各自 署名 또는 記名捺印하여야 한다.

第1069條 (秘密證書에 依한 遺言)

① 秘密證書에 依한 遺言은 遺言者가 筆者의 姓名을 記入한 證書를 嚴封捺印하고 이를 2人 以上의 證人의 面前에 提出하여 自己의 遺言書임을 表示한 後 그 封書表面에 提出年月日을 記載하고 遺言者와 證人이 各自 署名 또는 記名捺印하여야 한다.

② 前項의 方式에 依한 遺言封書는 그 表面에 記載된 날로부터 5日內에 公證人 또는 法院書記에게 提出하여 그 封印上에 確定日字印을 받아야 한다.

§ 1067. (Testament durch Tonbandaufnahme)

Ein Testament durch Tonbandaufnahme soll in der Form errichtet werden, dass der Erblasser seinen letzten Willen, den Vornamen und den Familiennamen und die Zeit(Tag, Monat und Jahr) der Errichtung mündlich erklärt, und anschließend dass der anwesende Zeuge die Echtheit der Erklärung bestätigt und den Vornamen und den Familiennamen mündlich darlegt.

§ 1068. (Testament vor dem Notar)

Ein Testament durch öffentliche Beurkundung soll in der Form errichtet werden, dass ein Notar den letzten Willen des Erblassers, den der Erblasser mündlich vor ihm in Gegenwart von zwei Zeugen erklärt, niederschreibt und liest die Niederschrift den Zeugen vor, und dass der Erblasser und die Zeugen, wenn sie die Richtigkeit und die Vollkommenheit der Niederschrift feststellen, unterschreiben oder unter Angabe der Namen siegeln.
<§ 2232, vgl. § 2249 BGB>

§ 1069. (Testament durch verschlossene Schrift)

(1) Ein Testament durch verschlossene Schrift soll in der Form errichtet werden, dass der Erblasser eine Schrift, auf der er seinen Namen angegeben hat, in einen Umschlag mit seinem Siegel verschließt, und sie mindestens zwei Zeugen mit der Erklärung vorlegt, dass sie seinen letztwillige Verfügung enthalte, und auf dem Umschlag das Datum der Vorlegung angibt, und anschließend dass der Erblasser und die Zeugen darauf unterschreiben oder unter Angabe der Namen siegeln.
(2) Der Erblasser hat das nach Absatz 1 errichtete Testament durch verschlossene Schrift binnen fünf Tagen nach dem auf dem Umschlag geschriebenen Datum bei einem Notar oder einem Gerichtsschreiber abzulegen und auf den Siegelabdruck des Erblassers amtlich unter Angabe des Datums siegeln zu lassen.
<vgl. § 2232 BGB>

第1070條 (口授證書에 依한 遺言)

① 口授證書에 依한 遺言은 疾病 其他 急迫한 事由로 因하여 前4條의 方式에 依할 수 없는 境遇에 遺言者가 2人 以上의 證人의 參與로 그 1人에게 遺言의 趣旨를 口授하고 그 口授를 받은 者가 이를 筆記朗讀하여 遺言者의 證人이 그 正確함을 承認한 後 各自 署名 또는 記名捺印하여야 한다.

② 前項의 方式에 依한 遺言은 그 證人 또는 利害關係人이 急迫한 事由의 終了한 날로부터 7日內에 法院에 그 檢認을 申請하여야 한다.

③ 第1063條 第2項의 規定은 口授證書에 依한 遺言에 適用하지 아니한다.

第1071條 (秘密證書에 依한 遺言의 轉換)

秘密證書에 依한 遺言이 그 方式에 欠缺이 있는 境遇에 그 證書가 自筆證書의 方式에 適合한 때에는 自筆證書에 依한 遺言으로 본다.

제1072조 (증인의 결격사유)

① 다음 각 호의 어느 하나에 해당하는 사람은 유언에 참여하는 증인이 되지 못한다.

1. 미성년자
2. 피성년후견인과 피한정후견인
3. 유언으로 이익을 받을 사람, 그의 배우자와 직계혈족

② 공정증서에 의한 유언에는 「공증인법」에 따른 결격자는 증인이 되지 못한다.

§ 1070. (Testament durch mündliche Erklärung)

(1) Ist der Erblasser infolge einer schweren Krankheit oder eines dringenden Umstandes dergestalt abgesperrt, dass die Errichtung eines Testaments nach einer der in den §§ 1066 bis 1069 vorgesehenen Formen nicht möglich ist, so kann das in der Form errichtet werden, dass der Erblasser in Gegenwart von mindestens zwei Zeugen seinen letzten Willen einem der Zeugen mündlich erklärt; dieser schreibt die Erklärung nieder und liest sie vor, und anschließend nach Überprüfung und Feststellung der Richtigkeit und Vollkommenheit der Niederschrift unterschreiben oder siegeln unter Angabe ihrer Namen die Zeugen die Niederschrift.
(2) Nach der Errichtung eines Testaments in Form des Absatzes 1 muss der (ins. niederschreibende) Zeuge oder der Interessent binnen sieben Tagen nach dem Vergehen des dringenden Umstands bei Gericht[79] beantragen, es amtlich zu bestätigen.
(3) Die Vorschrift des § 1063 Abs. 2 findet für die Errichtung eines Testaments durch mündliche Erklärung keine Anwendung.
<vgl. §§ 2249, 2250, 2252 BGB>

§ 1071. (Umdeutung eines formwidrigen Testaments durch eine verschlossene Schrift)

Ist bei der Errichtung eines Testaments durch eine verschlossene Schrift ein Formfehler unterlaufen, ist es dennoch als ein eigenhändiges Testament anzunehmen, sofern es der Form des letzeren entspricht.
<vgl. § 2249 VI BGB>

§ 1072.[80] (Untauglichkeitsgründe für Zeugen)

(1) Als Zeugen sollen bei der Errichtung des Testaments nicht mitwirken,
1. Minderjährige,
2. Betreute und beschränkt Betreute,
3. wer durch das Testament bedacht wird, dessen Ehegatten sowie Verwandte in gerader Linie.
(2) Zur Errichtung eines Testaments durch öffentliche Beurkundung soll derjenige, der nach den Vorschriften des Notargesetzes[81] als Beteiligter nicht zugezogen werden kann, nicht als Zeuge mitwirken.
<vgl. §§ 2249 I, 2250 III BGB>

79 Familiengericht.
80 § 1072 neu gefasst durch Gesetz vom 07.03.2011.
81 Siehe § 33 Abs. 3 Notargesetz.

第3節 遺言의 效力

第1073條 (遺言의 效力發生時期)

① 遺言은 遺言者가 死亡한 때로부터 그 效力이 생긴다.

② 遺言에 停止條件이 있는 境遇에 그 條件이 遺言者의 死亡後에 成就한 때에는 그 條件成就한 때로부터 遺言의 效力이 생긴다.

第1074條 (遺贈의 承認, 拋棄)

① 遺贈을 받을 者는 遺言者의 死亡後에 언제든지 遺贈을 承認 또는 拋棄할 수 있다.

② 前項의 承認이나 拋棄는 遺言者의 死亡한 때에 遡及하여 그 效力이 있다.

第1075條 (遺贈의 承認, 拋棄의 取消禁止)

① 遺贈의 承認이나 拋棄는 取消하지 못한다.

② 第1024條 第2項의 規定은 遺贈의 承認과 拋棄에 準用한다.

第1076條 (受贈者의 相續人의 承認, 拋棄)

受贈者가 承認이나 拋棄를 하지 아니하고 死亡한 때에는 그 相續人은 相續分의 限度에서 承認 또는 拋棄할 수 있다. 그러나 遺言者가 遺言으로 다른 意思를 表示한 때에는 그 意思에 依한다.

Drittes Kapitel. Wirkung des Testaments

§ 1073. (Wirksamwerden des Testaments)

(1) Eine letztwillige Verfügung erlangt mit dem Tod des Erblassers ihre Rechtswirkungen.
<§§ 2176, 1939, 2181 BGB>
(2) Hat der Erblasser eine letztwillige Verfügung unter einer aufschiebenden Bedingung gemacht, so erlangt sie mit dem Eintritt der Bedingung ihre Rechtswirkungen, es sei denn, dass sie vor dem Tod des Erblassers eingetreten ist.
<§§ 2177, 2179, vgl. §§ 2162, 2171 III BGB>

§ 1074. (Annahme und Ausschlagung des Vermächtnisses)

(1) Der Bedachte kann das Vermächtnis nach Eintritt des Erbfalls jederzeit annehmen oder ausschlagen.
(2) Die Annahme sowie die Ausschlagung wirkt auf den Zeitpunkt des Erbfalls zurück.
<§§ 2180 BGB>

§ 1075. (Annahme des Vermächtnisses, Ausschluss der Anfechtung[82])

(1) Die Annahme sowie die Ausschlagung des Vermächtnisses kann (ins. nach Abgabe der Erklärung) nicht mehr angefochten werden.
(2) Für die Annahme und die Ausschlagung des Vermächtnisses finden die Vorschriften des § 1024 Abs. 2 entsprechend Anwendung.
<§§ 2180, vgl. §§ 2078–2083 BGB>

§ 1076. (Annahme und Ausschlagung durch den Erben des Bedachten)

Stirbt der Bedachte ohne Annahme oder Ausschlagung des Vermächtnisses, so kann jeder von mehreren Erben des Bedachten den seinem Erbteil entsprechenden Teil des Vermächtnisses annehmen oder ausschlagen. Hat der Erblasser jedoch durch letztwillige Verfügung ein anderes bestimmt, so ist dieses hierfür maßgebend.
<§§ 2180, 1952, vgl. 2069 BGB>

---

82 Im Sinne von ‚Zurücknahme'.

第1077條 (遺贈義務者의 催告權)

① 遺贈義務者나 利害關係人은 相當한 期間을 定하여 그 期間 內에 承認 또는 抛棄를 確答할 것을 受贈者 또는 그 相續人에게 催告할 수 있다.

② 前項의 期間內에 受贈者 또는 相續人이 遺贈義務者에 對하여 催告에 對한 確答을 하지 아니한 때에는 遺贈을 承認한 것으로 본다.

第1078條 (包括的 受贈者의 權利義務)

包括的 遺贈을 받은 者는 相續人과 同一한 權利義務가 있다.

第1079條 (受贈者의 果實取得權)

受贈者는 遺贈의 履行을 請求할 수 있는 때로부터 그 目的物의 果實을 取得한다. 그러나 遺言者가 遺言으로 다른 意思를 表示한 때에는 그 意思에 依한다.

第1080條 (果實收取費用의 償還請求權)

遺贈義務者가 遺言者의 死亡後에 그 目的物의 果實을 收取하기 爲하여 必要費를 支出한 때에는 그 果實의 價額의 限度에서 果實을 取得한 受贈者에게 償還을 請求할 수 있다.

第1081條 (遺贈義務者의 費用償還請求權)

遺贈義務者가 遺贈者의 死亡後에 그 目的物에 對하여 費用을 支出한 때에는 第325條의 規定을 準用한다.

§ 1077. (Aufforderung zur Annahme)

(1) Der Beschwerte mit dem Vermächtnis oder ein Interessent kann den Bedachten oder dessen Erben unter Bestimmung einer angemessenen Frist zur Erklärung über die Annahme[83] des Vermächtnisses auffordern.
(2) Erfolgt keine Erklärung innerhalb der Frist des Absatzes 1, so gilt das Vermächtnis als angenommen.
<vgl. § 2307 BGB>

§ 1078.[84] (Universalvermächtnis)

Wird die Erbschaft dem Vermächtnisnehmer als Ganzes zugewendet, so hat er gleiche Rechte und Pflichten wie der (ins. gesetzliche) Erbe.
<vgl. § 2174 BGB>

§ 1079. (Recht des Vermächtnisnehmers auf Fruchtziehung)

Dem Vermächtnisnehmer gebühren die Früchte des ihm zugewendeten Vermächtnisses von dem Zeitpunkt an, in welchem er die Erfüllung des Vermächtnisses von dem Beschwerten fordern kann. Hat der Erblasser aber durch die letzte Verfügung ein anderes bestimmt, so ist dieses hierfür maßgebend.
<§ 2184 BGB>

§ 1080. (Anspruch auf Ersatz von Verwendungen)

Hat der Beschwerte nach dem Tod des Erblassers notwendigen Verwendungen zur Gewinnung der Früchte aus dem vermachten Gegenstands gemacht, so kann er vom Vermächtnisnehmer, dem die Früchte gebühren, den Ersatz für Verwendungen bis zur Höhe des Wertes der Früchte verlangen.
<§ 2158, vgl. § 2022 BGB>

§ 1081. (Anspruch auf Ersatz von Aufwendungen)

Hat der Beschwerte nach dem Tod des Erblassers Aufwendungen auf den vermachten Gegenstand gemacht, gelten die Vorschriften des § 325 entsprechend.
<§ 2158, vgl. § 2165 BGB>

83 Wörtlich ‚die Annahme oder die Ausschlagung'.
84 § 1078 neu gefasst durch Gesetz vom 13.01.1990.

第1082條 (不特定物遺贈義務者의 擔保責任)

① 不特定物을 遺贈의 目的으로 한 境遇에는 遺贈義務者는 그 目的物에 對하여 賣渡人과 같은 擔保責任이 있다.

② 前項의 境遇에 目的物에 瑕疵가 있는 때에는 遺贈義務者는 瑕疵없는 物件으로 引渡하여야 한다.

第1083條 (遺贈의 物上代位性)

遺贈者가 遺贈目的物의 滅失, 毁損 또는 占有의 侵害로 因하여 第三者에게 損害賠償을 請求할 權利가 있는 때에는 그 權利를 遺贈의 目的으로 한 것으로 본다.

第1084條 (債權의 遺贈의 物上代位性)

① 債權을 遺贈의 目的으로 한 境遇에 遺言者가 그 辨濟를 받은 物件이 相續財産 中에 있는 때에는 그 物件을 遺贈의 目的으로 한 것으로 본다.

② 前項의 債權이 金錢을 目的으로 한 境遇에는 그 辨濟받은 債權額에 相當한 金錢이 相續財産中에 없는 때에도 그 金額을 遺贈의 目的으로 한 것으로 본다.

第1085條 (第三者의 權利의 目的인 物件 또는 權利의 遺贈)

遺贈의 目的인 物件이나 權利가 遺言者의 死亡 當時에 第三者의 權利의 目的인 境遇에는 受贈者는 遺贈義務者에 對하여 그 第三者의 權利를 消滅시킬 것을 請求하지 못한다.

第1086條 (遺言者가 다른 意思表示를 한 境遇)

前3條의 境遇에 遺言者가 遺言으로 다른 意思를 表示한 때에는 그 意思에 依한다.

§ 1082. (Gewährleistung für Sachmängel)

(1) Ist der Gegenstand des Vermächtnisses eine der Gattung nach bestimmte Sache, so hat der Beschwerte für die Sache Gewähr zu leisten wie ein Verkäufer.
(2) Ist im Falle des Absatzes 1 die (ins. geleistete) Sache mangelhaft, so hat der Beschwerte an Stelle der mangelhaften Sache eine mangelfreie zu liefern.
<§ 2183, vgl. § 2182 BGB>

§ 1083. (Surrogation einer vermachten Sache)

Steht dem Erblasser wegen Zerstörung, Beschädigung oder Besitzverletzung der vermachten Sache ein Anspruch auf Schadensersatz gegen einen Dritten zu, so gilt der Anspruch als vermacht.
<vgl. § 2172 BGB>

§ 1084. (Surrogation einer vermachten Forderung)

(1) Hat der Erblasser eine (ins. ihm zustehende) Forderung vermacht, so ist, wenn die Leistung erfolgt und der geleistete Gegenstand noch in der Erbschaft vorhanden ist, anzunehmen, dass dieser Gegenstand vermacht worden ist.
(2) War die Forderung des Absatzes 1 auf die Zahlung einer Geldsumme gerichtet, so gilt die entsprechende Geldsumme als vermacht, auch wenn sich eine solche in der Erbschaft nicht vorfindet.
<§ 2173 BGB>

§ 1085. (Vermächtnis der mit einem Recht des Dritten belasteten Sachen oder Rechten)

Ist eine vermachte Sache oder ein vermachtes Recht zur Zeit des Todes des Erblassers mit dem Recht eines Dritten belastet, so kann der Vermächtnisnehmer von dem Beschwerten die Beseitigung der Rechte des Dritten nicht verlangen.
<vgl. § 2165 BGB>

§ 1086. (Abweichende Erklärung des Erblassers)

Hat der Erblasser in den Fällen der §§ 1083 bis 1085 durch letztwillige Verfügung ein anderes bestimmt, so ist dieses maßgebend.

第1087條 (相續財産에 屬하지 아니한 權利의 遺贈)

① 遺言의 目的이 된 權利가 遺言者의 死亡當時에 相續財産에 屬하지 아니한 때에는 遺言은 그 效力이 없다. 그러나 遺言者가 自己의 死亡當時에 그 目的物이 相續財産에 屬하지 아니한 境遇에도 遺言의 效力이 있게 할 意思인 때에는 遺贈義務者는 그 權利를 取得하여 受贈者에게 移轉할 義務가 있다.

② 前項 但書의 境遇에 그 權利를 取得할 수 없거나 그 取得에 過多한 費用을 要할 때에는 그 價額으로 辨償할 수 있다.

第1088條 (負擔있는 遺贈과 受贈者의 責任)

① 負擔있는 遺贈을 받은 者는 遺贈의 目的의 價額을 超過하지 아니한 限度에서 負擔한 義務를 履行할 責任이 있다.

② 遺贈의 目的의 價額이 限定承認 또는 財産分離로 因하여 減少된 때에는 受贈者는 그 減少된 限度에서 負擔할 義務를 免한다.

第1089條 (遺贈效力發生前의 受贈者의 死亡)

① 遺贈은 遺言者의 死亡前에 受贈者가 死亡한 때에는 그 效力이 생기지 아니한다.

② 停止條件있는 遺贈은 受贈者가 그 條件成就前에 死亡한 때에는 그 效力이 생기지 아니한다.

§ 1087. (Vermächtnis fremder Rechte)

(1) Das Vermächtnis eines Rechtes[85] ist unwirksam, soweit das Recht zur Zeit des Todes des Erblassers nicht zur Erbschaft gehört. Ergibt sich jedoch aus dem Willen des Erblassers, dass der Erblasser seine letztwillige Verfügung auch für den Fall geltend machen wolle, dass das Recht zur Zeit seines Todes nicht zur Erbschaft gehört, so hat der Beschwerte das Recht dem Bedachten zu verschaffen.
<§§ 2169, 2170 I BGB>

(2) Ist im Falle des Abs. 1 S. 2 der Beschwerte außerstande, dem Bedachten das Recht zu verschaffen, oder ist die Verschaffung nur mit unverhältnismäßigen Aufwendungen möglich, so kann er den Wert des Rechts entrichten.
<§ 2170 II BGB>

§ 1088. (Vermächtnis unter Auflage)

(1) Ist ein Vermächtnisnehmer mit einer Auflage beschwert, so ist er zur Erfüllung insoweit verpflichtet, als die Auflage den Wert des auf ihn entfallenden Vermächtnisses nicht übersteigt.

(2) Vermindert sich der Wert des Gegenstands des Vermächtnisses auf wegen einer bedingten Annahme oder infolge einer Trennung des Nachlasses, so wird der Vermächtnisnehmer von der ihm auferlegten Beschwerungen bis zur Höhe des verminderten Wertes entbunden.
<§§ 2187, 2188, §§2192 ff., vgl. §§ 2156, 2186 BGB>

§ 1089. (Tod des Bedachten vor dem Erbfall)

(1) Ein Vermächtnis ist unwirksam, wenn der Bedachte zur Zeit des Erbfalls nicht mehr lebt.
<§ 2160 BGB>

(2) Unwirksam ist auch ein unter einer aufschiebenden Bedingung angeordnetes Vermächtnis, wenn der Bedachte vor Bedingungseintritt stirbt.
<§§ 2177, 2274 BGB>

---

85 Wörtlich „Die letztwillge Verfügung".

第1090條 (遺贈의 無效, 失效의 境遇와 目的財産의 歸屬)

遺贈이 그 效力이 생기지 아니하거나 受贈者가 이를 抛棄한 때에는 遺贈의 目的인 財産은 相續人에게 歸屬한다. 그러나 遺言者가 遺言으로 다른 意思를 表示한 때에는 그 意思에 依한다.

第 4 節 遺言의 執行

第1091條 (遺言證書, 錄音의 檢認)

① 遺言의 證書나 錄音을 保管한 者 또는 이를 發見한 者는 遺言者의 死亡後 遲滯없이 法院에 提出하여 그 檢認을 請求하여야 한다.

② 前項의 規定은 公正證書나 口授證書에 依한 遺言에 適用하지 아니한다.

第1092條 (遺言證書의 開封)

法院이 封印된 遺言證書를 開封할 때에는 遺言者의 相續人, 그 代理人 其他 利害關係人의 參與가 있어야 한다.

第1093條 (遺言執行者의 指定)

遺言者는 遺言으로 遺言執行者를 指定할 수 있고 그 指定을 第三者에게 委託할 수 있다.

§ 1090. (Anfall des Vermächtnisses bei Unwirksamwerden oder Ausschlagen)

Der Gegenstand des Vermächtnisses fällt an den Erben, wenn das Vermächtnis unwirksam wird oder der Bedachte es aufschlägt. Hat der Erblasser jedoch durch letztwillige Verfügung ein anderes erklärt, so ist dieses maßgebend.
<§ 2195 BGB>

Viertes Kapitel. Ausführung der letztwilligen Verfügungen

§ 1091. (Bestätigung des Testaments)

(1) Wer ein Testament oder ein auf ein Tonband aufgenommenes Testament in Verwahrung genommen oder gefunden hat, ist verpflichtet, es unverzüglich nach dem Tod des Erblassers dem Gericht[86] vorzulegen und zu beantragen, es amtlich zu bestätigen.
(2) Die Vorschrift des Absatzes 1 findet auf das Testament keine Anwendung, das durch öffentliche Beurkundung oder durch mündliche Erklärung errichtet wurde.
<§ 2259, vgl. § 2248 BGB>

§ 1092. (Eröffnung des Testaments)

Zu dem Termin, den das Gericht[87] zur Eröffnung eines unter Siegel verschlossenen Testaments bestimmt hat, sollen die Erben oder deren Vertreter und die sonstigen Interessenten vorgeladen werden.

§ 1093. (Ernennung des Testamentsvollstreckers)

Der Erblasser kann durch Testament (ins. einen oder mehrere) Testamentsvollstrecker ernennen oder die Bestimmung der Person des Testamentsvollstreckers einem Dritten überlassen.
<§§ 2197, 2198 BGB>

86 Familiengericht.
87 Familiengericht.

第1094條 (委託에 依한 遺言執行者의 指定)

① 前條의 委託을 받은 第三者는 그 委託있음을 안 後 遲滯없이 遺言執行者를 指定하여 相續人에게 通知하여야 하며 그 委託을 辭退할 때에는 이를 相續人에게 通知하여야 한다.

② 相續人 其他 利害關係人은 相當한 期間을 定하여 그 期間內에 遺言執行者를 指定할 것을 委託 받은 者에게 催告할 수 있다. 그 期間內에 指定의 通知를 받지 못한 때에는 그 指定의 委託을 辭退한 것으로 본다.

第1095條 (指定遺言執行者가 없는 境遇)

前2條의 規定에 依하여 指定된 遺言執行者가 없는 때에는 相續人이 遺言執行者가 된다.

第1096條 (法院에 依한 遺言執行者의 選任)

① 遺言執行者가 없거나 死亡, 缺格 其他 事由로 因하여 없게 된 때에는 法院은 利害關係人의 請求에 依하여 遺言執行者를 選任하여야 한다.

② 法院이 遺言執行者를 選任한 境遇에는 그 任務에 關하여 必要한 處分을 命할 수 있다.

第1097條 (遺言執行者의 承諾, 辭退)

① 指定에 依한 遺言執行者는 遺言者의 死亡後 遲滯없이 이를 承諾하거나 辭退할 것을 相續人에게 通知하여야 한다.

② 選任에 依한 遺言執行者는 選任의 通知를 받은 後 遲滯없이 이를 承諾하거나 辭退할 것을 法院에 通知하여야 한다.

§ 1094. (Bestimmung durch einen Dritten)

(1) Ein Dritter, der nach § 1093 von dem Erblasser mit der Bestimmung der Person des Testamentsvollstreckers überlassen ist, hat, sobald er davon Kenntnis erlangt, unverzüglich einen Testamentsvollstrecker zu bestimmen und die Erben davon zu benachrichtigen; Will er die Bestimmung nicht vornehmen, so hat er dies unverzüglich den Erben mitzuteilen.
(2) Ein Erbe oder ein Interessent kann unter Angabe einer angemessenen Frist den Dritten zur Bestimmung des Testamentsvollstreckers auffordern. Geht die Erklärung der Ernennung innerhalb der Frist den Erben oder den Interessenten nicht zu, so gilt die Ermächtigung zur Ernennung als nicht angenommen.
<§ 2198 BGB>

§ 1095. (Nichtvorhandensein des Ernannten)

Kann der Testamentsvollstrecker nach den Vorschriften der §§ 1093, 1094 nicht ernannt werden, so wird der Erbe Testamentsvollstrecker.
<§ 2197 II BGB>

§ 1096. (Ernennung durch das Gericht[88])

(1) Ist der Testamentsvollstrecker nicht vorhanden oder fällt er durch den Todesfall, wegen Untauglichkeit oder aus einem anderen Grund weg, so hat das Gericht auf Antrag eines Interessenten den Testamentsvollstrecker zu ernennen.
(2) Das Gericht, das einen Testamentsvollstrecker ernannt hat, kann Maßnahmen, die für die Amtsführung erforderlich sind, anordnen.
<§ 2200 BGB>

§ 1097. (Annahme und Ablehnung des Amtes)

(1) Der (ins. außergerichtlich) zum Testamentsvollstrecker Ernannte hat unverzüglich nach dem Tod des Erblassers dem Erben gegenüber zu erklären, ob er das Amt annimmt oder ablehnt.
(2) Wer durch das Gericht zum Testamentsvollstrecker ernannt ist, hat unverzüglich nach Empfang der Mitteilung seiner Ernennung dem Gericht gegenüber zu erklären, ob er das Amt annimmt oder ablehnt.

---

88 Familiengericht.

③ 相續人 其他 利害關係人은 相當한 期間을 定하여 그 期間內에 承諾與否를 確答할 것을 指定 또는 選任에 依한 遺言執行者에게 催告할 수 있다. 그 期間內에 催告에 對한 確答을 받지 못한 때에는 遺言執行者가 그 就任을 承諾한 것으로 본다.

제1098조 (유언집행자의 결격사유)

제한능력자와 파산선고를 받은 자는 유언집행자가 되지 못한다.

第1099條 (遺言執行者의 任務着手)

遺言執行者가 그 就任을 承諾한 때에는 遲滯없이 그 任務를 履行하여야 한다.

第1100條 (財産目錄作成)

① 遺言이 財産에 關한 것인 때에는 指定 또는 選任에 依한 遺言執行者는 遲滯없이 그 財産目錄을 作成하여 相續人에게 交付하여야 한다.

② 相續人의 請求가 있는 때에는 前項의 財産目錄作成에 相續人을 參與하게 하여야 한다.

第1101條 (遺言執行者의 權利義務)

遺言執行者는 遺贈의 目的인 財産의 管理 其他 遺言의 執行에 必要한 行爲를 할 權利義務가 있다.

(3) Der Erbe oder ein Interessent kann den Ernannten unter Bestimmung einer angemessenen Frist zur Erklärung über die Annahme auffordern. Geht ihm keine Erklärung in der Frist zu, so gilt das Amt als angenommen.
<§ 2202 BGB>

§ 1098. (Untauglichkeit zum Testamentsvollstrecker)

Wer in der Geschäftsfähigkeit beschränkt oder in Konkurs geraten ist, darf nicht zum Testamentsvollstrecker ernannt werden.
<§ 2201 BGB>

§ 1099. (Beginn des Amtes)

Der Testamentsvollstrecker hat unverzüglich nach der Annahme des Amts seine Aufgabe wahrzunehmen.
<§§ 2202, 2215 BGB>

§ 1100. (Aufnahme des Nachlassverzeichnisses)

(1) Soweit sich eine letztwillige Verfügung auf die Vermögensangelegenheiten bezieht, hat der Testamentsvollstrecker[89] unverzüglich ein Verzeichnis der Nachlassgegenstände aufzustellen und den Erben auszuhändigen.
(2) Auf Verlangen des Erben hat der Testamentsvollstrecker ihn bei der Aufnahme des Verzeichnisses nach Absatz 1 hinzuziehen.
<§ 2215 BGB>

§ 1101. (Rechte und Pflichten des Testamentsvollstreckers)

Dem Testamentsvollstrecker stehen Rechte und Pflichten zu, jede erforderliche Handlung für die Verwaltung des vermachten Vermögens und die Ausführung der letztwilligen Verfügungen vorzunehmen.
<§§ 2203, 2205, §§ 2206 ff., 2216 BGB>

---

89 Wörtlich „der bestimmte oder ernannte Testamentsvollstrecker“.

第1102條 (共同遺言執行)

遺言執行者가 數人인 境遇에는 任務의 執行은 그 過半數의 贊成으로써 決定한다. 그러나 保存行爲는 各自가 이를 할 수 있다.

第1103條 (遺言執行者의 地位)

① 指定 또는 選任에 依한 遺言執行者는 相續人의 代理人으로 본다.

② 第681條 乃至 第685條, 第687條, 第691條와 第692條[90]의 規定은 遺言執行者에 準用한다.

---

90 또한 제1048조 제2항 참조.

第681條 (受任人의 善管義務)

受任人은 委任의 本旨에 따라 善良한 管理者의 注意로써 委任事務를 處理하여야 한다.

第682條 (復任權의 制限)

① 受任人은 委任人의 承諾이나 不得已한 事由없이 第三者로 하여금 自己에 갈음하여 委任事務를 處理하게 하지 못한다. <개정 2014. 12. 30.>

② 受任人이 前項의 規定에 의하여 第三者에게 委任事務를 處理하게 한 경우에는 第121條, 第123條의 規定을 準用한다.

第687條 (受任人의 費用先給請求權)

委任事務의 處理에 費用을 要하는 때에는 委任人은 受任人의 請求에 依하여 이를 先給하여야 한다.

第691條 (委任終了時의 緊急處理)

委任終了의 境遇에 急迫한 事情이 있는 때에는 受任人, 그 相續人이나 法定代理人은 委任人, 그 相續人이나 法定代理人이 委任事務를 處理할 수 있을 때까지 그 事務의 處理를 繼續하여야 한다. 이 境遇에는 委任의 存續과 同一한 效力이 있다.

第692條 (委任終了의 對抗要件)

委任終了의 事由는 이를 相對方에게 通知하거나 相對方이 이를 안 때가 아니면 이로써 相對方에게 對抗하지 못한다.

§ 1102. (Gemeinschaftliche Amtsführung)

Sind mehrere Testamentsvollstrecker ernannt, so ist die Amtsführung durch Stimmenmehrheit zu beschließen. Jeder Testamentsvollstrecker ist berechtigt, die zur Erhaltung des Nachlassgegenstandes notwendigen Maßregeln ohne Zustimmung der anderen Testamentsvollstrecker zu treffen.
<§ 2197 I, § 2224 BGB>

§ 1103. (Rechtliche Stellung des Testamentsvollstreckers)

(1) Der Testamentsvollstrecker[91] hat die Stellung eines gesetzlichen Vertreters des Erben.
(2) Auf den Testamentsvollstrecker finden die Vorschriften der §§ 681 bis 685, 687, 691 und des § 692[92] entsprechende Anwendung.
<vgl. §§ 2218, 2219 BGB>

---

91 Wörtlich "der bestimmte oder ernannte Testamentsvollstrecker".

92 Siehe auch § 1048 II.
§ 681. [Sorgfaltspflicht des Beauftragten]
Der Beauftragte ist verpflichtet, ein ihm übertragenes Geschäft nach dem Zweck des Auftrags mit der im Verkehr erforderlichen Sorgfalt zu besorgen.
§ 682. [Beschränkung der Übertragung des Auftrages]
(1) Der Beauftragte kann einen Dritten an seiner Stelle den Auftrag nicht ausführen lassen, es sei denn, dass der Auftragsgeber es gestattet oder ein dringender Grund vorliegt. <§ 682 I neu gefasst durch Gesetz vom 30.12.2014>
(2) Hat der Beauftragte gemäß Absatz 1 die Ausführung des Auftrags einem Dritten übertragen, so gelten die Vorschriften der § 121[Haftung des Vertreters für den Untervertreter], 123[Befugnisse des Untervertreters] entsprechend.
§ 687. [Anspruch auf Vorschuss]
Für die zur Ausführung des Auftrags notwendigen Aufwendungen hat der Auftraggeber dem Beauftragten auf Verlangen Vorschuss zu leisten.
§ 691. [Notwendige Fortsetzung der Geschäftsführung]
Erlischt der Auftrag, so hat der Beauftragte, sein Erbe oder sein gesetzlicher Vertreter, wenn mit dem Aufschub Gefahr verbunden ist, die Besorgung des übertragenden Geschäfts fortzusetzen, bis der Auftraggeber, sein Erbe oder sein gesetzlicher Vertreter anderweit Fürsorge treffen kann. In diesem Falle gilt der Auftrag als fortbestehend.
§ 692. [Einwendungen aus dem Erlöschen des Auftrages]
Einwendungen aus dem Erlöschen des Auftrags kann der eine Teil nicht dem anderen entgegensetzen, es sei denn, dass er dem anderen den Grund für das Erlöschen angezeigt hat oder diesem ein solcher Grund bekannt ist.

第1104條 (遺言執行者의 報酬)

① 遺言者가 遺言으로 그 執行者의 報酬를 定하지 아니한 境遇에는 法院은 相續財産의 狀況 其他 事情을 參酌하여 指定 또는 選任에 依한 遺言執行者의 報酬를 定할 수 있다.

② 遺言執行者가 報酬를 받는 境遇에는 第686條 第2項, 第3項[93]의 規定을 準用한다.

第1105條 (遺言執行者의 辭退)

指定 또는 選任에 依한 遺言執行者는 正當한 事由있는 때에는 法院의 許可를 얻어 그 任務를 辭退할 수 있다.

第1106條 (遺言執行者의 解任)

指定 또는 選任에 依한 遺言執行者에 그 任務를 懈怠하거나 適當하지 아니한 事由가 있는 때에는 法院은 相續人 其他 利害關係人의 請求에 依하여 遺言執行者를 解任할 수 있다.

---

93 第686條 (受任人의 報酬請求權)

① 受任人은 特別한 約定이 없으면 委任人에 對하여 報酬를 請求하지 못한다.

② 受任人이 報酬를 받을 境遇에는 委任事務를 完了한 後가 아니면 이를 請求하지 못한다. 그러나 期間으로 報酬를 定한 때에는 그 期間이 經過한 後에 이를 請求할 수 있다.

③ 受任人이 委任事務를 處理하는 中에 受任人의 責任없는 事由로 因하여 委任이 終了된 때에는 受任人은 이미 處理한 事務의 比率에 따른 報酬를 請求할 수 있다.

§ 1104. (Vergütung)

(1) Hat der Erblasser durch letztwillige Verfügung keine Vergütung für den Testamentsvollstrecker bestimmt, so kann das Gericht[94] dem gerichtlichen oder außergerichtlich ernannten Testamentsvollstrecker eine angemessene Vergütung mit Rücksicht auf den Nachlass und die sonstigen Umstände gewähren.
(2) Führt der Testamentsvollstrecker das Amt gegen Vergütung, so finden die Vorschriften des § 686[95] Abs. 2 und 3 entsprechende Anwendung.
<§ 2221 BGB>

§ 1105. (Entlassung auf eigenen Antrag)

Liegt ein wichtiger[96] Grund vor, so kann der Testamentsvollstrecker auf eigenen Antrag mit Genehmigung des Gerichts[97] aus seinem Amt entlassen werden.
<vgl. § 2226 BGB>

§ 1106. (Entlassung durch Gerichtsbeschluss)

Das Gericht kann auf Antrag eines Erben oder eines Interessenten den Testamentsvollstrecker[98] entlassen, wenn er die Amtsführung vernachlässigt hat, oder wenn ein Grund dafür vorliegt, die Unfähigkeit zur ordnungsmäßigen Geschäftsführung anzunehmen.
<§ 2227 BGB>

---

94 Familiengericht.

95 § 686. [Anspruch auf Vergütung]
(1) Der Beauftragte kann Vergütung vom Auftraggeber nicht verlangen, es sei denn, dass ein anderes vereinbart ist. <vgl. § 612 BGB>
(2) Ist die Vergütung vereinbart, so ist sie erst nach der Beendigung der Geschäftsbesorgung zu entrichten. Ist die eine Vergütung nach Zeitabschnitten bemessen, so kann der Beauftragte nach Ablauf der einzelnen die Vergütung verlangen. <vgl. § 614 BGB>
(3) Erlischt der Auftrag während der Geschäftsbesorgung ohne Verschulden des Beauftragten, so kann er die Vergütung im Verhältnis zur erfolgten Besorgung des Auftrages verlangen.

96 Wörtlich „gerechter“ bzw. „rechtfertigender“.

97 Familiengericht.

98 Wörtlich „gerechter“ bzw. „rechtfertigender“.

第1107條 (遺言執行의 費用)

遺言의 執行에 關한 費用은 相續財産 中에서 이를 支給한다.

第5節 遺言의 撤回

第1108條 (遺言의 撤回)

① 遺言者는 언제든지 遺言 또는 生前行爲로써 遺言의 全部나 一部를 撤回할 수 있다.

② 遺言者는 그 遺言을 撤回할 權利를 抛棄하지 못한다.

第1109條 (遺言의 抵觸)

前後의 遺言이 抵觸되거나 遺言後의 生前行爲가 遺言과 抵觸되는 境遇에는 그 抵觸된 部分의 前遺言은 이를 撤回한 것으로 본다.

第1110條 (破毁로 因한 遺言의 撤回)

遺言者가 故意로 遺言證書 또는 遺贈의 目的物을 破毁한 때에는 그 破毁한 部分에 關한 遺言은 이를 撤回한 것으로 본다.

第1111條 (負擔있는 遺言의 取消)

負擔있는 遺贈을 받은 者가 그 負擔義務를 履行하지 아니한 때에는 相續人 또는 遺言執行者는 相當한 期間을 定하여 履行할 것을 催告하고 그 期間內에 履行하지 아니한 때에는 法院에 遺言의 取消를 請求할 수 있다. 그러나 第三者의 利益을 害하지 못한다.

§ 1107. (Kosten der Ausführung der letztwilligen Verfügungen)

Die zur Ausführung der letztwilligen Verfügungen erforderlichen Kosten sind aus dem Nachlass zu bestreiten.

Fünftes Kapitel. Widerruf und Aufhebung des Testaments

§ 1108. (Widerruf des Testaments)

(1) Der Erblasser kann durch Errichtung eines neuen Testaments oder durch ein Rechtsgeschäft unter Lebenden das frühere Testament sowie eine einzelne in einem Testament enthaltene Verfügung jederzeit widerrufen.
(2) Auf das Recht, das Testament zu widerrufen, kann nicht verzichtet werden.
<§ 2253, vgl. § 2254 BGB>

§ 1109. (Widerruf durch späteres Testament oder Rechtsgeschäft)

Steht ein späteres Testament mit dem früheren im Widerspruch oder weicht ein nach der Errichtung des Testaments vorgenommenes Rechtsgeschäft unter Lebenden von dem Testament ab, so ist anzunehmen, dass das frühere insoweit aufgehoben wird.
<§§ 2254, 2258 BGB>

§ 1110. (Widerruf des Testaments durch Vernichtung)

Wenn der Erblasser absichtlich die Testamentsurkunde ganz oder teilweise vernichtet oder einen Gegenstand des Vermächtnisses im Ganzen oder zum Teil zerstört, so gilt das Testament insoweit als widerrufen.
<§ 2255 BGB>

§ 1111. (Antrag auf Aufhebung des Vermächtnisses bei Nichterfüllung einer Auflage)

Hat ein Vermächtnisnehmer, der mit einer Auflage beschwert ist, die Auflage nicht vollgezogen, so kann ein Erbe oder der Testamentsvollstrecker ihn unter Bestimmung einer angemessenen Frist zur Erfüllung der Auflage auffordern und, falls sie innerhalb der Frist nicht erfolgt, bei Gericht die Aufhebung des Vermächtnisses beantragen. Das Recht eines Dritten bleibt davon unberührt.
<§ 2194, vgl. §§ 2186, 2187 BGB>

第3章 遺留分

第1112條 (遺留分의 權利者와 遺留分)

相續人의 遺留分은 다음 各號에 依한다.

1. 被相續人의 直系卑屬은 그 法定相續分의 2分의 1
2. 被相續人의 配偶者는 그 法定相續分의 2分의 1
3. 被相續人의 直系尊屬은 그 法定相續分의 3分의 1
4. 被相續人의 兄弟姉妹는 그 法定相續分의 3分의 1

第1113條 (遺留分의 算定)

① 遺留分은 被相續人의 相續開始時에 있어서 가진 財産의 價額에 贈與財産의 價額을 加算하고 債務의 全額을 控除하여 이를 算定한다.

② 條件附의 權利 또는 存續期間이 不確定한 權利는 家庭法院이 選任한 鑑定人의 評價에 의하여 그 價格을 정한다.

第1114條 (算入될 贈與)

贈與는 相續開始전의 1年間에 행한 것에 限하여 第1113條의 規定에 의하여 그 價額을 算定한다. 當事者 雙方이 遺留分權利者에 損害를 加할 것을 알고 贈與를 한 때에는 1年전에 한 것도 같다.

Dritter Abschnitt.[99] Pflichtteil[100]

§ 1112. (Pflichtteilsberechtigte; Höhe des Pflichtteils)

Der Pflichtteil eines Erben, der durch Verfügung von Todes wegen von der Erbfolge ausgeschlossen ist, besteht:
1. in der Hälfte des Wertes des gesetzlichen Erbteils für einen der Verwandten in gerade absteigender Linie des Erblassers (Abkömmling);
2. in der Hälfte des Wertes des gesetzlichen Erbteils für den überlebenden Ehegatten des Erblassers;
3. in dem Drittel des Wertes des gesetzlichen Erbteils für einen der Verwandten des Erblassers in gerader aufsteigender Linie (Eltern);
4. in dem Drittel des Wertes des gesetzlichen Erbteils für jeden der Geschwister.
<§ 2303 BGB>

§ 1113. (Berechnung des Pflichtteils)

(1) Der Berechnung des Pflichtteils wird der Wert des Nachlasses zur Zeit des Erbfalls nach Abziehung der sämtlichen Beträge der Nachlassverbindlichkeiten, den Wert der Zuwendung durch das Rechtsgeschäft unter Lebenden[101] mit eingerechnet, zugrunde gelegt.
<§§ 2311 I, 2315, 2327 BGB>
(2) Die Werte der Rechte, die von einer Bedingung abhängig sind oder deren Dauer unbestimmt ist, werden von einem durch das Familiengericht bestellten Sachverständigen festgestellt. <§ 2313 BGB>
<§§ 2305 ff., §§ 2310 ff. BGB>

§ 1114. (Hinzurechnung von Zuwendungen)

Eine Zuwendung,[102] die nur innerhalb eines Jahres vor dem Erbfall gemacht worden ist, soll gemäß § 1113 angerechnet werden. Das gilt auch, wenn eine Zuwendung zu dem Zeitpunkt, welcher über ein Jahr vor Eintritt des Erbfalls zurückliegt, zwischen dem Erblasser und dem Empfänger bewusst zum Nachteil des Pflichtteilberechtigten erfolgt ist.
<§§ 2315, 2325 III BGB>

---

99 Vierter Abschnitt wurde durch Gesetz vom 13.01.1990 Dritter Abschnitt.
100 §§ 1112–1118 neu eingeführt durch Gesetz vom 12.31.1977.
101 Wörtlich „Schenkung".
102 Wörtlich „Schenkung".

第1115條 (遺留分의 保全)

① 遺留分權利者가 被相續人의 第1114條에 規定된 贈與 및 遺贈으로 인하여 그 遺留分에 不足이 생긴 때에는 不足한 限度에서 그 財産의 返還을 請求할 수 있다.

② 第1項의 경우에 贈與 및 遺贈을 받은 者가 數人인 때에는 各者가 얻은 遺贈價額의 比例로 返還하여야 한다.

第1116條 (返還의 順序)

贈與에 대하여는 遺贈을 返還받은 후가 아니면 이것을 請求할 수 없다.

第1117條 (消滅時效)

返還의 請求權은 遺留分權利者가 相續의 開始와 返還하여야 할 贈與 또는 遺贈을 한 事實을 안 때로부터 1年내에 하지 아니하면 時效에 의하여 消滅한다. 相續이 開始한 때로부터 10年을 經過한 때도 같다.

第1118條 (準用規定)

第1001條, 第1008條, 第1010條의 規定은 遺留分에 이를 準用한다.

§ 1115. (Pflichtteilergänzungsanspruch)

(1) Hat der Erblasser einem Dritten eine Zuwendung[103] oder ein Vermächtnis nach § 1114 gemacht und entsteht dadurch ihm ein Fehlbetrag am Pflichtteil, so kann der Pflichtteilberechtigte (ins. zum Zwecke der Befriedigung) vom Dritten die Herausgabe des ihm zugewendeten oder vermachten Gegenstandes bis zur Höhe des fehlenden Betrags verlangen.
(2) Gibt es im Falle des Absatzes 1 mehrere Empfänger oder Vermächtnisnehmer, so hat jeder das Vermögen im Verhältnis zu dem Wert des ihm zugewendeten oder oder vermachten Gegenstandes herauszugeben.
<§§ 2325, 2329, vgl. §§ 2326 f. BGB>

§ 1116. (Reihenfolge der Herausgabeverpflichteten)

Der Pflichtteilberechtigte kann von dem Empfänger die Herausgabe der Zuwendung[104] nur verlangen, wenn und nachdem er diesen Anspruch dem Vermächtnisnehmer gegenüber geltend gemacht hat.
<§§ 2325, 2329 BGB>

§ 1117. (Verjährung des Herausgabeanspruchs)

Der Herausgabeanspruch verjährt, wenn der Pflichtteilberechtigte ihn nicht binnen eines Jahres nach dem Zeitpunkt geltend macht, in welchem er Kenntnis vom Eintritt des Erbfalls und von den Zuwendungen[105] oder Vermächtnissen erlangt hat. Das gleiche gilt, wenn seit dem Eintritt des Erbfalls zehn Jahre verstrichen sind.
<§ 2332 BGB>

§ 1118. (Anzuwendende Vorschriften)

Auf den Pflichtteil sind die Vorschriften der §§ 1001, 1008 und des § 1010 entsprechend anzuwenden.
<§ 2320 BGB>

---

103 Wörtlich „Schenkung“.
104 Wörtlich „Schenkung“.
105 Wörtlich „Schenkung“.

제 2 권

독일연방공화국 민법 상속편

Bürgerliches Gesetzbuch

Buch 5. Erbrecht

Abschnitt 1. Erbfolge

§ 1922 Gesamtrechtsnachfolge

(1) Mit dem Tode einer Person (Erbfall) geht deren Vermögen (Erbschaft) als Ganzes auf eine oder mehrere andere Personen (Erben) über.
(2) Auf den Anteil eines Miterben (Erbteil) finden die sich auf die Erbschaft beziehenden Vorschriften Anwendung.

§ 1923 Erbfähigkeit

(1) Erbe kann nur werden, wer zur Zeit des Erbfalls lebt.
(2) Wer zur Zeit des Erbfalls noch nicht lebte, aber bereits gezeugt war, gilt als vor dem Erbfall geboren.

독일민법

제 5 권 상속법
[제1922조-제2385조]

제 1 장 상속

제1922조 포괄승계

(1) 사람의 사망(상속개시[1])으로 그의 재산(상속재산[2])은 전체로서 1인 또는 여러 명의 다른 사람(상속인)에게 이전된다. <현행민법 제1005조>

(2) 상속재산에 관한 규정이 공동상속인의 지분(상속분)에 적용된다. <현행민법 제997조>

제1923조 상속능력

(1) 상속이 개시된 때에 생존한 사람만이 상속인이 될 수 있다. <현행민법 제1001조 참조>

(2) 상속이 개시된 때에 출생하지 않았으나 이미 수태된 사람은 상속이 개시되기 전에 출생한 것으로 본다. <현행민법 제1000조 제3항>

---

1 Erbfall = 상속인에 대한 재산이전의 원인이 되는 피상속인의 사망.

2 독일민법상 Erbschaft와 Nachlass는 동일하게 '상속재산'을 뜻한다. 그런데 전자는 상속의 대상이 되는 피상속인의 재산으로 적극재산과 소극재산을 망라하는 개념이고, 후자는 대개 적극재산의 총체로서 법원의 보존, 관리 또는 채권자의 공취가 문제되거나 상속인 공동체와 재산분할에서 빈번히 쓰이는 법률용어이다. 이 책에서는 독일민법전의 어감에 맞추어 Erbschaft를 '상속' 또는 '상속재산'으로 번역한다. 그리고 Nachlass를 일단 '유산'으로 하고 다만 어색할 경우 '상속' 또는 '상속재산'으로 옮기며, Nachlassverbindlichkeit를 '상속채무'로 번역한다.

§ 1924 Gesetzliche Erben erster Ordnung

(1) Gesetzliche Erben der ersten Ordnung sind die Abkömmlinge des Erblassers.

(2) Ein zur Zeit des Erbfalls lebender Abkömmling schließt die durch ihn mit dem Erblasser verwandten Abkömmlinge von der Erbfolge aus.

(3) An die Stelle eines zur Zeit des Erbfalls nicht mehr lebenden Abkömmlings treten die durch ihn mit dem Erblasser verwandten Abkömmlinge (Erbfolge nach Stämmen).

(4) Kinder erben zu gleichen Teilen.

§ 1925 Gesetzliche Erben zweiter Ordnung

(1) Gesetzliche Erben der zweiten Ordnung sind die Eltern des Erblassers und deren Abkömmlinge.

(2) Leben zur Zeit des Erbfalls die Eltern, so erben sie allein und zu gleichen Teilen.

(3) Lebt zur Zeit des Erbfalls der Vater oder die Mutter nicht mehr, so treten an die Stelle des Verstorbenen dessen Abkömmlinge nach den für die Beerbung in der ersten Ordnung geltenden Vorschriften. Sind Abkömmlinge nicht vorhanden, so erbt der überlebende Teil allein.

(4) In den Fällen des § 1756[3] sind das angenommene Kind und die Abkömmlinge der leiblichen Eltern oder des anderen Elternteils des Kindes im Verhältnis zueinander nicht Erben der zweiten Ordnung.

---

3 § 1756 Bestehenbleiben von Verwandtschaftsverhältnissen
(1) Sind die Annehmenden mit dem Kind im zweiten oder dritten Grad verwandt oder verschwägert, so erlöschen nur das Verwandtschaftsverhältnis des Kindes und seiner Abkömmlinge zu den Eltern des Kindes und die sich aus ihm ergebenden Rechte und Pflichten.
(2) Nimmt ein Ehegatte das Kind seines Ehegatten an, so erlischt das Verwandtschaftsverhältnis nicht im Verhältnis zu den Verwandten des anderen Elternteils, wenn dieser die elterliche Sorge hatte und verstorben ist.

第1924조 제1순위의 법정상속인

(1) 제1순위의 법정상속인은 피상속인의 직계비속이다.

(2) 상속이 개시된 때에 생존하는 비속은 그를 통하여 피상속인과 친족관계를 맺는 비속을 상속[4]에서 배제한다.

(3) 상속이 개시된 때에 이미 사망한 비속을 통하여 피상속인과 친족관계를 맺은 비속은 생존하지 않은 비속의 지위를 승계한다(혈연에 따른 상속, 대습상속).

(4) 자녀는 균등한 비율로 상속한다.

<현행민법 제1009조 제1항. 현행민법 제1000조 제1항, 제2항, 제1001조 참조>

第1925조 제2순위의 법정상속인

(1) 제2순위의 법정상속인은 피상속인의 부모와 그의 비속이다.

(2) 상속이 개시된 때에 부모가 생존하는 경우에는 부모가 단독으로, 그리고 균등한 비율로 상속한다.

(3) 부 또는 모가 이미 사망한 때에는 제1순위의 상속에 적용되는 법률규정에 따라 사망한 사람의 비속이 그의 지위를 승계한다. 비속이 없을 때에는 생존하는 부모 일방이 단독으로 상속한다.

(4) 제1756조[5]의 경우 입양된 자(子)와 생부모나 다른 부모 일방의 비속은 서로에 대하여 제2순위의 상속인이 되지 아니한다.

<현행민법 제1000조 제1항, 제2항, 제1001조 참조>

---

4 Erbfolge = 상속인이 피상속인을 계승하는 것.

5 第1756조 친족관계의 존속

(1) 입양자[양부모 養父母]가 자(子[=養子])와 2등 또는 3등친의 관계에 있거나 인척관계에 있는 경우, 자의 부모에 대한 자와 그의 비속의 친족관계와 그 친족관계에서 발생하는 권리와 의무만이 소멸한다.

(2) 배우자 일방이 상대방 배우자의 자(子)를 입양한 때에는, 친권을 가졌고 사망한 다른 부모 일방의 친족과의 관계에서 친족관계는 소멸하지 아니한다.

비교. 현행민법 제882조의2.

§ 1926 Gesetzliche Erben dritter Ordnung

(1) Gesetzliche Erben der dritten Ordnung sind die Großeltern des Erblassers und deren Abkömmlinge.

(2) Leben zur Zeit des Erbfalls die Großeltern, so erben sie allein und zu gleichen Teilen.

(3) Lebt zur Zeit des Erbfalls von einem Großelternpaar der Großvater oder die Großmutter nicht mehr, so treten an die Stelle des Verstorbenen dessen Abkömmlinge. Sind Abkömmlinge nicht vorhanden, so fällt der Anteil des Verstorbenen dem anderen Teil des Großelternpaars und, wenn dieser nicht mehr lebt, dessen Abkömmlingen zu.

(4) Lebt zur Zeit des Erbfalls ein Großelternpaar nicht mehr und sind Abkömmlinge der Verstorbenen nicht vorhanden, so erben die anderen Großeltern oder ihre Abkömmlinge allein.

(5) Soweit Abkömmlinge an die Stelle ihrer Eltern oder ihrer Voreltern treten, finden die für die Beerbung in der ersten Ordnung geltenden Vorschriften Anwendung.

§ 1927 Mehrere Erbteile bei mehrfacher Verwandtschaft

Wer in der ersten, der zweiten oder der dritten Ordnung verschiedenen Stämmen angehört, erhält den in jedem dieser Stämme ihm zufallenden Anteil. Jeder Anteil gilt als besonderer Erbteil.

§ 1928 Gesetzliche Erben vierter Ordnung

(1) Gesetzliche Erben der vierten Ordnung sind die Urgroßeltern des Erblassers und deren Abkömmlinge.

(2) Leben zur Zeit des Erbfalls Urgroßeltern, so erben sie allein; mehrere erben zu gleichen Teilen, ohne Unterschied, ob sie derselben Linie oder verschiedenen Linien angehören.

(3) Leben zur Zeit des Erbfalls Urgroßeltern nicht mehr, so erbt von ihren Abkömmlingen derjenige, welcher mit dem Erblasser dem Grade nach am nächsten verwandt ist; mehrere gleich nahe Verwandte erben zu gleichen Teilen.

第1926조 제3순위의 법정상속인

(1) 제3순위의 법정상속인은 피상속인의 조부모와 그의 비속이다.

(2) 상속이 개시된 때에 조부모가 생존하는 경우 조부모가 단독으로, 그리고 균등한 비율로 상속한다.

(3) 상속이 개시된 때에 조부모[친조부모와 외조부모] 중에서 조부 또는 조모가 이미 사망한 경우, 사망한 사람의 비속이 그의 지위를 승계한다. 비속이 없을 때에는 사망한 사람의 상속분이 상대방 조부모에게 귀속되며, 그도 사망한 때에는 그의 비속에게 귀속된다.

(4) 상속이 개시된 때에 조부모 모두가 사망하고 그 비속이 없는 경우에는, 다른 조부모 또는 그의 비속이 단독으로 상속한다.

(5) 비속이 그의 부모 또는 그의 존속의 지위를 승계할 때에는, 제1순위의 상속에 적용되는 법률규정이 적용된다.

<현행민법 제1000조 제1항, 제2항, 제1001조 참조>

第1927조 겹친족관계에 있을 경우 중복상속분

제1순위, 제2순위 또는 제3순위에서 서로 다른 혈통에 속하는 사람은 각 혈통에서 그에게 상속되는 상속분을 취득한다. 각 상속분은 특별상속분으로 본다.

第1928조 제4순위의 법정상속인

(1) 제4순위의 법정상속인은 피상속인의 증조부모와 그의 비속이다.

(2) 상속이 개시된 때에 증조부모가 생존하는 경우 증조부모가 단독으로 상속한다; 증조부모가 여러 명일 때에는 그들은 친계를 구분하지 아니하고 균등한 비율로 상속한다.

(3) 상속이 개시된 때에 증조부모가 이미 사망한 경우 그의 비속 중에서 피상속인의 최근친의 사람이 상속한다. 여러 명의 동등친은 균등한 비율로 상속한다.

<현행민법 제1000조 제1항, 제2항, 제1001조 참조>

§ 1929 Fernere Ordnungen

(1) Gesetzliche Erben der fünften Ordnung und der ferneren Ordnungen sind die entfernteren Voreltern des Erblassers und deren Abkömmlinge.
(2) Die Vorschrift des § 1928 Abs. 2, 3 findet entsprechende Anwendung.

§ 1930 Rangfolge der Ordnungen

Ein Verwandter ist nicht zur Erbfolge berufen, solange ein Verwandter einer vorhergehenden Ordnung vorhanden ist.

§ 1931 Gesetzliches Erbrecht des Ehegatten

(1) Der überlebende Ehegatte des Erblassers ist neben Verwandten der ersten Ordnung zu einem Viertel, neben Verwandten der zweiten Ordnung oder neben Großeltern zur Hälfte der Erbschaft als gesetzlicher Erbe berufen. Treffen mit Großeltern Abkömmlinge von Großeltern zusammen, so erhält der Ehegatte auch von der anderen Hälfte den Anteil, der nach § 1926 den Abkömmlingen zufallen würde.
(2) Sind weder Verwandte der ersten oder der zweiten Ordnung noch Großeltern vorhanden, so erhält der überlebende Ehegatte die ganze Erbschaft.
(3) Die Vorschrift des § 1371[6] bleibt unberührt.

---

6 § 1371 Zugewinnausgleich im Todesfall
(1) Wird der Güterstand durch den Tod eines Ehegatten beendet, so wird der Ausgleich des Zugewinns dadurch verwirklicht, dass sich der gesetzliche Erbteil des überlebenden Ehegatten um ein Viertel der Erbschaft erhöht; hierbei ist unerheblich, ob die Ehegatten im einzelnen Falle einen Zugewinn erzielt haben.
(2) Wird der überlebende Ehegatte nicht Erbe und steht ihm auch kein Vermächtnis zu, so kann er Ausgleich des Zugewinns nach den Vorschriften der §§ 1373 bis 1383, 1390 verlangen; der Pflichtteil des überlebenden Ehegatten oder eines anderen Pflichtteilsberechtigten bestimmt sich in diesem Falle nach dem nicht erhöhten gesetzlichen Erbteil des Ehegatten.
(3) Schlägt der überlebende Ehegatte die Erbschaft aus, so kann er neben dem Ausgleich des Zugewinns den Pflichtteil auch dann verlangen, wenn dieser ihm nach den erbrechtlichen Bestimmungen nicht zustünde; dies gilt nicht, wenn er durch Vertrag mit seinem Ehegatten auf sein gesetzliches Erbrecht oder sein Pflichtteilsrecht verzichtet hat.
(4) Sind erbberechtigte Abkömmlinge des verstorbenen Ehegatten, welche nicht aus der durch den Tod dieses Ehegatten aufgelösten Ehe stammen, vorhanden, so ist der überlebende Ehegatte verpflichtet, diesen Abkömmlingen, wenn und soweit sie dessen bedürfen, die Mittel zu einer angemessenen Ausbildung aus dem nach Absatz 1 zusätzlich gewährten Viertel zu gewähren.

제1929조 그 밖의 순위

(1) 제5순위와 그 밖의 순위의 법정상속인은 피상속인의 존속과 그의 비속이다.

(2) 제1928조 제2항과 제3항의 규정이 준용된다.

<현행민법 제1000조 제1항, 제2항, 제1001조 참조>

제1930조 상속순위의 서열

선순위의 친족이 있을 때에는, 친족은 상속인이 되지 아니한다. <현행민법 제1000조 제2항>

제1931조 배우자의 법정상속권

(1) 피상속인의 생존배우자는 제1순위의 친족과 함께 상속재산의 1/4에 관하여, 제2순위의 친족이나 조부모와 함께 상속재산의 1/2에 관하여 법정상속인이 된다. 조부모의 비속이 조부모와 함께 상속하는 경우, 배우자는 나머지 1/2 중에서 제1926조에 따라 비속에게 귀속될 지분을 취득한다.

<현행민법 제1009조 제2항 참조>

(2) 제1순위와 제2순위의 친족, 그리고 조부모가 이미 사망한 때에는, 생존배우자는 상속재산 전부를 취득한다.

(3) 제1371조의 규정[7]은 영향을 받지 아니한다.

---

7 제1371조 사망의 경우 증가재산의 조정

(1) 배우자의 사망으로 재산관계가 종료하는 경우, 생존배우자의 법정상속분을 상속재산의 1/4로 가산하는 방법으로 증가재산의 조정이 실현된다; 이때 배우자가 개별사안에서 소득을 얻었는지는 문제되지 아니한다.

(2) 생존배우자가 상속인이 아니고 그에게 유증되지 않은 때에는, 그는 제1373조에서 제1383조와 제1390조의 규정에 따라 증가재산의 조정을 청구할 수 있다; 이때 생존배우자나 그밖의 의무상속분권리자의 의무상속분[유류분]은 가산되지 않은 배우자의 법정상속분을 기준으로 확정된다.

(3) 생존배우자가 상속을 포기한 경우, 상속법의 규정으로 그에게 의무상속분이 주어지지 않은 때에도, 그는 이익의 조정과 함께 의무상속분을 청구할 수 있다; 그러나 그가 그의 배우자와의 계약으로 법정상속권 또는 의무상속분권을 포기한 때에는 그러하지 아니하다.

(4) 배우자의 사망으로 해소되는 혼인에서 출생하지 않은 사망한 배우자의 상속권을 가진 비속이 있을 경우, 그 비속이 교육을 필요로 한다고 인정될 때에는 그 한도에서 생존배우자는 그 비속에게 제1항에 따라 가산된 1/4에서 적절한 교육을 위한 재원을 지급할 의무를 진다.

<비교. 현행민법 제1112조 이하>

(4) Bestand beim Erbfall Gütertrennung und sind als gesetzliche Erben neben dem überlebenden Ehegatten ein oder zwei Kinder des Erblassers berufen, so erben der überlebende Ehegatte und jedes Kind zu gleichen Teilen; § 1924 Abs. 3 gilt auch in diesem Falle.

§ 1932 Voraus des Ehegatten

(1) Ist der überlebende Ehegatte neben Verwandten der zweiten Ordnung oder neben Großeltern gesetzlicher Erbe, so gebühren ihm außer dem Erbteil die zum ehelichen Haushalt gehörenden Gegenstände, soweit sie nicht Zubehör eines Grundstücks sind, und die Hochzeitsgeschenke als Voraus. Ist der überlebende Ehegatte neben Verwandten der ersten Ordnung gesetzlicher Erbe, so gebühren ihm diese Gegenstände, soweit er sie zur Führung eines angemessenen Haushalts benötigt.
(2) Auf den Voraus sind die für Vermächtnisse geltenden Vorschriften anzuwenden.

§ 1933 Ausschluss des Ehegattenerbrechts

Das Erbrecht des überlebenden Ehegatten sowie das Recht auf den Voraus ist ausgeschlossen, wenn zur Zeit des Todes des Erblassers die Voraussetzungen für die Scheidung der Ehe gegeben waren und der Erblasser die Scheidung beantragt oder ihr zugestimmt hatte. Das Gleiche gilt, wenn der Erblasser berechtigt war, die Aufhebung der Ehe zu beantragen, und den Antrag gestellt hatte. In diesen Fällen ist der Ehegatte nach Maßgabe der §§ 1569 bis 1586b unterhaltsberechtigt.

§ 1934 Erbrecht des verwandten Ehegatten

Gehört der überlebende Ehegatte zu den erbberechtigten Verwandten, so erbt er zugleich als Verwandter. Der Erbteil, der ihm auf Grund der Verwandtschaft zufällt, gilt als besonderer Erbteil.

(4) 상속이 개시된 때에 재산분리가 이루어졌고 생존배우자 외에 피상속인의 자녀 1인 또는 2인이 법정상속인이 되는 경우에는, 생존배우자와 각각의 자(子)는 균등한 비율로 상속한다: 이때 제1924조 제3항이 또한 적용된다.

<현행민법 제1003조 참조>

제1932조 배우자의 선취물[先取物]

(1) 생존배우자가 제2순위의 친족이나 조부모와 함께 법정상속인일 경우에는, 상속분 외에 토지[부동산]의 부속물이 아닌 물건으로 혼인의 일상가사에 속하는 물건과 혼인예물이 선취물로 그에게 귀속된다. 생존배우자가 제1순위의 친족과 함께 법정상속인일 경우에는, 그가 그 물건들을 적절한 가사생활의 수행에 필요로 할 때에는 그 물건들이 그에게 귀속된다.

(2) 선취물에 대하여는 유증에 적용되는 법률규정이 적용된다.

제1933조 배우자상속권의 박탈

피상속인이 사망할 때에 이혼사유가 있었고 피상속인이 이혼을 청구하였거나 그에 동의한 때에는 생존배우자의 상속권과 선취물에 대한 권리가 인정되지 아니한다. 피상속인이 혼인의 무효를 청구할 권리가 있고 청구한 때에도 이는 같다. 이 경우에 배우자는 제1569조에서 제1586b조의 규정에 따라 부양을 청구할 권리가 있다.

제1934조 친족관계에 있는 배우자의 상속권

생존배우자가 상속권 있는 친족에 해당하는 때에는 그는 또한 친족으로서 상속한다. 친족관계를 이유로 그에게 귀속하는 상속분은 특별상속분으로 본다.

§ 1935 Folgen der Erbteilserhöhung

Fällt ein gesetzlicher Erbe vor oder nach dem Erbfall weg und erhöht sich infolgedessen der Erbteil eines anderen gesetzlichen Erben, so gilt der Teil, um welchen sich der Erbteil erhöht, in Ansehung der Vermächtnisse und Auflagen, mit denen dieser Erbe oder der wegfallende Erbe beschwert ist, sowie in Ansehung der Ausgleichungspflicht als besonderer Erbteil.

§ 1936 Gesetzliches Erbrecht des Staates

Ist zur Zeit des Erbfalls kein Verwandter, Ehegatte oder Lebenspartner des Erblassers vorhanden, erbt das Land, in dem der Erblasser zur Zeit des Erbfalls seinen letzten Wohnsitz oder, wenn ein solcher nicht feststellbar ist, seinen gewöhnlichen Aufenthalt hatte. Im Übrigen erbt der Bund.

§ 1937 Erbeinsetzung durch letztwillige Verfügung

Der Erblasser kann durch einseitige Verfügung von Todes wegen (Testament, letztwillige Verfügung) den Erben bestimmen.

§ 1938 Enterbung ohne Erbeinsetzung

Der Erblasser kann durch Testament einen Verwandten, den Ehegatten oder den Lebenspartner von der gesetzlichen Erbfolge ausschließen, ohne einen Erben einzusetzen.

§ 1939 Vermächtnis

Der Erblasser kann durch Testament einem anderen, ohne ihn als Erben einzusetzen, einen Vermögensvorteil zuwenden (Vermächtnis).

§ 1940 Auflage

Der Erblasser kann durch Testament den Erben oder einen Vermächtnisnehmer zu einer Leistung verpflichten, ohne einem anderen ein Recht auf die Leistung zuzuwenden (Auflage).

제1935조 상속분가산의 효과

법정상속인이 상속이 개시되기 전 또는 개시된 후에 탈락하고 이 때문에 다른 법정상속인의 상속분이 가산된 때에는, 상속분이 가산된 부분은 그 상속인 또는 탈락한 상속인에게 의무지워진 유증과 부담과 보상의무, 그리고 조정의무에 관하여 특별상속분으로 본다.

제1936조 국가의 법정상속권

상속이 개시된 때에 친족, 배우자 또는 종신반려인이 없을 경우, 피상속인이 상속이 개시된 때에 그의 최종주소를 가졌거나, 그러한 주소를 확인할 수 없을 때에는 그의 거소를 가졌던 주(州)가 상속한다. 그 밖에는 국가가 상속한다. <비교. 현행민법 제1058조>

제1937조 사인처분에 의한 상속인지정

피상속인은 사망을 원인으로 하는 일방처분(유언, 사인처분)으로 상속인을 지정할 수 있다.

제1938조 상속인지정 없는 상속권박탈

피상속인은 유언으로 상속인을 지정하지 않고 친족, 배우자 또는 종신반려인을 법정상속에서 배제할 수 있다.

제1939조 유증

피상속인은 유언으로 다른 사람을 상속인으로 지정하지 않고 그에게 재산이익을 줄 수 있다(유증). <현행민법 제1074조 이하 참조>

제1940조 부담

피상속인은 유언으로 다른 사람에게 급부청구권을 부여하지 않고 상속인 또는 수증자에게 급부할 의무를 부담하게 할 수 있다(부담). <현행민법 제1088조 참조>

§ 1941 Erbvertrag

(1) Der Erblasser kann durch Vertrag einen Erben einsetzen, Vermächtnisse und Auflagen anordnen sowie das anzuwendende Erbrecht wählen (Erbvertrag).

(2) Als Erbe (Vertragserbe) oder als Vermächtnisnehmer kann sowohl der andere Vertragschließende als ein Dritter bedacht werden.

Abschnitt 2. Rechtliche Stellung des Erben

Titel 1. Annahme und Ausschlagung der Erbschaft, Fürsorge des Nachlassgericht

§ 1942 Anfall und Ausschlagung der Erbschaft

(1) Die Erbschaft geht auf den berufenen Erben unbeschadet des Rechts über, sie auszuschlagen (Anfall der Erbschaft).

(2) Der Fiskus kann die ihm als gesetzlichem Erben angefallene Erbschaft nicht ausschlagen.

§ 1943 Annahme und Ausschlagung der Erbschaft

Der Erbe kann die Erbschaft nicht mehr ausschlagen, wenn er sie angenommen hat oder wenn die für die Ausschlagung vorgeschriebene Frist verstrichen ist; mit dem Ablauf der Frist gilt die Erbschaft als angenommen.

§ 1944 Ausschlagungsfrist

(1) Die Ausschlagung kann nur binnen sechs Wochen erfolgen.

제1941조 상속계약

(1) 피상속인은 계약으로 상속인을 지정하고 유증과 부담을 지시하고 적용될 상속법을 선택할 수 있다(상속계약).

(2) 계약상대방과 제3자는 상속인(계약상속인) 또는 수증자로 지명될 수 있다.

제2장 상속인의 법적 지위

제1절 상속의 승인과 포기. 상속법원의 주의

제1942조 상속의 개시와 포기

(1) 상속재산은 상속을 포기할 수 있는 권리에 영향이 없이 지정된 상속인에게 이전한다. (상속재산의 귀속) <현행민법 제1005조 참조>

(2) 국가는 법정상속인으로서 그에게 귀속되는 상속재산을 포기하지 못한다. <비교. 현행민법 제1058조>

제1943조 상속의 승인과 포기

상속인이 상속을 승인하였거나 포기기간이 경과한 때에는 상속인은 상속을 포기하지 못한다; 기간의 경과로 상속은 승인된 것으로 본다. <현행민법 제1026조 제2호>

제1944조 포기의 기간

(1) 상속의 포기는 6주 내에만 할 수 있다. <현행민법 제1019조 제1항>

(2) Die Frist beginnt mit dem Zeitpunkt, in welchem der Erbe von dem Anfall und dem Grund der Berufung Kenntnis erlangt. Ist der Erbe durch Verfügung von Todes wegen berufen, beginnt die Frist nicht vor Bekanntgabe der Verfügung von Todes wegen durch das Nachlassgericht. Auf den Lauf der Frist finden die für die Verjährung geltenden Vorschriften der §§ 206[8], 210[9] entsprechende Anwendung.
(3) Die Frist beträgt sechs Monate, wenn der Erblasser seinen letzten Wohnsitz nur im Ausland gehabt hat oder wenn sich der Erbe bei dem Beginn der Frist im Ausland aufhält.

§ 1945 Form der Ausschlagung

(1) Die Ausschlagung erfolgt durch Erklärung gegenüber dem Nachlassgericht; die Erklärung ist zur Niederschrift des Nachlassgerichts oder in öffentlich beglaubigter Form abzugeben.
(2) Die Niederschrift des Nachlassgerichts wird nach den Vorschriften des Beurkundungsgesetzes[10] errichtet.
(3) Ein Bevollmächtigter bedarf einer öffentlich beglaubigten Vollmacht. Die Vollmacht muss der Erklärung beigefügt oder innerhalb der Ausschlagungsfrist nachgebracht werden.

---

8 § 206 Hemmung der Verjährung bei höherer Gewalt
Die Verjährung ist gehemmt, solange der Gläubiger innerhalb der letzten sechs Monate der Verjährungsfrist durch höhere Gewalt an der Rechtsverfolgung gehindert ist.

9 § 210 Ablaufhemmung bei nicht voll Geschäftsfähigen
(1) Ist eine geschäftsunfähige oder in der Geschäftsfähigkeit beschränkte Person ohne gesetzlichen Vertreter, so tritt eine für oder gegen sie laufende Verjährung nicht vor dem Ablauf von sechs Monaten nach dem Zeitpunkt ein, in dem die Person unbeschränkt geschäftsfähig oder der Mangel der Vertretung behoben wird. Ist die Verjährungsfrist kürzer als sechs Monate, so tritt der für die Verjährung bestimmte Zeitraum an die Stelle der sechs Monate.
(2) Absatz 1 findet keine Anwendung, soweit eine in der Geschäftsfähigkeit beschränkte Person prozessfähig ist.

10 Beurkundungsgesetz (BeurkG) vom 28.08.1969 (BGBl. I S. 1513), das zuletzt durch Artikel 11 Absatz 14 des Gesetzes vom 18.07.2017 (BGBl. I S. 2745) geändert worden ist.

(2) 기간은 상속인이 상속의 개시와 상속인으로 지정된 원인을 안 때부터 진행한다. 상속인이 사인처분으로 지정된 때에는, 상속법원에 의하여 사인처분이 공고될 때까지 그 기간은 진행하지 아니한다. 기간의 진행에 관하여는 소멸시효에 적용되는 제206조[11]와 제210조[12]의 규정이 준용된다. <현행민법 제1019조 제1항, 제3항>

(3) 피상속인이 그의 최종 주소를 외국에만 가졌거나 상속인이 기간의 시기(始期)에 외국에 체류하는 때에는 그 기간은 6월로 한다. <비교. 현행민법 제1019조 제3항>

제1945조 포기의 방식

(1) 상속의 포기는 상속법원에 대한 의사표시로 한다; 그 의사표시는 상속법원의 확인을 받기 위하여 또는 공증방식으로 제출되어야 한다. <현행민법 제1041조>

(2) 상속법원의 확인은 공증법률의 법률규정에 따라 작성된다.

(3) 대리권을 수여받은 사람은 공증된 대리권을 가져야 한다. 대리권이 의사표시에 첨부되거나 포기기간 내에 추가제출되어야 한다.
<현행민법 제1041조>

---

11 제206조 불가항력의 경우 소멸시효의 정지
소멸시효는 채권자가 소멸시효기간이 만료 하기 전 6월 내에 불가항력으로 권리추급을 할 수 없을 때에는 중단된다.

12 제210조 완전한 행위능력자가 아닌 경우 시효진행의 정지
(1) 행위무능력자 또는 행위능력이 제한된 사람이 법정대리인이 없을 때에는 그를 위하여 또는 그를 상대로 진행하는 소멸시효는 그 사람이 완전한 행위능력이 되거나 대리의 흠결이 제거된 때로부터 6월이 지나기 전에는 완성되지 아니한다. 소멸시효기간이 6월에 미치지 않는 때에는 소멸시효에 정하여진 기간이 6월에 갈음한다.
(2) 제1항은 행위능력이 제한된 사람이 소송당사자능력이 있을 때에는 적용되지 아니한다.

§ 1946 Zeitpunkt für Annahme oder Ausschlagung

Der Erbe kann die Erbschaft annehmen oder ausschlagen, sobald der Erbfall eingetreten ist.

§ 1947 Bedingung und Zeitbestimmung

Die Annahme und die Ausschlagung können nicht unter einer Bedingung oder einer Zeitbestimmung erfolgen.

§ 1948 Mehrere Berufungsgründe

(1) Wer durch Verfügung von Todes wegen als Erbe berufen ist, kann, wenn er ohne die Verfügung als gesetzlicher Erbe berufen sein würde, die Erbschaft als eingesetzter Erbe ausschlagen und als gesetzlicher Erbe annehmen.

(2) Wer durch Testament und durch Erbvertrag als Erbe berufen ist, kann die Erbschaft aus dem einen Berufungsgrund annehmen und aus dem anderen ausschlagen.

§ 1949 Irrtum über den Berufungsgrund

(1) Die Annahme gilt als nicht erfolgt, wenn der Erbe über den Berufungsgrund im Irrtum war.

(2) Die Ausschlagung erstreckt sich im Zweifel auf alle Berufungsgründe, die dem Erben zur Zeit der Erklärung bekannt sind.

§ 1950 Teilannahme; Teilausschlagung

Die Annahme und die Ausschlagung können nicht auf einen Teil der Erbschaft beschränkt werden. Die Annahme oder Ausschlagung eines Teils ist unwirksam.

제1946조 승인 또는 포기의 시기(始期)

상속인은 상속이 개시된 때부터 상속을 승인하거나 포기할 수 있다. <현행법률 제1019조 본문>

제1947조 조건과 기간

승인과 포기는 조건이나 기간을 붙여 할 수 없다. <비교. 현행민법 제1028조>

제1948조 여러 개의 상속자격사유

(1) 사인처분으로 상속인으로 지정된 사람은 그가 그 처분이 없이도 법정상속인이 될 수 있었을 때에는 지정상속인으로서 상속을 포기하고 법정상속인으로서 이를 승인할 수 있다.

(2) 유언과 상속계약으로 상속인으로 지정된 사람은 이들 중 하나의 상속원인에서 발생한 상속을 승인하고 다른 원인에서 발생한 상속을 포기할 수 있다.

제1949조 상속자격사유의 착오

(1) 상속인이 상속원인에 관하여 착오한 때에는 승인이 없는 것으로 본다. <현행민법 제1024조 참조>

(2) 명백하지 않으면 포기는 의사표시를 할 때에 상속인에게 알려진 모든 상속 원인에 대하여 효력이 있다.

제1950조 일부승인; 일부포기

상속의 승인과 포기는 상속의 일부로 제한되어서는 아니 된다. 일부의 승인과 포기는 무효이다.

§ 1951 Mehrere Erbteile

(1) Wer zu mehreren Erbteilen berufen ist, kann, wenn die Berufung auf verschiedenen Gründen beruht, den einen Erbteil annehmen und den anderen ausschlagen.

(2) Beruht die Berufung auf demselben Grund, so gilt die Annahme oder Ausschlagung des einen Erbteils auch für den anderen, selbst wenn der andere erst später anfällt. Die Berufung beruht auf demselben Grund auch dann, wenn sie in verschiedenen Testamenten oder vertragsmäßig in verschiedenen zwischen denselben Personen geschlossenen Erbverträgen angeordnet ist.

(3) Setzt der Erblasser einen Erben auf mehrere Erbteile ein, so kann er ihm durch Verfügung von Todes wegen gestatten, den einen Erbteil anzunehmen und den anderen auszuschlagen.

§ 1952 Vererblichkeit des Ausschlagungsrechts

(1) Das Recht des Erben, die Erbschaft auszuschlagen, ist vererblich.

(2) Stirbt der Erbe vor dem Ablauf der Ausschlagungsfrist, so endigt die Frist nicht vor dem Ablauf der für die Erbschaft des Erben vorgeschriebenen Ausschlagungsfrist.

(3) Von mehreren Erben des Erben kann jeder den seinem Erbteil entsprechenden Teil der Erbschaft ausschlagen.

§ 1953 Wirkung der Ausschlagung

(1) Wird die Erbschaft ausgeschlagen, so gilt der Anfall an den Ausschlagenden als nicht erfolgt.

(2) Die Erbschaft fällt demjenigen an, welcher berufen sein würde, wenn der Ausschlagende zur Zeit des Erbfalls nicht gelebt hätte; der Anfall gilt als mit dem Erbfall erfolgt.

(3) Das Nachlassgericht soll die Ausschlagung demjenigen mitteilen, welchem die Erbschaft infolge der Ausschlagung angefallen ist. Es hat die Einsicht der Erklärung jedem zu gestatten, der ein rechtliches Interesse glaubhaft macht.

제1951조 여러 개의 상속분

(1) 여러 개의 상속분으로 지정된 사람은, 지정이 여러 원인에 근거한 때에는, 하나의 상속분을 승인하고 다른 상속분을 포기할 수 있다.

(2) 지정이 동일한 원인에 근거한 경우 하나의 상속분에 대한 승인이나 포기는 다른 상속분이 후에 귀속되는 때에도 그에 대하여도 효력이 생긴다. 지정이 수개의 유언에서 또는 계약의 방법으로 동일한 사람들 사이에서 체결된 여러 개의 상속계약에서 처분된 때에도 지정은 동일한 원인에 근거한 것으로 본다.

(3) 피상속인이 어떤 상속인에게 여러 개의 상속분을 지정한 경우, 그는 사인처분으로 그 상속인에게 어느 하나의 상속분을 승인하고 다른 상속분을 포기할 것을 허용할 수 있다.

제1952조 포기권의 상속성

(1) 상속을 포기할 수 있는 상속인의 권리는 상속할 수 있다.

(2) 상속인이 상속포기기간이 경과하기 전에 사망한 때에는, 그 기간은 상속인의 상속에 적용되는 포기기간이 경과하기 전에는 종료하지 아니한다.

(3) 상속인의 여러 명의 상속인들 중에서 각 상속인은 그의 상속분에 상당하는 상속에 대한 부분을 포기할 수 있다.

<현행민법 제1021조 참조>

제1953조 포기의 효과

(1) 상속이 포기된 경우 포기자에 대한 귀속은 이루어지지 않은 것으로 본다. <현행민법 제1042조>

(2) 상속재산은 포기자가 상속이 개시된 때에 생존하지 않았더라면 상속인이 되었을 사람에게 귀속된다; 귀속은 상속이 개시된 때에 이루어진 것으로 본다. <현행민법 제1043조>

(3) 상속법원은 포기를 원인으로 상속재산이 귀속되는 사람에게 포기사실을 통지하여야 한다. 상속법원은 법률상 이해관계를 증명하는 모든 사람에게 의사표시의 열람을 허용하여야 한다.

§ 1954 Anfechtungsfrist

(1) Ist die Annahme oder die Ausschlagung anfechtbar, so kann die Anfechtung nur binnen sechs Wochen erfolgen.

(2) Die Frist beginnt im Falle der Anfechtbarkeit wegen Drohung mit dem Zeitpunkt, in welchem die Zwangslage aufhört, in den übrigen Fällen mit dem Zeitpunkt, in welchem der Anfechtungsberechtigte von dem Anfechtungsgrund Kenntnis erlangt. Auf den Lauf der Frist finden die für die Verjährung geltenden Vorschriften der §§ 206, 210, 211[13] entsprechende Anwendung.

(3) Die Frist beträgt sechs Monate, wenn der Erblasser seinen letzten Wohnsitz nur im Ausland gehabt hat oder wenn sich der Erbe bei dem Beginn der Frist im Ausland aufhält.

(4) Die Anfechtung ist ausgeschlossen, wenn seit der Annahme oder der Ausschlagung 30 Jahre verstrichen sind.

§ 1955 Form der Anfechtung

Die Anfechtung der Annahme oder der Ausschlagung erfolgt durch Erklärung gegenüber dem Nachlassgericht. Für die Erklärung gelten die Vorschriften des § 1945.

§ 1956 Anfechtung der Fristversäumung

Die Versäumung der Ausschlagungsfrist kann in gleicher Weise wie die Annahme angefochten werden.

---

13 § 211 Ablaufhemmung in Nachlassfällen
Die Verjährung eines Anspruchs, der zu einem Nachlass gehört oder sich gegen einen Nachlass richtet, tritt nicht vor dem Ablauf von sechs Monaten nach dem Zeitpunkt ein, in dem die Erbschaft von dem Erben angenommen oder das Insolvenzverfahren über den Nachlass eröffnet wird oder von dem an der Anspruch von einem oder gegen einen Vertreter geltend gemacht werden kann. Ist die Verjährungsfrist kürzer als sechs Monate, so tritt der für die Verjährung bestimmte Zeitraum an die Stelle der sechs Monate.

第1954조 취소기간

(1) 상속의 승인이나 포기가 취소할 수 있는 때에는 취소는 오직 6주 내에 하여야 한다.

(2) 취소기간은 강박으로 인한 취소의 경우 강박상태가 그친 때부터 진행하고, 그 밖의 경우에는 취소권자가 취소사유를 안 때부터 진행한다. 기간의 진행에 관하여는 소멸시효에 적용되는 제206조, 제210조와 제211조[14]의 규정이 준용된다.

(3) 피상속인이 그의 최종주소를 외국에 가졌거나 상속인이 상속이 개시된 때에 외국에 체류하는 경우 취소기간은 6월이다.

(4) 승인 또는 포기한 때부터 30년이 경과한 때에는 취소는 인정되지 아니한다.

<현행민법 제1024조>

第1955조 취소의 방식

상속의 승인 또는 포기의 취소는 상속법원에 대한 의사표시로 한다. 의사표시에는 제1945조의 규정이 적용된다. <현행민법 제1041조>

第1956조 기간해태의 취소

포기기간의 해태는 승인과 동일한 방법으로 취소될 수 있다. <현행민법 제1024조 참조>

---

14 제211조 유산사건에서 시효진행의 정지
유산에 속하거나 유산을 대상으로 하는 청구권의 소멸시효는 상속이 상속인에 의하여 승인되거나 유산에 관한 파산절차가 개시되거나 청구권이 대리인에 의하여 또는 대리인을 상대로 행사된 때부터 6월이 지나기 전에는 완성되지 아니한다. 소멸시효기간이 6월에 이르지 않은 때에는 소멸시효에 정하여진 기간이 6월에 갈음한다.

§ 1957 Wirkung der Anfechtung

(1) Die Anfechtung der Annahme gilt als Ausschlagung, die Anfechtung der Ausschlagung gilt als Annahme.

(2) Das Nachlassgericht soll die Anfechtung der Ausschlagung demjenigen mitteilen, welchem die Erbschaft infolge der Ausschlagung angefallen war. Die Vorschrift des § 1953 Abs. 3 Satz 2 findet Anwendung.

§ 1958 Gerichtliche Geltendmachung von Ansprüchen gegen den Erben

Vor der Annahme der Erbschaft kann ein Anspruch, der sich gegen den Nachlass richtet, nicht gegen den Erben gerichtlich geltend gemacht werden.

§ 1959 Geschäftsführung vor der Ausschlagung

(1) Besorgt der Erbe vor der Ausschlagung erbschaftliche Geschäfte, so ist er demjenigen gegenüber, welcher Erbe wird, wie ein Geschäftsführer ohne Auftrag berechtigt und verpflichtet.

(2) Verfügt der Erbe vor der Ausschlagung über einen Nachlassgegenstand, so wird die Wirksamkeit der Verfügung durch die Ausschlagung nicht berührt, wenn die Verfügung nicht ohne Nachteil für den Nachlass verschoben werden konnte.

(3) Ein Rechtsgeschäft, das gegenüber dem Erben als solchem vorgenommen werden muss, bleibt, wenn es vor der Ausschlagung dem Ausschlagenden gegenüber vorgenommen wird, auch nach der Ausschlagung wirksam.

제1957조 취소의 효과

(1) 승인의 취소는 포기로 보고, 포기의 취소는 승인으로 본다. <현행민법 제1041조 참조>

(2) 상속법원은 포기로 인하여 상속재산이 귀속되었던 사람에게 포기의 취소를 통지하여야 한다. 제1953조 제3항 2문의 규정이 적용된다.

제1958조 상속인에 대한 청구권의 재판상 행사

상속을 승인하기 전에는 유산을 목적으로 하는 청구권은 상속인에 대하여 소송으로 행사하지 못한다. <현행민법 제1051조 참조>

제1959조 상속포기 전의 사무관리

(1) 상속인이 포기하기 전에 상속재산에 관한 법률행위를 하는 때에는 그는 상속인이 될 사람에 대하여 사무관리자와 같은 권리를 가지고 의무를 진다.

(2) 상속인이 포기하기 전에 상속목적물을 처분한 경우, 처분이 유산에 관한 불이익이 없이 연기될 수 없었을 때에는, 처분의 효력은 포기에 의하여 영향을 받지 아니한다.

(3) 상속인을 상대방으로 하여 행하여져야 하는 법률행위, 그 법률행위가 포기하기 전에 포기자를 상대방으로 하여 행하여진 때에는, 포기 후에도 효력이 있다.

<현행민법 제1022조, 제1044조 참조>

§ 1960 Sicherung des Nachlasses; Nachlasspfleger

(1) Bis zur Annahme der Erbschaft hat das Nachlassgericht für die Sicherung des Nachlasses zu sorgen, soweit ein Bedürfnis besteht. Das Gleiche gilt, wenn der Erbe unbekannt oder wenn ungewiss ist, ob er die Erbschaft angenommen hat.
(2) Das Nachlassgericht kann insbesondere die Anlegung von Siegeln, die Hinterlegung von Geld, Wertpapieren und Kostbarkeiten sowie die Aufnahme eines Nachlassverzeichnisses anordnen und für denjenigen, welcher Erbe wird, einen Pfleger (Nachlasspfleger) bestellen.
(3) Die Vorschrift des § 1958 findet auf den Nachlasspfleger keine Anwendung.

§ 1961 Nachlasspflegschaft auf Antrag

Das Nachlassgericht hat in den Fällen des § 1960 Abs. 1 einen Nachlasspfleger zu bestellen, wenn die Bestellung zum Zwecke der gerichtlichen Geltendmachung eines Anspruchs, der sich gegen den Nachlass richtet, von dem Berechtigten beantragt wird.

§ 1962 Zuständigkeit des Nachlassgerichts

Für die Nachlasspflegschaft tritt an die Stelle des Familiengerichts oder Betreuungsgerichts das Nachlassgericht.

§ 1963 Unterhalt der werdenden Mutter eines Erben

Ist zur Zeit des Erbfalls die Geburt eines Erben zu erwarten, so kann die Mutter, falls sie außerstande ist, sich selbst zu unterhalten, bis zur Entbindung angemessenen Unterhalt aus dem Nachlass oder, wenn noch andere Personen als Erben berufen sind, aus dem Erbteil des Kindes verlangen. Bei der Bemessung des Erbteils ist anzunehmen, dass nur ein Kind geboren wird.

제1960조 유산의 보전; 유산관재인

(1) 상속법원은 상속을 승인할 때까지, 필요하다고 인정되는 경우, 유산의 보전을 위하여 노력하여야 한다. 상속인의 존부를 알 수 없거나 그가 상속을 승인하였는지 분명하지 않은 때에도 그러하다. <현행민법 1022조, 제1023조 참조>

(2) 상속법원은 특히 인장의 보관, 금전, 유가증권과 귀중품의 공탁과 유산목록의 작성을 명령하고 상속인이 될 사람을 위하여 관재인(유산관재인)을 선임하여야 한다. <현행민법 1022조, 제1023조 참조>

(3) 제1958조의 규정은 유산관재인에 적용되지 아니한다.

제1961조 신청에 의한 유산관재

상속법원은 제1960조 제1항의 경우에 유산을 대상으로 하는 청구권의 법정행사를 목적으로 권리자에 의하여 유산관재인의 선임이 신청된 때에는 유산관재인을 선임하여야 한다. <현행민법 제1023조>

제1962조 상속법원의 관할

유산관재에 관하여 상속법원은 가정법원과 후견법원의 지위를 가진다.

제1963조 상속인을 임신한 모(母)의 부양

상속이 개시된 때에 상속인의 출생이 예정된 경우 모가 스스로 부양할 능력이 없을 때에는 출산할 때까지 유산으로부터, 또는 다른 사람들이 상속인으로 지정된 때에는 자(子)의 상속분으로부터 적절한 부양을 청구할 수 있다. 상속분의 산정에는 오직 1인의 자만이 출생하는 것으로 한다.

§ 1964 Erbvermutung für den Fiskus durch Feststellung

(1) Wird der Erbe nicht innerhalb einer den Umständen entsprechenden Frist ermittelt, so hat das Nachlassgericht festzustellen, dass ein anderer Erbe als der Fiskus nicht vorhanden ist.

(2) Die Feststellung begründet die Vermutung, dass der Fiskus gesetzlicher Erbe sei.

§ 1965 Öffentliche Aufforderung zur Anmeldung der Erbrechte

(1) Der Feststellung hat eine öffentliche Aufforderung zur Anmeldung der Erbrechte unter Bestimmung einer Anmeldungsfrist vorauszugehen; die Art der Bekanntmachung und die Dauer der Anmeldungsfrist bestimmen sich nach den für das Aufgebotsverfahren geltenden Vorschriften. Die Aufforderung darf unterbleiben, wenn die Kosten dem Bestand des Nachlasses gegenüber unverhältnismäßig groß sind.

(2) Ein Erbrecht bleibt unberücksichtigt, wenn nicht dem Nachlassgericht binnen drei Monaten nach dem Ablauf der Anmeldungsfrist nachgewiesen wird, dass das Erbrecht besteht oder dass es gegen den Fiskus im Wege der Klage geltend gemacht ist. Ist eine öffentliche Aufforderung nicht ergangen, so beginnt die dreimonatige Frist mit der gerichtlichen Aufforderung, das Erbrecht oder die Erhebung der Klage nachzuweisen.

§ 1966 Rechtsstellung des Fiskus vor Feststellung

Von dem Fiskus als gesetzlichem Erben und gegen den Fiskus als gesetzlichen Erben kann ein Recht erst geltend gemacht werden, nachdem von dem Nachlassgericht festgestellt worden ist, dass ein anderer Erbe nicht vorhanden ist.

제1964조 확인결정에 의한 국고의 상속추정

(1) 상황에 상당하는 기간 안에 상속인을 알 수 없을 때에는 상속법원은 국고 외에 상속인이 없음을 확인하여야 한다.

(2) 확인결정은 국고가 법정상속인이라는 추정의 근거가 된다.

＜현행민법 제1057조의2＞

제1965조 상속권신고의 공고

(1) 신고기간을 정한 상속권신고의 공적 최고가 확인결정에 선행하여야 한다; 공고의 방법과 신고기간은 공시최고절차에 적용되는 법률규정에 좇아 정하여진다. 그 비용이 유산의 현황과 비교하여 현저하게 과다할 때에는 최고하지 아니한다. ＜현행민법 제1057조＞

(2) 신고기간이 경과한 후 3월내에 상속권이 존재하거나 상속권이 국고를 상대로 소송의 방법으로 행사된 사실이 상속법원에 증명되지 않은 때에는 상속권은 참작하지 아니한다. 공적 최고가 이루어지지 않은 때에는 3월의 기간은 상속권이나 소송의 제기를 증명하는 법정 최고로 개시한다. ＜비교. 현행민법 제1059조＞

제1966조 확인결정 전의 국고의 법적 지위

다른 상속인이 없다는 사실이 상속법원에 의하여 확인결정된 때에 비로소 법정상속인으로서 국고에 의하여, 그리고 법정상속인으로서 국고를 상대방으로 하여 권리가 행사될 수 있다. ＜비교. 현행민법 제1059조＞

Titel 2. Rechtsstellung des Erben für die Nachlassverbindlichkeiten

Untertitel 1. Nachlassverbindlichkeiten

§ 1967 Erbenhaftung, Nachlassverbindlichkeiten

(1) Der Erbe haftet für die Nachlassverbindlichkeiten.

(2) Zu den Nachlassverbindlichkeiten gehören außer den vom Erblasser herrührenden Schulden die den Erben als solchen treffenden Verbindlichkeiten, insbesondere die Verbindlichkeiten aus Pflichtteilsrechten, Vermächtnissen und Auflagen.

§ 1968 Beerdigungskosten

Der Erbe trägt die Kosten der Beerdigung des Erblassers.

§ 1969 Dreißigster

(1) Der Erbe ist verpflichtet, Familienangehörigen des Erblassers, die zur Zeit des Todes des Erblassers zu dessen Hausstand gehören und von ihm Unterhalt bezogen haben, in den ersten 30 Tagen nach dem Eintritt des Erbfalls in demselben Umfang, wie der Erblasser es getan hat, Unterhalt zu gewähren und die Benutzung der Wohnung und der Haushaltsgegenstände zu gestatten. Der Erblasser kann durch letztwillige Verfügung eine abweichende Anordnung treffen.

(2) Die Vorschriften über Vermächtnisse finden entsprechende Anwendung.

Untertitel 2. Aufgebot der Nachlassgläubiger

§ 1970 Anmeldung der Forderungen

Die Nachlassgläubiger können im Wege des Aufgebotsverfahrens zur Anmeldung ihrer Forderungen aufgefordert werden.

제2절 상속채무에 대한 상속인의 법적 지위

제1관 상속채무

제1967조 상속인의 책임, 상속채무

(1) 상속인은 상속채무에 대하여 책임을 진다.

(2) 피상속인에 의하여 발생한 채무 외에 상속인을 상대방으로 하는 채무, 특히 의무상속분권, 유증과 부담을 원인으로 하는 채무는 상속채무에 속한다.

<현행민법 제1005조>

제1968조 장례비용

상속인은 피상속인의 장례비용을 부담한다. <비교. 현행민법 제998조의2>

제1969조 <30일>

(1) 상속인은 상속이 개시된 날부터 30일 동안 피상속인이 사망한 때에 그의 세대에 속하고 그에 의하여 부양되었던 가족구성원을 피상속인이 하였던 것과 같은 범위에서 부양하고 주택과 가사용품의 이용을 보장할 의무가 있다. 피상속인은 사인처분으로 다른 처분을 할 수 있다.

(2) 유증에 관한 법률규정이 준용된다.

<비교 현행민법 제976조>

제2관 상속채권자의 공시최고

제1970조 채권의 신고

상속채권자는 공시최고절차의 방법으로 그의 채권을 신고하도록 최고될 수 있다. <현행민법 제1032조, 제1051조, 제88조 이하 참조>

§ 1971 Nicht betroffene Gläubiger

Pfandgläubiger und Gläubiger, die im Insolvenzverfahren den Pfandgläubigern gleichstehen, sowie Gläubiger, die bei der Zwangsvollstreckung in das unbewegliche Vermögen ein Recht auf Befriedigung aus diesem Vermögen haben, werden, soweit es sich um die Befriedigung aus den ihnen haftenden Gegenständen handelt, durch das Aufgebot nicht betroffen. Das Gleiche gilt von Gläubigern, deren Ansprüche durch eine Vormerkung gesichert sind oder denen im Insolvenzverfahren ein Aussonderungsrecht zusteht, in Ansehung des Gegenstands ihres Rechts.

§ 1972 Nicht betroffene Rechte

Pflichtteilsrechte, Vermächtnisse und Auflagen werden durch das Aufgebot nicht betroffen, unbeschadet der Vorschrift des § 2060 Nr. 1.

§ 1973 Ausschluss von Nachlassgläubigern

(1) Der Erbe kann die Befriedigung eines im Aufgebotsverfahren ausgeschlossenen Nachlassgläubigers insoweit verweigern, als der Nachlass durch die Befriedigung der nicht ausgeschlossenen Gläubiger erschöpft wird. Der Erbe hat jedoch den ausgeschlossenen Gläubiger vor den Verbindlichkeiten aus Pflichtteilsrechten, Vermächtnissen und Auflagen zu befriedigen, es sei denn, dass der Gläubiger seine Forderung erst nach der Berichtigung dieser Verbindlichkeiten geltend macht.
(2) Einen Überschuss hat der Erbe zum Zwecke der Befriedigung des Gläubigers im Wege der Zwangsvollstreckung nach den Vorschriften über die Herausgabe einer ungerechtfertigten Bereicherung herauszugeben. Er kann die Herausgabe der noch vorhandenen Nachlassgegenstände durch Zahlung des Wertes abwenden. Die rechtskräftige Verurteilung des Erben zur Befriedigung eines ausgeschlossenen Gläubigers wirkt einem anderen Gläubiger gegenüber wie die Befriedigung.

제1971조 해당하지 않는 채권자

질권자와 파산절차에서 질권자와 동등한 채권자, 그리고 부동산의 강제집행에서 그 부동산으로부터 만족[변제][15]을 얻을 권리를 가진 채권자는 그들에게 책임을 지는 물건에 관하여는 공시최고의 상대방이 되지 아니한다. 그의 권리의 목적물에 관하여, 그의 청구권이 가등기에 의하여 보전되거나 파산절차에서 별제권이 주어지는 채권자에게도 동일하다. <비교. 현행민법 제1032조 제1항>

제1972조 해당하지 않는 권리

제2060조 제1호에도 불구하고 의무상속분권, 유증과 부담은 공시최고의 대상이 되지 아니한다. <현행민법 제1032조, 제1036조 비교>

제1973조 상속채권자의 제외(Ausschluss)

(1) 유산이 공시최고절차에서 제외되지 않은 채권자에 대한 변제를 통하여 소진된 경우 상속인은 공시최고절차에서 제외된 상속채권자에 대한 변제를 거절할 수 있다. 그러나 상속인은 의무상속분권, 유증과 부담에 우선하여 제외된 채권자에게 변제하여야 한다. 그러나 채권자가 그의 채권을 그러한 채무의 변제보고 후에 비로소 행사한 때에는 그러하지 아니하다.

(2) 상속인은 부당이득의 반환에 관한 법률규정에 따라 채권자에 대한 변제를 목적으로 강제집행의 방법으로 잔여재산을 인도하여야 한다. 그는 상속목적물의 가액을 지급하여 현존하는 상속물의 인도를 거절할 수 있다. 상속인에 대하여 제외된 채권자에게 변제할 것을 내용으로 하는 확정판결은 다른 채권자에 대하여 변제와 같은 효력을 가진다.

<비교. 현행민법 제1032조>

15 Befriedigung과 Berichtigung의 뜻은 서로 차이가 없으나, 여기에서는 그때그때의 사정을 참작하여 Befriedigung을 '채권의 만족' 또는 '변제'로, 그리고 Berichtigung을 '변제'로 번역한다.

§ 1974 Verschweigungseinrede

(1) Ein Nachlassgläubiger, der seine Forderung später als fünf Jahre nach dem Erbfall dem Erben gegenüber geltend macht, steht einem ausgeschlossenen Gläubiger gleich, es sei denn, dass die Forderung dem Erben vor dem Ablauf der fünf Jahre bekannt geworden oder im Aufgebotsverfahren angemeldet worden ist. Wird der Erblasser für tot erklärt oder wird seine Todeszeit nach den Vorschriften des Verschollenheitsgesetzes[16] festgestellt, so beginnt die Frist nicht vor dem Eintritt der Rechtskraft des Beschlusses über die Todeserklärung oder die Feststellung der Todeszeit.

(2) Die dem Erben nach § 1973 Abs. 1 Satz 2 obliegende Verpflichtung tritt im Verhältnis von Verbindlichkeiten aus Pflichtteilsrechten, Vermächtnissen und Auflagen zueinander nur insoweit ein, als der Gläubiger im Falle des Nachlassinsolvenzverfahrens im Range vorgehen würde.

(3) Soweit ein Gläubiger nach § 1971 von dem Aufgebot nicht betroffen wird, finden die Vorschriften des Absatzes 1 auf ihn keine Anwendung.

Untertitel 3. Beschränkung der Haftung des Erben

§ 1975 Nachlassverwaltung; Nachlassinsolvenz

Die Haftung des Erben für die Nachlassverbindlichkeiten beschränkt sich auf den Nachlass, wenn eine Nachlasspflegschaft zum Zwecke der Befriedigung der Nachlassgläubiger (Nachlassverwaltung) angeordnet oder das Nachlassinsolvenzverfahren eröffnet ist.

§ 1976 Wirkung auf durch Vereinigung erloschene Rechtsverhältnisse

Ist die Nachlassverwaltung angeordnet oder das Nachlassinsolvenzverfahren eröffnet, so gelten die infolge des Erbfalls durch Vereinigung von Recht und Verbindlichkeit oder von Recht und Belastung erloschenen Rechtsverhältnisse als nicht erloschen.

---

16 Verschollenheitsgesetz (VerschG) vom 04.07.1939 in der im Bundesgesetzblatt Teil III, Gliederungsnummer 401−6, veröffentlichten bereinigten Fassung, das zuletzt durch Artikel 182 der Verordnung vom 31.08.2015 (BGBl. I S. 1474) geändert worden ist.

제1974조 침묵의 항변

(1) 상속이 개시된 때로부터 5년이 경과한 후에 상속인에 대하여 그의 채권을 행사하는 상속채권자는 제외된 채권자와 동등한 지위를 가진다. 그러나 그 채권이 5년이 경과하기 전에 상속인에게 알려졌거나 공시최고절차에서 신고된 때에는 그러하지 아니하다. 피상속인이 사망한 것으로 신고되거나 실종법률의 규정에 따라 그의 사망시기가 확정될 때에는, 그 기간은 사망선고 또는 사망시기의 확정에 관한 결정의 법률효력이 발생하기 전에는 진행하지 아니한다.

(2) 제1973조 제1항 2문에 따라 상속인에게 부과되는 의무는 의무상속분권, 유증과 부담에서 발생하는 채무들 사이의 관계에서 채권자가 유산파산절차의 경우 순위에서 우선하게 될 때에만 발생한다.

(3) 채권자가 제1971조에 따라 공시최고의 상대방이 되지 아니하는 때에는 제1항의 규정은 그에게 적용되지 아니한다.

＜현행민법 제1039조 참조＞

제 3 관 상속인책임의 제한

제1975조 유산관리; 유산파산

상속채무에 대한 상속인의 책임은 상속채권자에 대한 변제를 목적으로 하는 유산보전(유산관리)의 처분이 명령되거나 유산파산절차가 개시된 때에는 유산의 범위로 제한된다. ＜비교. 현행민법 제1028조, 제1034조＞

제1976조 혼화로 소멸한 법률관계에 대한 효력

유산관리가 명령되거나 유산파산절차가 개시된 때에는 상속을 원인으로 하여 권리와 의무 또는 권리와 부담의 혼화로 소멸한 법률관계는 소멸하지 않은 것으로 본다.

§ 1977 Wirkung auf eine Aufrechnung

(1) Hat ein Nachlassgläubiger vor der Anordnung der Nachlassverwaltung oder vor der Eröffnung des Nachlassinsolvenzverfahrens seine Forderung gegen eine nicht zum Nachlass gehörende Forderung des Erben ohne dessen Zustimmung aufgerechnet, so ist nach der Anordnung der Nachlassverwaltung oder der Eröffnung des Nachlassinsolvenzverfahrens die Aufrechnung als nicht erfolgt anzusehen.

(2) Das Gleiche gilt, wenn ein Gläubiger, der nicht Nachlassgläubiger ist, die ihm gegen den Erben zustehende Forderung gegen eine zum Nachlass gehörende Forderung aufgerechnet hat.

§ 1978 Verantwortlichkeit des Erben für bisherige Verwaltung, Aufwendungsersatz

(1) Ist die Nachlassverwaltung angeordnet oder das Nachlassinsolvenzverfahren eröffnet, so ist der Erbe den Nachlassgläubigern für die bisherige Verwaltung des Nachlasses so verantwortlich, wie wenn er von der Annahme der Erbschaft an die Verwaltung für sie als Beauftragter zu führen gehabt hätte. Auf die vor der Annahme der Erbschaft von dem Erben besorgten erbschaftlichen Geschäfte finden die Vorschriften über die Geschäftsführung ohne Auftrag entsprechende Anwendung.

(2) Die den Nachlassgläubigern nach Absatz 1 zustehenden Ansprüche gelten als zum Nachlass gehörend.

(3) Aufwendungen sind dem Erben aus dem Nachlass zu ersetzen, soweit er nach den Vorschriften über den Auftrag oder über die Geschäftsführung ohne Auftrag Ersatz verlangen könnte.

§ 1979 Berichtigung von Nachlassverbindlichkeiten

Die Berichtigung einer Nachlassverbindlichkeit durch den Erben müssen die Nachlassgläubiger als für Rechnung des Nachlasses erfolgt gelten lassen, wenn der Erbe den Umständen nach annehmen durfte, dass der Nachlass zur Berichtigung aller Nachlassverbindlichkeiten ausreiche.

제1977조 상계에 대한 효력

(1) 상속채권자가 유산관리의 명령 전 또는 상속파산절차의 개시 전에 상속인의 동의 없이 그의 채권을 유산에 속하지 않는 상속인의 채권과 상계한 때에는, 유산관리의 명령 후 또는 상속파산절차의 개시 후에는 상계가 되지 않은 것으로 본다.

(2) 이는 상속채권자가 아닌 채권자가 그가 상속인에 대하여 가진 채권을 유산에 속하는 채권과 상계한 때에도 그러하다.

제1978조 지금까지의 관리에 대한 상속인의 책임. 비용상환청구권

(1) 유산관리가 명령되거나 상속파산절차가 개시된 때에는 상속인은 상속채권자에 대하여 그 이전의 유산관리에 대하여 그가 상속을 승인한 때부터 상속채권자를 위하여 수임인으로서 관리하여야 하는 것과 같은 책임이 있다. 사무관리에 관한 법률규정이 상속을 승인하기 전에 상속인이 보전한 상속재산에 관한 행위에 준용된다.

(2) 제1항에 따라 상속채권자에게 인정되는 청구권은 유산에 속하는 것으로 본다.

(3) 상속인이 위임이나 사무관리에 관한 법률규정에 따라 보상을 청구할 수 있을 경우, 비용은 유산 중에서 상속인에게 보상되어야 한다.

<현행민법 제1022조, 제1047조, 제1048조 참조>

제1979조 상속채무의 변제

상속인이 사정에 따라 유산이 상속채무 전부의 변제에 충분한 것으로 인정하여야 할 경우 상속채권자는 상속인에 의한 상속채무의 변제가 유산의 계산으로 이루어진 것으로 하여야 한다. <현행민법 제1031조 참조>

§ 1980 Antrag auf Eröffnung des Nachlassinsolvenzverfahrens

(1) Hat der Erbe von der Zahlungsunfähigkeit oder der Überschuldung des Nachlasses Kenntnis erlangt, so hat er unverzüglich die Eröffnung des Nachlassinsolvenzverfahrens zu beantragen. Verletzt er diese Pflicht, so ist er den Gläubigern für den daraus entstehenden Schaden verantwortlich. Bei der Bemessung der Zulänglichkeit des Nachlasses bleiben die Verbindlichkeiten aus Vermächtnissen und Auflagen außer Betracht.

(2) Der Kenntnis der Zahlungsunfähigkeit oder der Überschuldung steht die auf Fahrlässigkeit beruhende Unkenntnis gleich. Als Fahrlässigkeit gilt es insbesondere, wenn der Erbe das Aufgebot der Nachlassgläubiger nicht beantragt, obwohl er Grund hat, das Vorhandensein unbekannter Nachlassverbindlichkeiten anzunehmen; das Aufgebot ist nicht erforderlich, wenn die Kosten des Verfahrens dem Bestand des Nachlasses gegenüber unverhältnismäßig groß sind.

§ 1981 Anordnung der Nachlassverwaltung

(1) Die Nachlassverwaltung ist von dem Nachlassgericht anzuordnen, wenn der Erbe die Anordnung beantragt.

(2) Auf Antrag eines Nachlassgläubigers ist die Nachlassverwaltung anzuordnen, wenn Grund zu der Annahme besteht, dass die Befriedigung der Nachlassgläubiger aus dem Nachlass durch das Verhalten oder die Vermögenslage des Erben gefährdet wird. Der Antrag kann nicht mehr gestellt werden, wenn seit der Annahme der Erbschaft zwei Jahre verstrichen sind.

(3) Die Vorschrift des § 1785[17] findet keine Anwendung.

§ 1982 Ablehnung der Anordnung der Nachlassverwaltung mangels Masse

Die Anordnung der Nachlassverwaltung kann abgelehnt werden, wenn eine den Kosten entsprechende Masse nicht vorhanden ist.

---

17 § 1785 Übernahmepflicht
Jeder Deutsche hat die Vormundschaft, für die er von dem Familiengericht ausgewählt wird, zu übernehmen, sofern nicht seiner Bestellung zum Vormund einer der in den §§ 1780 bis 1784 bestimmten Gründe entgegensteht.

제1980조 유산파산절차의 개시청구

(1) 상속인이 지급불능 또는 유산의 채무초과를 인식한 때에는, 그는 지체 없이 유산파산절차의 개시를 신청하여야 한다. 그가 이 의무를 위반한 때에는, 그는 채권자에게 이를 원인으로 발생한 손해에 대하여 책임을 진다. 유산의 충분 여부를 산정할 때에는 유증과 부담에서 발생하는 채무는 고려하지 아니한다.

(2) 과실로 인한 부지(不知)는 지급불능 또는 채무초과의 인식과 같다. 특히 상속인이 알려지지 않은 상속채무의 존재를 인정할 사유가 있음에도 그가 상속채권자의 공시최고를 신청하지 않은 때에는 과실로 본다; 유산의 상태에 비하여 절차의 비용이 현저하게 과다한 경우 공시최고는 요구되지 아니한다.

제1981조 유산관리명령(Anordnung)

(1) 유산관리는 상속인이 이를 신청한 경우 상속법원에 의하여 명령된다.

(2) 상속인의 행태 또는 재산상황으로 인하여 유산으로부터 상속채권자의 만족이 위험하게 된다고 인정할 사유가 있는 때에는 상속채권자의 신청으로 유산관리가 명령된다. 상속을 승인한 때부터 2년이 경과한 때에는 그 신청이 허용되지 아니한다.

(3) 제1785조의 규정[18]은 적용하지 아니한다.

<현행민법 제1045조 참조>

제1982조 재산의 부존재로 인한 명령의 거부

유산관리의 명령은 그 비용에 상당하는 재산이 없을 때에는 거부될 수 있다. <비교. 현행민법 제1104조 제1항>

---

18 제1785조 인수의무
모든 독일인은, 그의 후견인선임이 제1780조에서 제1784조에 규정된 사유 중 하나가 그를 후견인으로 선임하는 것에 장애가 되지 않으면, 후견직에 관하여 가정법원이 그를 선임한 후견직을 인수하여야 한다.

§ 1983 Bekanntmachung

Das Nachlassgericht hat die Anordnung der Nachlassverwaltung durch das für seine Bekanntmachungen bestimmte Blatt zu veröffentlichen.

§ 1984 Wirkung der Anordnung

(1) Mit der Anordnung der Nachlassverwaltung verliert der Erbe die Befugnis, den Nachlass zu verwalten und über ihn zu verfügen. Die Vorschriften der §§ 81 und 82 der Insolvenzordnung finden entsprechende Anwendung. Ein Anspruch, der sich gegen den Nachlass richtet, kann nur gegen den Nachlassverwalter geltend gemacht werden.
(2) Zwangsvollstreckungen und Arreste in den Nachlass zugunsten eines Gläubigers, der nicht Nachlassgläubiger ist, sind ausgeschlossen.

§ 1985 Pflichten und Haftung des Nachlassverwalters

(1) Der Nachlassverwalter hat den Nachlass zu verwalten und die Nachlassverbindlichkeiten aus dem Nachlass zu berichtigen.
(2) Der Nachlassverwalter ist für die Verwaltung des Nachlasses auch den Nachlassgläubigern verantwortlich. Die Vorschriften des § 1978 Abs. 2 und der §§ 1979, 1980 finden entsprechende Anwendung.

§ 1986 Herausgabe des Nachlasses

(1) Der Nachlassverwalter darf den Nachlass dem Erben erst ausantworten, wenn die bekannten Nachlassverbindlichkeiten berichtigt sind.
(2) Ist die Berichtigung einer Verbindlichkeit zur Zeit nicht ausführbar oder ist eine Verbindlichkeit streitig, so darf die Ausantwortung des Nachlasses nur erfolgen, wenn dem Gläubiger Sicherheit geleistet wird. Für eine bedingte Forderung ist Sicherheitsleistung nicht erforderlich, wenn die Möglichkeit des Eintritts der Bedingung eine so entfernte ist, dass die Forderung einen gegenwärtigen Vermögenswert nicht hat.

제1983조 공고

상속법원은 공고를 위하여 지정된 관보에 유산관리의 명령을 공지하여야 한다. <비교. 현행민법 제1046조>

제1984조 명령의 효력

(1) 유산관리의 명령으로 상속인은 유산을 관리하고 이를 처분할 권한을 잃는다. 파산령 제81조와 제82조의 규정이 준용된다. 유산을 목적으로 하는 청구권은 유산관리인을 상대방으로 하여서만 행사될 수 있다.

(2) 상속채권자가 아닌 채권자를 위한 유산의 강제집행과 압류는 허용되지 아니한다.

제1985조 유산관리인의 의무와 책임

(1) 유산관리인은 유산을 관리하고 유산으로 상속채무를 변제하여야 한다.

(2) 유산관리인은 유산의 관리에 관하여 상속채권자에 대하여도 책임을 진다. 제1978조 제2항과 제1979조와 제1980조의 규정이 준용된다.

<비교. 현행민법 제1047조, 제1048조; 제1101조 참조>

제1986조 유산의 인도

(1) 유산관리인은 알려진 상속채무가 변제된 후에 상속인에게 유산을 인도하여야 한다.

(2) 채무의 변제가 현재 이루어질 수 없거나 채무가 다투어지는 경우에는, 채권자에게 담보가 제공된 때에만 유산의 인도가 이루어질 수 있다. 조건부 채권의 경우 조건의 성취가능성이 지나치게 희박하여 채권이 현재 재산가치를 가지지 않는 때에는 담보제공은 요구되지 아니한다.

§ 1987 Vergütung des Nachlassverwalters

Der Nachlassverwalter kann für die Führung seines Amts eine angemessene Vergütung verlangen.

§ 1988 Ende und Aufhebung der Nachlassverwaltung

(1) Die Nachlassverwaltung endigt mit der Eröffnung des Nachlassinsolvenzverfahrens.

(2) Die Nachlassverwaltung kann aufgehoben werden, wenn sich ergibt, dass eine den Kosten entsprechende Masse nicht vorhanden ist.

§ 1989 Erschöpfungseinrede des Erben

Ist das Nachlassinsolvenzverfahren durch Verteilung der Masse oder durch einen Insolvenzplan beendet, so findet auf die Haftung des Erben die Vorschrift des § 1973 entsprechende Anwendung.

§ 1990 Dürftigkeitseinrede des Erben

(1) Ist die Anordnung der Nachlassverwaltung oder die Eröffnung des Nachlassinsolvenzverfahrens wegen Mangels einer den Kosten entsprechenden Masse nicht tunlich oder wird aus diesem Grunde die Nachlassverwaltung aufgehoben oder das Insolvenzverfahren eingestellt, so kann der Erbe die Befriedigung eines Nachlassgläubigers insoweit verweigern, als der Nachlass nicht ausreicht. Der Erbe ist in diesem Fall verpflichtet, den Nachlass zum Zwecke der Befriedigung des Gläubigers im Wege der Zwangsvollstreckung herauszugeben.

(2) Das Recht des Erben wird nicht dadurch ausgeschlossen, dass der Gläubiger nach dem Eintritt des Erbfalls im Wege der Zwangsvollstreckung oder der Arrestvollziehung ein Pfandrecht oder eine Hypothek oder im Wege der einstweiligen Verfügung eine Vormerkung erlangt hat.

제1987조 유산관리인의 보수

유산관리인은 그의 직무의 수행에 대하여 적절한 보수를 청구할 수 있다.

<현행민법 제1022조, 제1053조, 제1104조 참조>

제1988조 유산관리의 종료와 폐지

(1) 유산관리는 유산파산절차의 개시로 종료한다.

(2) 유산관리는 그 비용에 상당하는 재산이 없다는 것이 증명된 때에는 취소될 수 있다.

<비교. 현행민법 제1047조 제2항, 제24조－제26조>

제1989조 상속인의 유산소진의 항변

유산파산절차가 재단(Masse, 재산)의 배당 또는 파산계획[회생계획]에 의하여 종료된 때에는, 제1973조의 규정이 상속인의 책임에 준용된다.

제1990조 상속인의 무재산항변

(1) 유산관리의 명령 또는 유산파산절차의 개시가 비용에 상당하는 재산의 흠결로 가능하지 않거나 이 사유로 유산관리가 취소되거나 유산파산절차가 정지된 경우, 상속인은, 유산이 부족할 때에는, 상속채권자에 대한 만족[변제]을 거부할 수 있다. 이 경우 상속인은 채권자에 대한 변제를 위하여 강제집행의 방법으로 유산을 인도할 의무를 진다.

(2) 상속인의 권리는 채권자가 상속이 개시된 후 강제집행이나 압류의 방법으로 질권이나 저당권을 취득하거나 가처분으로 가등기를 취득한 사실로 인하여 배제되지 아니한다.

§ 1991 Folgen der Dürftigkeitseinrede

(1) Macht der Erbe von dem ihm nach § 1990 zustehenden Recht Gebrauch, so finden auf seine Verantwortlichkeit und den Ersatz seiner Aufwendungen die Vorschriften der §§ 1978, 1979 Anwendung.

(2) Die infolge des Erbfalls durch Vereinigung von Recht und Verbindlichkeit oder von Recht und Belastung erloschenen Rechtsverhältnisse gelten im Verhältnis zwischen dem Gläubiger und dem Erben als nicht erloschen.

(3) Die rechtskräftige Verurteilung des Erben zur Befriedigung eines Gläubigers wirkt einem anderen Gläubiger gegenüber wie die Befriedigung.

(4) Die Verbindlichkeiten aus Pflichtteilsrechten, Vermächtnissen und Auflagen hat der Erbe so zu berichtigen, wie sie im Falle des Insolvenzverfahrens zur Berichtigung kommen würden.

§ 1992 Überschuldung durch Vermächtnisse und Auflagen

Beruht die Überschuldung des Nachlasses auf Vermächtnissen und Auflagen, so ist der Erbe, auch wenn die Voraussetzungen des § 1990 nicht vorliegen, berechtigt, die Berichtigung dieser Verbindlichkeiten nach den Vorschriften der §§ 1990, 1991 zu bewirken. Er kann die Herausgabe der noch vorhandenen Nachlassgegenstände durch Zahlung des Wertes abwenden.

Untertitel 4. Inventarerrichtung, unbeschränkte Haftung des Erben

§ 1993 Inventarerrichtung

Der Erbe ist berechtigt, ein Verzeichnis des Nachlasses (Inventar) bei dem Nachlassgericht einzureichen (Inventarerrichtung).

§ 1994 Inventarfrist

(1) Das Nachlassgericht hat dem Erben auf Antrag eines Nachlassgläubigers zur Errichtung des Inventars eine Frist (Inventarfrist) zu bestimmen. Nach dem Ablauf der Frist haftet der Erbe für die Nachlassverbindlichkeiten unbeschränkt, wenn nicht vorher das Inventar errichtet wird.

(2) Der Antragsteller hat seine Forderung glaubhaft zu machen. Auf die Wirksamkeit der Fristbestimmung ist es ohne Einfluss, wenn die Forderung nicht besteht.

제1991조 무재산항변의 효과

(1) 상속인이 제1990조에 따라 그에게 부여된 권리를 행사한 때에는 그의 책임과 비용상환에 관하여 제1978조와 제1979조의 규정이 준용된다.

(2) 상속을 원인으로 권리와 의무 또는 권리와 부담의 혼화로 소멸한 법률관계는 채권자와 상속인 사이의 관계에서는 소멸하지 않은 것으로 본다.

(3) 어느 채권자에게 변제하여야 하는 내용의 상속인에 대한 확정판결은 그 밖의 채권자에 대하여 변제와 같은 효력이 있다.

(4) 상속인은 파산절차의 경우 채무가 변제되어야 하는 것과 같이 의무상속분권, 유증과 부담에서 발생한 채무를 변제하여야 한다.

제1992조 유증과 부담에 의한 채무초과

유산의 채무초과가 유증과 부담을 원인으로 하는 경우 제1990조의 요건이 충족되지 않은 때에도 상속인은 제1990조와 제1991조의 규정에 따라 그 채무의 변제가 강제될 수 있다. 그는 가액을 지급하여 현존하는 상속목적물의 인도를 거절할 수 있다.

제 4 관 상속재산목록의 작성, 상속인의 무한책임

제1993조 재산목록의 작성

상속인은 유산의 목록(재산목록)을 상속법원에 제출할 권리가 있다(재산목록작성). <현행민법 제1054조 참조, 비교. 현행민법 제1030조>

제1994조 재산목록작성기간

(1) 상속채권자의 신청이 있으면 상속법원은 상속인에게 재산목록작성을 위한 기간(재산목록작성기간)을 정하여야 한다. 그 기간이 경과하기 전에 재산목록이 작성되지 아니한 때에는, 그 기간의 경과로 상속인은 상속채무에 대하여 무한책임을 진다. <현행민법 제1045조, 제1046조>

(2) 청구인은 그의 채권을 증명하여야 한다. 채권이 없을 때에도 재산목록작성기간의 효력에 영향을 미치지 아니한다.

§ 1995 Dauer der Frist

(1) Die Inventarfrist soll mindestens einen Monat, höchstens drei Monate betragen. Sie beginnt mit der Zustellung des Beschlusses, durch den die Frist bestimmt wird.

(2) Wird die Frist vor der Annahme der Erbschaft bestimmt, so beginnt sie erst mit der Annahme der Erbschaft.

(3) Auf Antrag des Erben kann das Nachlassgericht die Frist nach seinem Ermessen verlängern.

§ 1996 Bestimmung einer neuen Frist

(1) War der Erbe ohne sein Verschulden verhindert, das Inventar rechtzeitig zu errichten, die nach den Umständen gerechtfertigte Verlängerung der Inventarfrist zu beantragen oder die in Absatz 2 bestimmte Frist von zwei Wochen einzuhalten, so hat ihm auf seinen Antrag das Nachlassgericht eine neue Inventarfrist zu bestimmen.

(2) Der Antrag muss binnen zwei Wochen nach der Beseitigung des Hindernisses und spätestens vor dem Ablauf eines Jahres nach dem Ende der zuerst bestimmten Frist gestellt werden.

(3) Vor der Entscheidung soll der Nachlassgläubiger, auf dessen Antrag die erste Frist bestimmt worden ist, wenn tunlich gehört werden.

§ 1997 Hemmung des Fristablaufs

Auf den Lauf der Inventarfrist und der im § 1996 Abs. 2 bestimmten Frist von zwei Wochen finden die für die Verjährung geltenden Vorschriften des § 210 entsprechende Anwendung.

§ 1998 Tod des Erben vor Fristablauf

Stirbt der Erbe vor dem Ablauf der Inventarfrist oder der in § 1996 Abs. 2 bestimmten Frist von zwei Wochen, so endigt die Frist nicht vor dem Ablauf der für die Erbschaft des Erben vorgeschriebenen Ausschlagungsfrist.

제1995조 기간의 존속기간

(1) 재산목록작성기간은 1월 이상, 3월 이내이어야 한다. 그 기간은 기간이 정하여지는 결정의 송달일부터 개시한다. <제1026조 제1항 단서 참조>

(2) 기간이 상속의 승인 전에 정하여진 때에는 그 기간은 상속을 승인한 때에 개시한다.

(3) 상속인의 신청이 있으면, 상속법원은 그의 재량으로 기간을 연장할 수 있다.

제1996조 새로운 기간의 확정

(1) 상속인이 그의 과실 없이 그 기간 내에 재산목록을 작성하거나 사정에 따라 정당한 재산목록작성기간의 연장을 신청하거나 제2항에 규정된 2주의 기간을 준수할 수 없게 된 때에는, 그의 신청이 있으면 상속법원은 새로운 재산목록작성기간을 정하여야 한다.

(2) 그 신청은 장애사유가 제거된 때부터 2주내 또는 최초로 확정된 기간의 종기로부터 1년의 기간이 경과하기 전에 이루어져야 한다.

(3) 그 판결을 하기 전에 가능하면 그의 신청으로 최초의 기간이 정하여진 상속채권자의 의견을 들어야 한다.

제1997조 기간진행의 중지

재산목록작성의 진행과 제1996조 제2항에 규정된 2주의 기간에는 제210조의 소멸시효에 적용되는 규정들이 준용된다. <현행민법 제181조 참조>

제1998조 기간경과 전 상속인의 사망

상속인이 재산목록작성기간이 경과하기 전 또는 제1996조 제2항에 규정된 2주의 기간 내에 사망한 경우, 그 기간은 상속인의 상속재산에 적용되는 포기기간이 경과할 때까지 종료하지 아니한다. <현행민법 제181조>

§ 1999 Mitteilung an das Gericht

Steht der Erbe unter elterlicher Sorge oder unter Vormundschaft, so soll das Nachlassgericht dem Familiengericht von der Bestimmung der Inventarfrist Mitteilung machen. Fällt die Nachlassangelegenheit in den Aufgabenkreis eines Betreuers des Erben, tritt an die Stelle des Familiengerichts das Betreuungsgericht.

§ 2000 Unwirksamkeit der Fristbestimmung

Die Bestimmung einer Inventarfrist wird unwirksam, wenn eine Nachlassverwaltung angeordnet oder das Nachlassinsolvenzverfahren eröffnet wird. Während der Dauer der Nachlassverwaltung oder des Nachlassinsolvenzverfahrens kann eine Inventarfrist nicht bestimmt werden. Ist das Nachlassinsolvenzverfahren durch Verteilung der Masse oder durch einen Insolvenzplan beendet, so bedarf es zur Abwendung der unbeschränkten Haftung der Inventarerrichtung nicht.

§ 2001 Inhalt des Inventars

(1) In dem Inventar sollen die bei dem Eintritt des Erbfalls vorhandenen Nachlassgegenstände und die Nachlassverbindlichkeiten vollständig angegeben werden.

(2) Das Inventar soll außerdem eine Beschreibung der Nachlassgegenstände, soweit eine solche zur Bestimmung des Wertes erforderlich ist, und die Angabe des Wertes enthalten.

§ 2002 Aufnahme des Inventars durch den Erben

Der Erbe muss zu der Aufnahme des Inventars eine zuständige Behörde oder einen zuständigen Beamten oder Notar zuziehen.

제1999조 법원에 대한 통지

상속인이 친권이나 후견에 따를 경우 상속법원은 재산목록작성기간의 확정을 가정법원에 통지하여야 한다. 상속사건이 성년후견인의 임무범위에 속하는 경우 후견법원이 가정법원을 갈음한다. <비교. 현행민법 제179조>

제2000조 무효의 기간확정

재산목록작성기간의 확정은 유산관리가 명령되거나 유산파산절차가 개시된 때에는 무효이다. 유산관리 또는 유산파산절차가 진행 중에는 재산목록작성기간이 정하여질 수 없다. 유산파산절차가 유산파산재산의 배당 또는 회생계획으로 종료한 때에는 무한책임을 면하기 위한 재산목록작성이 요구되지 아니한다.

제2001조 재산목록의 내용

(1) 재산목록에는 상속이 개시한 때에 현존하는 상속목적물과 상속채무가 전부 기재되어야 한다.

(2) 이밖에 재산목록은 상속목적물의 현황이 그 가치의 결정에 필요할 때에는 그 현황과 가치의 기재를 포함하여야 한다.

제2002조 상속인에 의한 재산목록의 작성

재산목록의 작성을 위하여 상속인은 관할관청이나 관할 공무원 또는 공증인을 관여하게 하여야 한다. <비교. 현행민법 제1100조 제2항>

§ 2003 Amtliche Aufnahme des Inventars

(1) Die amtliche Aufnahme des Inventars erfolgt auf Antrag des Erben durch einen vom Nachlassgericht beauftragten Notar. Durch die Stellung des Antrags wird die Inventarfrist gewahrt.

(2) Der Erbe ist verpflichtet, die zur Aufnahme des Inventars erforderliche Auskunft zu erteilen.

(3) Das Inventar ist von dem Notar bei dem Nachlassgericht einzureichen.

§ 2004 Bezugnahme auf ein vorhandenes Inventar

Befindet sich bei dem Nachlassgericht schon ein den Vorschriften der §§ 2002, 2003 entsprechendes Inventar, so genügt es, wenn der Erbe vor dem Ablauf der Inventarfrist dem Nachlassgericht gegenüber erklärt, dass das Inventar als von ihm eingereicht gelten soll.

§ 2005 Unbeschränkte Haftung des Erben bei Unrichtigkeit des Inventars

(1) Führt der Erbe absichtlich eine erhebliche Unvollständigkeit der im Inventar enthaltenen Angabe der Nachlassgegenstände herbei oder bewirkt er in der Absicht, die Nachlassgläubiger zu benachteiligen, die Aufnahme einer nicht bestehenden Nachlassverbindlichkeit, so haftet er für die Nachlassverbindlichkeiten unbeschränkt. Das Gleiche gilt, wenn er im Falle des § 2003 die Erteilung der Auskunft verweigert oder absichtlich in erheblichem Maße verzögert.

(2) Ist die Angabe der Nachlassgegenstände unvollständig, ohne dass ein Fall des Absatzes 1 vorliegt, so kann dem Erben zur Ergänzung eine neue Inventarfrist bestimmt werden.

제2003조 재산목록의 공적 승인

(1) 재산목록의 공적 작성은 상속인의 신청으로 상속법원이 위임한 공증인에 의한다. 신청의 제출로 재산목록작성기간이 개시된다.

(2) 상속인은 재산목록의 작성을 위하여 필요한 안내를 할 의무를 진다.

(3) 재산목록은 공증인에 의하여 상속법원에 제출되어야 한다.

제2004조 이미 현존하는 재산목록과의 관계

상속법원에 제2002조와 제2003조의 규정에 부합하는 재산목록이 이미 있는 경우에는, 재산목록작성기간이 경과하기 전에 상속인이 상속법원에 대하여 재산목록이 그의 의하여 제출된 것으로 본다는 의사를 표시하면 충분하다.

제2005조 재산목록의 부실에 대한 상속인의 무한책임

(1) 상속인이 의도적으로 재산목록에 포함된 상속목적물의 기재에 현저한 불완전을 초래하거나 상속채권자에게 불이익을 가할 의도로 존재하지 않는 상속채무를 수용한 때에는 상속채무에 대하여 무한책임을 진다. 이는 그가 제2003조의 경우에 안내를 거부하거나 의도적으로 현저한 정도로 지체한 때에도 그러하다. <비교. 현행민법 제1038조>

(2) 제1항의 경우가 일어나지 않고 상속목적물의 기재가 불완전한 때에는 보완을 위하여 새로운 재산목록작성기간이 상속인에게 정하여질 수 있다.

§ 2006 Eidesstattliche Versicherung

(1) Der Erbe hat auf Verlangen eines Nachlassgläubigers zu Protokoll des Nachlassgerichts an Eides statt zu versichern, dass er nach bestem Wissen die Nachlassgegenstände so vollständig angegeben habe, als er dazu imstande sei.

(2) Der Erbe kann vor der Abgabe der eidesstattlichen Versicherung das Inventar vervollständigen.

(3) Verweigert der Erbe die Abgabe der eidesstattlichen Versicherung, so haftet er dem Gläubiger, der den Antrag gestellt hat, unbeschränkt. Das Gleiche gilt, wenn er weder in dem Termin noch in einem auf Antrag des Gläubigers bestimmten neuen Termin erscheint, es sei denn, dass ein Grund vorliegt, durch den das Nichterscheinen in diesem Termin genügend entschuldigt wird.

(4) Eine wiederholte Abgabe der eidesstattlichen Versicherung kann derselbe Gläubiger oder ein anderer Gläubiger nur verlangen, wenn Grund zu der Annahme besteht, dass dem Erben nach der Abgabe der eidesstattlichen Versicherung weitere Nachlassgegenstände bekannt geworden sind.

§ 2007 Haftung bei mehreren Erbteilen

Ist ein Erbe zu mehreren Erbteilen berufen, so bestimmt sich seine Haftung für die Nachlassverbindlichkeiten in Ansehung eines jeden der Erbteile so, wie wenn die Erbteile verschiedenen Erben gehörten. In den Fällen der Anwachsung und des § 1935 gilt dies nur dann, wenn die Erbteile verschieden beschwert sind.

제2006조 선서에 갈음하는 보증

(1) 상속인은 상속채권자의 청구가 있으면 선서에 갈음하여 상속법원의 조서에 마치 그가 이를 할 수 있는 지위에 있는 것과 같이 최선을 다하여 상속목적물을 전부 기재하였다는 것을 보증하여야 한다.

(2) 상속인은 선서에 갈음하는 보증의 제공(Abgabe) 전에 재산목록을 완성하여야 한다.

(3) 상속인이 선서에 갈음하는 보증의 제공을 거부한 때에는 그는 청구한 채권자에 대하여 무한책임을 진다. 그가 기일 또는 채권자의 청구로 정한 새로운 기일에 출석하지 않은 때에도 같다. 그러나 그 기일의 불출석이 상당하여 면책되는 사유가 있을 때에는 그러하지 아니하다.

(4) 선서에 갈음하는 보증을 제공한 후에 상속인에게 그 밖의[새로운] 상속목적물이 알려졌다고 인정할 이유가 있는 때에만 그 채권자 또는 다른 채권자는 선서에 갈음하는 보증의 제공을 거듭 요구할 수 있다.

제2007조 여러 개의 상속분의 책임

상속인이 여러 개의 상속분을 상속하는 때에는 각 상속분에 관하여 각 상속분이 서로 다른 상속인에게 속하는 것과 같이 상속채무에 대한 그의 책임이 확정된다. 지분첨가와 제1935조의 경우, 이는 상속분이 서로 다르게 의무지워진 때에만 적용된다.

§ 2008 Inventar für eine zum Gesamtgut[19] gehörende Erbschaft

(1) Ist ein in Gütergemeinschaft[20] lebender Ehegatte Erbe und gehört die Erbschaft zum Gesamtgut, so ist die Bestimmung der Inventarfrist nur wirksam, wenn sie auch dem anderen Ehegatten gegenüber erfolgt, sofern dieser das Gesamtgut allein oder mit seinem Ehegatten gemeinschaftlich verwaltet. Solange die Frist diesem gegenüber nicht verstrichen ist, endet sie auch nicht dem Ehegatten gegenüber, der Erbe ist. Die Errichtung des Inventars durch den anderen Ehegatten kommt dem Ehegatten, der Erbe ist, zustatten.

(2) Die Vorschriften des Absatzes 1 gelten auch nach der Beendigung der Gütergemeinschaft.

§ 2009 Wirkung der Inventarerrichtung

Ist das Inventar rechtzeitig errichtet worden, so wird im Verhältnis zwischen dem Erben und den Nachlassgläubigern vermutet, dass zur Zeit des Erbfalls weitere Nachlassgegenstände als die angegebenen nicht vorhanden gewesen seien.

§ 2010 Einsicht des Inventars

Das Nachlassgericht hat die Einsicht des Inventars jedem zu gestatten, der ein rechtliches Interesse glaubhaft macht.

---

19 § 1416 Gesamtgut

(1) Das Vermögen des Mannes und das Vermögen der Frau werden durch die Gütergemeinschaft gemeinschaftliches Vermögen beider Ehegatten (Gesamtgut). Zu dem Gesamtgut gehört auch das Vermögen, das der Mann oder die Frau während der Gütergemeinschaft erwirbt.

(2) Die einzelnen Gegenstände werden gemeinschaftlich; sie brauchen nicht durch Rechtsgeschäft übertragen zu werden.

(3) Wird ein Recht gemeinschaftlich, das im Grundbuch eingetragen ist oder in das Grundbuch eingetragen werden kann, so kann jeder Ehegatte von dem anderen verlangen, dass er zur Berichtigung des Grundbuchs mitwirke. Entsprechendes gilt, wenn ein Recht gemeinschaftlich wird, das im Schiffsregister oder im Schiffsbauregister eingetragen ist.

20 § 1415 Vereinbarung durch Ehevertrag

Vereinbaren die Ehegatten durch Ehevertrag Gütergemeinschaft, so gelten die nachstehenden Vorschriften.

제2008조 [부부의] 공동재산[21]에 속하는 상속재산에 관한 재산목록

(1) 재산공동체[22] 아래의 배우자 일방이 상속인이고 상속재산이 공동재산에 속하는 경우 재산목록작성기간의 확정은 상대방 배우자가 공동재산을 단독으로 또는 그의 배우자와 함께 공동으로 관리한 때에는 그 재산목록작성기간의 확정이 상대방 배우자에 대하여도 이루어진 때에만 효력이 있다. 그 기간이 상대방 배우자에 대하여 경과하지 않은 때에는 이는 또한 상속인이 되는 배우자 일방에 대하여도 종료하지 아니한다. 상대방 배우자에 의한 재산목록의 작성은 상속인이 되는 배우자에게 적용된다.

(2) 제1항의 규정은 또한 재산공동체가 종료된 후에도 적용된다.

제2009조 재산목록작성의 효력

재산목록이 기간 내에 작성된 경우에는 상속인과 상속채권자 사이의 관계에서 상속이 개시된 때에 기재된 상속목적물 외에 다른 상속목적물이 없는 것으로 추정한다.

제2010조 재산목록의 열람

상속법원은 법률상 이해관계를 증명하는 모든 사람에게 재산목록의 열람을 허용하여야 한다. <현행민법 제1054조>

---

21 제1416조 공동재산

(1) 부(夫)의 재산과 부(婦)의 재산은 재산공동체를 통하여 배우자 쌍방의 공동의 재산이 된다(공동재산). 재산공동체가 존속하는 동안 부(夫) 또는 부(婦)가 취득한 재산도 또한 공동재산에 속한다.

(2) 개별 물건은 공동소유가 된다; 이는 법률행위로 이전될 필요가 없다.

(3) 등기부에 기입되거나 기입될 수 있는 권리가 공동소유일 때에는 각 배우자는 상대방 배우자에게 등기부의 기입에 협력할 것을 청구할 수 있다. 이는 선박등기부나 건박건조등기부에 기재되는 권리가 공동소유가 되는 때에도 유추적용된다.

22 제1415조 혼인계약의 약정

배우자가 혼인계약으로 재산공동체를 약정한 때에는 다음의 규정들[제1415조–제1518조]이 적용된다.

§ 2011 Keine Inventarfrist für den Fiskus als Erben

Dem Fiskus als gesetzlichem Erben kann eine Inventarfrist nicht bestimmt werden. Der Fiskus ist den Nachlassgläubigern gegenüber verpflichtet, über den Bestand des Nachlasses Auskunft zu erteilen.

§ 2012 Keine Inventarfrist für den Nachlasspfleger und Nachlassverwalter

(1) Einem nach den §§ 1960, 1961 bestellten Nachlasspfleger kann eine Inventarfrist nicht bestimmt werden. Der Nachlasspfleger ist den Nachlassgläubigern gegenüber verpflichtet, über den Bestand des Nachlasses Auskunft zu erteilen. Der Nachlasspfleger kann nicht auf die Beschränkung der Haftung des Erben verzichten.

(2) Diese Vorschriften gelten auch für den Nachlassverwalter.

§ 2013 Folgen der unbeschränkten Haftung des Erben

(1) Haftet der Erbe für die Nachlassverbindlichkeiten unbeschränkt, so finden die Vorschriften der §§ 1973 bis 1975, 1977 bis 1980, 1989 bis 1992 keine Anwendung; der Erbe ist nicht berechtigt, die Anordnung einer Nachlassverwaltung zu beantragen. Auf eine nach § 1973 oder nach § 1974 eingetretene Beschränkung der Haftung kann sich der Erbe jedoch berufen, wenn später der Fall des § 1994 Abs. 1 Satz 2 oder des § 2005 Abs. 1 eintritt.

(2) Die Vorschriften der §§ 1977 bis 1980 und das Recht des Erben, die Anordnung einer Nachlassverwaltung zu beantragen, werden nicht dadurch ausgeschlossen, dass der Erbe einzelnen Nachlassgläubigern gegenüber unbeschränkt haftet.

Untertitel 5. Aufschiebende Einreden

§ 2014 Dreimonatseinrede

Der Erbe ist berechtigt, die Berichtigung einer Nachlassverbindlichkeit bis zum Ablauf der ersten drei Monate nach der Annahme der Erbschaft, jedoch nicht über die Errichtung des Inventars hinaus, zu verweigern.

제2011조 상속인으로 국고[국가]를 위한 재산목록작성기간의 부존재

법정상속인으로서 국고에 대하여는 재산목록작성기간이 정하여지지 아니한다. 국고는 상속채권자에 대하여 유산의 현황에 관하여 안내할 의무를 진다.

제2012조 유산관재인과 유산관리인을 위한 목록작성기간의 부존재

(1) 제1960조와 제1961조에 따라 선임된 유산관재인에게는 재산목록작성기간이 정하여지지 아니한다. 유산관재인은 상속채권자에 대하여 유산의 현황에 관하여 안내할 의무를 진다. 유산관재인은 상속인의 책임제한을 포기하지 못한다.

(2) 이 법률규정은 또한 유산관리인에게 적용된다.

제2013조 상속인의 무한책임의 효과

(1) 상속인이 상속채무에 대하여 무한책임을 지는 경우 제1973조에서 제1975조, 제1977조에서 제1980조, 제1989조에서 제1992조의 규정은 적용되지 아니한다; 상속인은 재산관리명령을 신청할 권리를 가지지 아니한다. 그러나 그후에 제1994조 제1항 2문 또는 제2005조 제1항의 사유가 발생한 때에는 상속인은 제1973조 또는 제1974조에 따라 생긴 책임제한을 주장할 수 있다. <비교. 현행민법 제1025조 제1항>

(2) 제1977조에서 제1980조의 규정과 유산관리명령을 신청할 수 있는 상속인의 권리는 상속인이 각 상속채권자에게 무한책임을 진다는 이유로 배제되지 아니한다.

제 5 관　정지적 항변

제2014조 3개월의 항변

상속인은 상속을 승인한 날부터 최초의 3개월이 경과할 때까지 상속채무의 변제를 거절할 수 있다. 그러나 재산목록의 작성을 마친 때에는 그러하지 아니하다.

§ 2015 Einrede des Aufgebotsverfahrens

(1) Hat der Erbe den Antrag auf Einleitung des Aufgebotsverfahrens der Nachlassgläubiger innerhalb eines Jahres nach der Annahme der Erbschaft gestellt und ist der Antrag zugelassen, so ist der Erbe berechtigt, die Berichtigung einer Nachlassverbindlichkeit bis zur Beendigung des Aufgebotsverfahrens zu verweigern.

(2) (weggefallen)

(3) Wird der Ausschließungsbeschluss erlassen oder der Antrag auf Erlass des Ausschließungsbeschlusses zurückgewiesen, so ist das Aufgebotsverfahren erst dann als beendet anzusehen, wenn der Beschluss rechtskräftig ist.

§ 2016 Ausschluss der Einreden bei unbeschränkter Erbenhaftung

(1) Die Vorschriften der §§ 2014, 2015 finden keine Anwendung, wenn der Erbe unbeschränkt haftet.

(2) Das Gleiche gilt, soweit ein Gläubiger nach § 1971 von dem Aufgebot der Nachlassgläubiger nicht betroffen wird, mit der Maßgabe, dass ein erst nach dem Eintritt des Erbfalls im Wege der Zwangsvollstreckung oder der Arrestvollziehung erlangtes Recht sowie eine erst nach diesem Zeitpunkt im Wege der einstweiligen Verfügung erlangte Vormerkung außer Betracht bleibt.

§ 2017 Fristbeginn bei Nachlasspflegschaft

Wird vor der Annahme der Erbschaft zur Verwaltung des Nachlasses ein Nachlasspfleger bestellt, so beginnen die in § 2014 und in § 2015 Abs. 1 bestimmten Fristen mit der Bestellung.

Titel 3. Erbschaftsanspruch

§ 2018 Herausgabepflicht des Erbschaftsbesitzers

Der Erbe kann von jedem, der auf Grund eines ihm in Wirklichkeit nicht zustehenden Erbrechts etwas aus der Erbschaft erlangt hat (Erbschaftsbesitzer), die Herausgabe des Erlangten verlangen.

第2015조 최고절차의 항변

(1) 상속인이 상속을 승인한 때부터 1년 내에 상속채권자의 최고절차의 개시를 신청하고 그 신청이 인용된 경우, 상속인은 최고절차가 종료할 때까지 상속채무의 변제를 거절할 권리를 가진다. <현행민법 제1051조 참조>

(2) (삭제)

(3) 압류결정이 내려지거나 압류결정의 처분에 대한 신청이 반려된 경우, 최고절차는 결정이 법적 효력을 가지는 때에 종료되는 것으로 본다.

第2016조 무한상속인책임의 경우 항변의 배제

(1) 제2015조와 제2016조의 규정은 상속인이 무한책임을 질 때에는 적용하지 아니한다.

(2) 이는 채권자가 제1971조에 따라 상속채권자의 최고를 받지 못한 경우에 상속이 개시된 후에 비로소 강제집행 또는 압류의 방법으로 취득한 권리와 그 때 이후 가처분의 방법으로 마친 가등기가 영향을 받지 않는 한도에서 마찬가지이다.

第2017조 유산관재의 경우 기간의 시기(始期)

상속을 승인하기 전에 유산의 관리를 위하여 유산관재인이 선임된 때에는, 제2014조와 제2015조 제1항에 규정된 기간은 선임으로 개시한다.

제 3 절　상속[회복]청구권

第2018조 상속재산점유자의 반환의무

상속인은 실제 그에게 없는 상속권에 근거하여 상속재산에서 특정물을 취득한 사람(상속재산점유자)에게 취득한 물건의 반환을 청구할 수 있다. <현행민법 제999조 제1항>

§ 2019 Unmittelbare Ersetzung

(1) Als aus der Erbschaft erlangt gilt auch, was der Erbschaftsbesitzer durch Rechtsgeschäft mit Mitteln der Erbschaft erwirbt.

(2) Die Zugehörigkeit einer in solcher Weise erworbenen Forderung zur Erbschaft hat der Schuldner erst dann gegen sich gelten zu lassen, wenn er von der Zugehörigkeit Kenntnis erlangt; die Vorschriften der §§ 406 bis 408[23] finden entsprechende Anwendung.

§ 2020 Nutzungen und Früchte

Der Erbschaftsbesitzer hat dem Erben die gezogenen Nutzungen herauszugeben; die Verpflichtung zur Herausgabe erstreckt sich auch auf Früchte, an denen er das Eigentum erworben hat.

---

23 § 406 Aufrechnung gegenüber dem neuen Gläubiger

Der Schuldner kann eine ihm gegen den bisherigen Gläubiger zustehende Forderung auch dem neuen Gläubiger gegenüber aufrechnen, es sei denn, dass er bei dem Erwerb der Forderung von der Abtretung Kenntnis hatte oder dass die Forderung erst nach der Erlangung der Kenntnis und später als die abgetretene Forderung fällig geworden ist.

§ 407 Rechtshandlungen gegenüber dem bisherigen Gläubiger

(1) Der neue Gläubiger muss eine Leistung, die der Schuldner nach der Abtretung an den bisherigen Gläubiger bewirkt, sowie jedes Rechtsgeschäft, das nach der Abtretung zwischen dem Schuldner und dem bisherigen Gläubiger in Ansehung der Forderung vorgenommen wird, gegen sich gelten lassen, es sei denn, dass der Schuldner die Abtretung bei der Leistung oder der Vornahme des Rechtsgeschäfts kennt.

(2) Ist in einem nach der Abtretung zwischen dem Schuldner und dem bisherigen Gläubiger anhängig gewordenen Rechtsstreit ein rechtskräftiges Urteil über die Forderung ergangen, so muss der neue Gläubiger das Urteil gegen sich gelten lassen, es sei denn, dass der Schuldner die Abtretung bei dem Eintritt der Rechtshängigkeit gekannt hat.

§ 408 Mehrfache Abtretung

(1) Wird eine abgetretene Forderung von dem bisherigen Gläubiger nochmals an einen Dritten abgetreten, so finden, wenn der Schuldner an den Dritten leistet oder wenn zwischen dem Schuldner und dem Dritten ein Rechtsgeschäft vorgenommen oder ein Rechtsstreit anhängig wird, zugunsten des Schuldners die Vorschriften des § 407 dem früheren Erwerber gegenüber entsprechende Anwendung.

(2) Das Gleiche gilt, wenn die bereits abgetretene Forderung durch gerichtlichen Beschluss einem Dritten überwiesen wird oder wenn der bisherige Gläubiger dem Dritten gegenüber anerkennt, dass die bereits abgetretene Forderung kraft Gesetzes auf den Dritten übergegangen sei.

제2019조 직접대상(直接代償)

(1) 상속재산점유자가 상속재산을 수단으로 하는 법률행위로 취득한 물건도 상속재산에서 취득한 물건으로 본다.

(2) 채무자는 그러한 방법으로 취득한 상속재산에 대한 채권의 귀속을 그가 그 귀속을 안 때에는 그를 상대로 행사하도록 하여야 한다; 제406조에서 제408조[24]의 규정이 준용된다.

<비교. 현행민법 제999조 제1항>

제2020조 용익과 과실

상속재산점유자는 수취한 용익을 상속인에게 반환하여야 한다; 반환의무는 그가 소유권을 취득한 과실에도 미친다. <현행민법 제201조 참조>

---

24 제406조 신채권자에 대한 상계
채무자는 그에게 귀속되는 구채권자에 대한 채권을 신채권자에게 상계할 수 있다. 그러나 그가 채권을 취득할 때에 채권양도를 알았거나 채권이 그 사실을 안 후에, 그리고 양도된 채권보다 후에 이행기에 도래한 때에는 그러하지 아니하다.

제407조 구채권자에 대한 법적 행위

(1) 신채권자는 채무자가 채권양도 후에 구채권자에게 한 급부와 채권양도 후에 채무자와 구채권자 사이에서 채권에 관하여 행하여진 모든 법률행위를 인용하여야 한다. 그러나 채무자가 급부하거나 법률행위를 할 때에 채권양도를 안 때에는 그러하지 아니하다.

(2) 채권양도 후에 채무자와 구채권자 사이에 계속된 법률분쟁에서 확정판결이 내려진 때에는 신채권자는 판결을 인용하여야 한다. 그러나 채무자가 소송이 계류된 때에 채권양도를 알았을 때에는 그러하지 아니하다.

제408조 중복된 채권양도[이중양도]

(1) 양도된 채권이 구채권자에 의하여 다시 제3자에게 양도된 경우, 채무자가 제3자에게 급부한 경우 또는 채무자와 제3자 사이에 법률행위가 이루어졌거나 법률분쟁이 계속된 경우에 채무자를 위하여 제407조의 규정이 이전의 취득자에 대하여 준용된다.

(2) 이는 이미 양도된 채권이 법원의 결정으로 제3자에게 이전되거나 구채권자가 제3자에 대하여 이미 양도된 채권이 법률의 규정에 따라 제3자에게 이전되었다는 사실을 인정한 때에도 같다.

§ 2021 Herausgabepflicht nach Bereicherungsgrundsätzen

Soweit der Erbschaftsbesitzer zur Herausgabe außerstande ist, bestimmt sich seine Verpflichtung nach den Vorschriften über die Herausgabe einer ungerechtfertigten Bereicherung.

§ 2022 Ersatz von Verwendungen und Aufwendungen

(1) Der Erbschaftsbesitzer ist zur Herausgabe der zur Erbschaft gehörenden Sachen nur gegen Ersatz aller Verwendungen verpflichtet, soweit nicht die Verwendungen durch Anrechnung auf die nach § 2021 herauszugebende Bereicherung gedeckt werden. Die für den Eigentumsanspruch geltenden Vorschriften der §§ 1000 bis 1003[25] finden Anwendung.

---

25 § 1000 Zurückbehaltungsrecht des Besitzers
Der Besitzer kann die Herausgabe der Sache verweigern, bis er wegen der ihm zu ersetzenden Verwendungen befriedigt wird. Das Zurückbehaltungsrecht steht ihm nicht zu, wenn er die Sache durch eine vorsätzlich begangene unerlaubte Handlung erlangt hat.
§ 1001 Klage auf Verwendungsersatz
Der Besitzer kann den Anspruch auf den Ersatz der Verwendungen nur geltend machen, wenn der Eigentümer die Sache wiedererlangt oder die Verwendungen genehmigt. Bis zur Genehmigung der Verwendungen kann sich der Eigentümer von dem Anspruch dadurch befreien, dass er die wiedererlangte Sache zurückgibt. Die Genehmigung gilt als erteilt, wenn der Eigentümer die ihm von dem Besitzer unter Vorbehalt des Anspruchs angebotene Sache annimmt.
§ 1002 Erlöschen des Verwendungsanspruchs
(1) Gibt der Besitzer die Sache dem Eigentümer heraus, so erlischt der Anspruch auf den Ersatz der Verwendungen mit dem Ablauf eines Monats, bei einem Grundstück mit dem Ablauf von sechs Monaten nach der Herausgabe, wenn nicht vorher die gerichtliche Geltendmachung erfolgt oder der Eigentümer die Verwendungen genehmigt.
(2) Auf diese Fristen finden die für die Verjährung geltenden Vorschriften der §§ 206, 210, 211 entsprechende Anwendung.
§ 1003 Befriedigungsrecht des Besitzers
(1) Der Besitzer kann den Eigentümer unter Angabe des als Ersatz verlangten Betrags auffordern, sich innerhalb einer von ihm bestimmten angemessenen Frist darüber zu erklären, ob er die Verwendungen genehmige. Nach dem Ablauf der Frist ist der Besitzer berechtigt, Befriedigung aus der Sache nach den Vorschriften über den Pfandverkauf, bei einem Grundstück nach den Vorschriften über die Zwangsvollstreckung in das unbewegliche Vermögen zu suchen, wenn nicht die Genehmigung rechtzeitig erfolgt.
(2) Bestreitet der Eigentümer den Anspruch vor dem Ablauf der Frist, so kann sich der Besitzer aus der Sache erst dann befriedigen, wenn er nach rechtskräftiger Feststellung des Betrags der Verwendungen den Eigentümer unter Bestimmung einer angemessenen Frist zur Erklärung aufgefordert hat und die Frist verstrichen ist; das Recht auf Befriedigung aus der Sache ist ausgeschlossen, wenn die Genehmigung rechtzeitig erfolgt.

제2021조 부당이득원칙에 따른 반환의무

상속재산점유자가 반환할 수 없을 때에는, 그의 의무는 부당이득의 반환에 관한 규정에 따라 정하여진다.

제2022조 비용과 지출의 상환

(1) 상속재산점유자는 비용이 제2021조에 따라 반환하여야 하는 부당이득의 산입으로 보전되지 않으면, 모든 비용과 상환하여 상속재산에 속하는 물건을 반환할 의무를 진다. 소유권에 기한 청구권에 적용되는 제1000조에서 제1003조[26]의 법률규정이 적용된다. <현행민법 제201조－제203조 참조>

---

26 제1000조 점유자의 인도거절권

점유자는 그가 그에게 상환되어야 하는 비용이 변제될 때까지 물건의 반환을 거절할 수 있다. 그가 고의로 행하여진 불법행위로 그 물건을 얻은 때에는 그에게 인도거절권이 주어지지 아니한다.

제1001조 비용상환청구의 소

점유자는 소유자가 물건을 재취득하거나 비용을 승인한 때에는 비용상환청구권을 행사할 수 있다. 비용을 승인할 때까지 소유자는 그가 재취득한 물건을 반환하여 그 청구권을 면할 수 있다. 소유자가 점유자가 그에게 청구권을 보류하여 점유자가 그에게 제공한 물건을 수령한 때에는 승인이 있는 것으로 본다.

제1002조 비용상환청구권의 소멸

(1) 점유자가 소유자에게 물건을 반환한 경우, 그 이전에 법정행사가 이루어지지 않거나 소유자가 비용을 승인하지 않은 때에는, 비용상환청구권은 1월의 경과로, 그리고 토지의 경우 6월의 경과로 소멸한다.

(1) 그 기간에 대하여는 소멸시효에 적용되는 제206조, 제210조와 제211조의 규정이 준용된다.

제1003조 점유자의 만족권[변제권]

(1) 점유자는 소유자에게 상환으로 청구된 가액을 밝히고 그가 정한 상당한 기간 내에 그가 비용을 승인할 것을 최고할 수 있다. 그 기간이 경과한 경우, 승인이 그 기간 내에 이루어지지 않으면, 점유자는 질물매각에 관한 규정에 따라, 그리고 토지의 경우 부동산 강제집행에 관한 규정에 따라 만족[변제]을 얻을 권리가 있다.

(2) 소유자가 그 기간이 경과하기 전에 청구권을 다투는 경우, 점유자는 그가 법적 효력 있는 비용가액의 확정 후에 상당한 기간을 정하여 소유자에게 의사표시를 할 것을 최고하고 그 기간이 경과한 때에만 물건으로부터 변제받을 수 있다; 물건으로부터 변제를 받을 권리는 승인이 기간 내에 이루어진 때에는 배제된다.

(2) Zu den Verwendungen gehören auch die Aufwendungen, die der Erbschaftsbesitzer zur Bestreitung von Lasten der Erbschaft oder zur Berichtigung von Nachlassverbindlichkeiten macht.
(3) Soweit der Erbe für Aufwendungen, die nicht auf einzelne Sachen gemacht worden sind, insbesondere für die im Absatz 2 bezeichneten Aufwendungen, nach den allgemeinen Vorschriften in weiterem Umfang Ersatz zu leisten hat, bleibt der Anspruch des Erbschaftsbesitzers unberührt.

§ 2023 Haftung bei Rechtshängigkeit, Nutzungen und Verwendungen

(1) Hat der Erbschaftsbesitzer zur Erbschaft gehörende Sachen herauszugeben, so bestimmt sich von dem Eintritt der Rechtshängigkeit an der Anspruch des Erben auf Schadensersatz wegen Verschlechterung, Untergangs oder einer aus einem anderen Grund eintretenden Unmöglichkeit der Herausgabe nach den Vorschriften, die für das Verhältnis zwischen dem Eigentümer und dem Besitzer von dem Eintritt der Rechtshängigkeit des Eigentumsanspruchs an gelten.
(2) Das Gleiche gilt von dem Anspruch des Erben auf Herausgabe oder Vergütung von Nutzungen und von dem Anspruch des Erbschaftsbesitzers auf Ersatz von Verwendungen.

§ 2024 Haftung bei Kenntnis

Ist der Erbschaftsbesitzer bei dem Beginn des Erbschaftsbesitzes nicht in gutem Glauben, so haftet er so, wie wenn der Anspruch des Erben zu dieser Zeit rechtshängig geworden wäre. Erfährt der Erbschaftsbesitzer später, dass er nicht Erbe ist, so haftet er in gleicher Weise von der Erlangung der Kenntnis an. Eine weitergehende Haftung wegen Verzugs bleibt unberührt.

(2) 상속재산점유자가 상속재산의 부담으로 하는 지급 또는 상속채무의 변제를 위하여 출연한 지출도 또한 비용에 속한다.
(3) 상속인이 개별 물건 위에 출연한 것이 아닌 비용, 특히 제2항에 열거된 지출을 일반규정에 따라 전부 보상하여야 할 경우에는 상속재산점유자의 청구권은 영향을 받지 아니한다.

제2023조 소송계속의 경우 책임. 용익과 비용

(1) 상속재산점유자가 상속재산에 속하는 물건을 반환하여야 할 때에는, 소송이 계속된 때부터 훼손, 멸실 또는 그 밖의 사유로 발생한 반환불능을 원인으로 하는 상속인의 손해배상청구권은 소유권에 기한 청구권에 관한 소송이 계속된 때부터 소유자와 점유자 사이의 관계에 적용되는 법률규정에 따라 규정된다.
(2) 이는 상속인의 반환청구권 또는 용익에 대한 대가청구권과 상속재산점유자의 비용상환청구권에 대하여도 그러하다.
＜현행민법 제202조 참조＞

제2024조 악의의 책임

상속재산점유자가 상속재산의 점유를 개시하는 때에 선의가 아닌 경우 그는, 그 때에 상속인의 청구권이 소송계속된 것과 같이, 책임을 진다. 상속재산점유자가 그 사실을 나중에 그가 상속인이 아니라는 사실을 안 때에는 그는 이를 안 때부터 같은 방법으로 책임을 진다. 지체로 인한 확대책임은 영향을 받지 아니한다. ＜현행민법 제197조, 제201조－제203조＞

§ 2025 Haftung bei unerlaubter Handlung

Hat der Erbschaftsbesitzer einen Erbschaftsgegenstand durch eine Straftat oder eine zur Erbschaft gehörende Sache durch verbotene Eigenmacht erlangt, so haftet er nach den Vorschriften über den Schadensersatz wegen unerlaubter Handlungen. Ein gutgläubiger Erbschaftsbesitzer haftet jedoch wegen verbotener Eigenmacht nach diesen Vorschriften nur, wenn der Erbe den Besitz der Sache bereits tatsächlich ergriffen hatte.

§ 2026 Keine Berufung auf Ersitzung

Der Erbschaftsbesitzer kann sich dem Erben gegenüber, solange nicht der Erbschaftsanspruch verjährt ist, nicht auf die Ersitzung einer Sache berufen, die er als zur Erbschaft gehörend im Besitz hat.

§ 2027 Auskunftspflicht des Erbschaftsbesitzers

(1) Der Erbschaftsbesitzer ist verpflichtet, dem Erben über den Bestand der Erbschaft und über den Verbleib der Erbschaftsgegenstände Auskunft zu erteilen.

(2) Die gleiche Verpflichtung hat, wer, ohne Erbschaftsbesitzer zu sein, eine Sache aus dem Nachlass in Besitz nimmt, bevor der Erbe den Besitz tatsächlich ergriffen hat.

§ 2028 Auskunftspflicht des Hausgenossen

(1) Wer sich zur Zeit des Erbfalls mit dem Erblasser in häuslicher Gemeinschaft befunden hat, ist verpflichtet, dem Erben auf Verlangen Auskunft darüber zu erteilen, welche erbschaftlichen Geschäfte er geführt hat und was ihm über den Verbleib der Erbschaftsgegenstände bekannt ist.

(2) Besteht Grund zu der Annahme, dass die Auskunft nicht mit der erforderlichen Sorgfalt erteilt worden ist, so hat der Verpflichtete auf Verlangen des Erben zu Protokoll an Eides statt zu versichern, dass er seine Angaben nach bestem Wissen so vollständig gemacht habe, als er dazu imstande sei.

(3) Die Vorschriften des § 259 Abs. 3 und des § 261 finden Anwendung.

제2025조 불법행위책임

상속재산점유자가 상속목적물을 범죄행위로 또는 상속재산에 속하는 물건을 점유침탈로 얻은 때에는 그는 불법행위로 인한 손해배상에 관한 규정에 따라 책임을 진다. 그러나 선의의 상속재산점유자는 상속인이 이미 물건의 점유를 사실상 확보한 경우에만 이 규정에 따라 점유침탈을 원인으로 책임을 진다. <비교. 현행민법 제750조>

제2026조 점유시효취득의 배제

상속청구권이 시효소멸하지 않는 동안에는 상속재산점유자는 상속인에 대하여 그가 상속재산에 속하는 것으로 점유하는 물건의 점유시효취득을 주장하지 못한다. <비교. 현행민법 제246조, 제999조 제2항>

제2027조 상속재산점유자의 안내의무

(1) 상속재산점유자는 상속인에게 상속재산의 현황과 상속목적물의 소재에 관하여 안내할 의무를 진다.

(2) 상속재산점유자가 아니지만 유산에 속하는 물건을 점유하는 사람도 상속인이 점유를 사실상 취득하기 전까지 동일한 의무를 진다.

제2028조 가성원(家成員)의 안내의무

(1) 상속이 개시되는 때에 피상속인과 가공동체에 있던 사람은 상속인의 청구가 있으면 그가 행한 상속상의 행위와 상속목적물의 소재에 관하여 그에게 알려진 사항을 상속인에게 안내할 의무를 진다.

(2) 안내가 필요한 주의로써 이루어지지 않았다고 인정할 사유가 있는 때에는 의무자는 상속인의 청구로 조서에 마치 그가 이를 할 수 있는 지위에 있는 것과 같이 최선을 다하여 완전하게 기재하였음을 선서에 갈음하여 보증하여야 한다.

(3) 제259조 제3항의 규정이 적용된다.

§ 2029 Haftung bei Einzelansprüchen des Erben

Die Haftung des Erbschaftsbesitzers bestimmt sich auch gegenüber den Ansprüchen, die dem Erben in Ansehung der einzelnen Erbschaftsgegenstände zustehen, nach den Vorschriften über den Erbschaftsanspruch.

§ 2030 Rechtsstellung des Erbschaftserwerbers

Wer die Erbschaft durch Vertrag von einem Erbschaftsbesitzer erwirbt, steht im Verhältnis zu dem Erben einem Erbschaftsbesitzer gleich.

§ 2031 Herausgabeanspruch des für tot Erklärten

(1) Überlebt eine Person, die für tot erklärt oder deren Todeszeit nach den Vorschriften des Verschollenheitsgesetzes festgestellt ist, den Zeitpunkt, der als Zeitpunkt ihres Todes gilt, so kann sie die Herausgabe ihres Vermögens nach den für den Erbschaftsanspruch geltenden Vorschriften verlangen. Solange sie noch lebt, wird die Verjährung ihres Anspruchs nicht vor dem Ablauf eines Jahres nach dem Zeitpunkt vollendet, in welchem sie von der Todeserklärung oder der Feststellung der Todeszeit Kenntnis erlangt.

(2) Das Gleiche gilt, wenn der Tod einer Person ohne Todeserklärung oder Feststellung der Todeszeit mit Unrecht angenommen worden ist.

Titel 4. Mehrheit von Erben

Untertitel 1. Rechtsverhältnis der Erben untereinander

§ 2032 Erbengemeinschaft

(1) Hinterlässt der Erblasser mehrere Erben, so wird der Nachlass gemeinschaftliches Vermögen der Erben.

(2) Bis zur Auseinandersetzung gelten die Vorschriften der §§ 2033 bis 2041.

제2029조 상속인의 개별청구권에 대한 책임

상속재산점유자의 책임은 각 상속목적물에 관하여 상속인에게 주어지는 청구권에 대하여도 상속청구권에 관한 규정에 따라 정하여진다. <비교. 현행민법 제999조 제1항>

제2030조 상속재산취득자의 법적 지위

계약으로 상속재산점유자로부터 상속재산을 취득한 사람은 상속인에 대한 관계에서 상속재산점유자와 같다. <비교. 현행민법 제199조 제2항>

제2031조 사망선고된 사람의 반환청구권

(1) 사망선고되었거나 그의 사망시기가 실종법률의 규정에 따라 확정된 사람이 그의 사망시점으로 보는 시점 이후에 생존하는 경우 그는 상속청구권에 적용되는 규정에 따라 그의 재산의 반환을 청구할 수 있다. 그가 현재 생존하는 경우 그의 청구권은 그가 사망선고 또는 사망시기의 확정을 안 때부터 1년 내에는 소멸시효가 완성하지 아니한다. <현행민법 제29조>

(2) 이는 사람의 사망이 사망선고 또는 사망시기의 확정 없이 위법하게 인정된 때에도 같다.

제 4 절　여러 명의 상속인

제 1 관　상속인 사이의 법률관계

제2032조 상속인공동체[단체]

(1) 피상속인이 여러 명의 상속인을 남긴 때에는, 유산은 상속인의 공동재산이 된다. <비교. 현행민법 제1006조, 제272조>

(2) 상속재산이 분할될 때까지 제2033조에서 제2041조의 규정이 적용된다.

§ 2033 Verfügungsrecht des Miterben

(1) Jeder Miterbe kann über seinen Anteil an dem Nachlass verfügen. Der Vertrag, durch den ein Miterbe über seinen Anteil verfügt, bedarf der notariellen Beurkundung.

(2) Über seinen Anteil an den einzelnen Nachlassgegenständen kann ein Miterbe nicht verfügen.

§ 2034 Vorkaufsrecht gegenüber dem Verkäufer

(1) Verkauft ein Miterbe seinen Anteil an einen Dritten, so sind die übrigen Miterben zum Vorkauf berechtigt.

(2) Die Frist für die Ausübung des Vorkaufsrechts beträgt zwei Monate. Das Vorkaufsrecht ist vererblich.

§ 2035 Vorkaufsrecht gegenüber dem Käufer

(1) Ist der verkaufte Anteil auf den Käufer übertragen, so können die Miterben das ihnen nach § 2034 dem Verkäufer gegenüber zustehende Vorkaufsrecht dem Käufer gegenüber ausüben. Dem Verkäufer gegenüber erlischt das Vorkaufsrecht mit der Übertragung des Anteils.

(2) Der Verkäufer hat die Miterben von der Übertragung unverzüglich zu benachrichtigen.

§ 2036 Haftung des Erbteilkäufers

Mit der Übertragung des Anteils auf die Miterben wird der Käufer von der Haftung für die Nachlassverbindlichkeiten frei. Seine Haftung bleibt jedoch bestehen, soweit er den Nachlassgläubigern nach den §§ 1978 bis 1980 verantwortlich ist; die Vorschriften der §§ 1990, 1991 finden entsprechende Anwendung.

§ 2037 Weiterveräußerung des Erbteils

Überträgt der Käufer den Anteil auf einen anderen, so finden die Vorschriften der §§ 2033, 2035, 2036 entsprechende Anwendung.

제2033조 공동상속인의 처분권

(1) 공동상속인은 유산에 대한 그의 지분을 처분할 수 있다. 공동상속인이 그의 지분을 처분하는 계약은 공정증서로 한다. <현행민법 제1011조 제1항 참조>

(2) 공동상속인은 각 유산목적물에 대한 그의 지분을 처분하지 못한다.

제2034조 매도인을 상대방으로 하는 선매권

(1) 공동상속인이 그의 지분을 제3자에게 매도하는 경우 다른 공동상속인은 선매할 권리를 가진다. <현행민법 제1011조 제1항>

(2) 선매권의 행사를 위한 기간은 2개월이다. 선매권은 상속된다. <현행민법 제1011조 제2항 참조>

제2035조 매수인을 상대방으로 하는 선매권

(1) 매도된 지분이 매수인에게 양도된 때에는 다른 공동상속인은 그에게 제2034조에 따라 매도인을 상대방으로 하여 주어진 선매권을 매수인을 상대방으로 하여 행사할 수 있다. 매도인을 상대방으로 하는 선매권은 양도로써 소멸한다. <현행민법 제1011조 제1항>

(2) 매도인은 다른 공동상속인에게 지체없이 양도를 통지하여야 한다.

제2036조 상속분 매수인의 책임

다른 공동상속인에게 지분을 양도한 때에는 매수인은 상속채무에 대한 책임을 면한다. 그러나 그가 상속채권자에게 제1978조에서 제1980조에 따라 책임을 질 때에는 그의 책임이 존속한다; 제1990조와 제1991조의 규정이 준용된다. <비교. 현행민법 제1011조 제1항>

제2037조 상속분의 재양도

매수인이 지분을 제3자에게 양도하는 때에는, 제2033조, 제2035조와 제2036조의 규정이 준용된다. <비교. 현행민법 제1011조 제1항>

§ 2038 Gemeinschaftliche Verwaltung des Nachlasses

(1) Die Verwaltung des Nachlasses steht den Erben gemeinschaftlich zu. Jeder Miterbe ist den anderen gegenüber verpflichtet, zu Maßregeln mitzuwirken, die zur ordnungsmäßigen Verwaltung erforderlich sind; die zur Erhaltung notwendigen Maßregeln kann jeder Miterbe ohne Mitwirkung der anderen treffen.

(2) Die Vorschriften der §§ 743[27], 745[28], 746[29], 748[30] finden Anwendung. Die Teilung der Früchte erfolgt erst bei der Auseinandersetzung. Ist die Auseinandersetzung auf längere Zeit als ein Jahr ausgeschlossen, so kann jeder Miterbe am Schluss jedes Jahres die Teilung des Reinertrags verlangen.

§ 2039 Nachlassforderungen

Gehört ein Anspruch zum Nachlass, so kann der Verpflichtete nur an alle Erben gemeinschaftlich leisten und jeder Miterbe nur die Leistung an alle Erben fordern. Jeder Miterbe kann verlangen, dass der Verpflichtete die zu leistende Sache für alle Erben hinterlegt oder, wenn sie sich nicht zur Hinterlegung eignet, an einen gerichtlich zu bestellenden Verwahrer abliefert.

§ 2040 Verfügung über Nachlassgegenstände, Aufrechnung

(1) Die Erben können über einen Nachlassgegenstand nur gemeinschaftlich verfügen.

---

27 § 743 Früchteanteil; Gebrauchsbefugnis
(1) Jedem Teilhaber gebührt ein seinem Anteil entsprechender Bruchteil der Früchte.
(2) Jeder Teilhaber ist zum Gebrauch des gemeinschaftlichen Gegenstands insoweit befugt, als nicht der Mitgebrauch der übrigen Teilhaber beeinträchtigt wird.

28 § 754 Verkauf gemeinschaftlicher Forderungen
Der Verkauf einer gemeinschaftlichen Forderung ist nur zulässig, wenn sie noch nicht eingezogen werden kann. Ist die Einziehung möglich, so kann jeder Teilhaber gemeinschaftliche Einziehung verlangen.

29 § 746 Wirkung gegen Sondernachfolger
Haben die Teilhaber die Verwaltung und Benutzung des gemeinschaftlichen Gegenstands geregelt, so wirkt die getroffene Bestimmung auch für und gegen die Sondernachfolger.

30 § 748 Lasten- und Kostentragung
Jeder Teilhaber ist den anderen Teilhabern gegenüber verpflichtet, die Lasten des gemeinschaftlichen Gegenstands sowie die Kosten der Erhaltung, der Verwaltung und einer gemeinschaftlichen Benutzung nach dem Verhältnis seines Anteils zu tragen.

제2038조 유산의 공동관리

(1) 유산의 관리는 상속인이 공동으로 한다. 공동상속인은 다른 공동상속인에 대하여 통상의 관리에 필요한 조치에 협력할 의무를 진다; 공동상속인은 다른 공동상속인의 협력 없이 보존에 필요한 조치를 할 수 있다. <비교. 현행민법 제272조>

(2) 제743조[31], 제754조[32], 제746조[33]와 제748조[34]의 규정이 적용된다. 과실의 배분은 분할할 때에 비로소 이루어진다. 1년 이상의 기간 동안 분할이 금지된 때에는 공동상속인은 매년 말일에 순익의 배분을 청구할 수 있다.

제2039조 상속채권

청구권이 유산에 포함된 때에는 의무자는 상속인 전원에게 공동으로만 급부할 수 있고 공동상속인은 공동상속인 전원에 대한 급부만을 청구할 수 있다. 공동상속인은 의무자가 급부하여야 하는 물건을 상속인 전원을 위하여 공탁하거나 그 물건이 공탁에 적합하지 아니한 때에는 법정(法廷)에서 선임된 보관자에 인도할 것을 청구할 수 있다. <비교. 현행민법 제487조 이하>

제2040조 유산목적물의 처분, 상계

(1) 상속인들은 유산목적물을 공동으로만 처분할 수 있다. <현행민법 제264조>

---

31 제743조 수익분; 사용권
(1) 공유자에게 그의 지분에 상당하는 수익지분이 귀속된다.
(2) 공유자는 다른 공유자의 공동사용이 침해되지 않는 한도에서 공유물을 사용할 권리가 있다.

32 제754조 공동채권의 매각
공동채권의 매각은 아직 그 채권이 추심될 수 없을 때에만 허용된다. 추심이 가능할 때에는 공유자는 공동추심을 청구할 수 있다.

33 제746조 특별승계인에 대한 효과
공유자들이 공유물의 관리와 이용을 정한 때에는 해당 조항은 특별승계인을 위하여, 그리고 그에 대하여도 효력이 생긴다.

34 제748조 부담과 비용부담
공유자는 다른 공유자에 대하여 공유물의 부담을 지고 보존, 관리와 공동이용의 비용을 그 지분의 비율로 부담할 의무를 진다.

(2) Gegen eine zum Nachlass gehörende Forderung kann der Schuldner nicht eine ihm gegen einen einzelnen Miterben zustehende Forderung aufrechnen.

§ 2041 Unmittelbare Ersetzung

Was auf Grund eines zum Nachlass gehörenden Rechts oder als Ersatz für die Zerstörung, Beschädigung oder Entziehung eines Nachlassgegenstands oder durch ein Rechtsgeschäft erworben wird, das sich auf den Nachlass bezieht, gehört zum Nachlass. Auf eine durch ein solches Rechtsgeschäft erworbene Forderung findet die Vorschrift des § 2019 Abs. 2 Anwendung.

§ 2042 Auseinandersetzung

(1) Jeder Miterbe kann jederzeit die Auseinandersetzung verlangen, soweit sich nicht aus den §§ 2043 bis 2045 ein anderes ergibt.

(2) Die Vorschriften des § 749[35] Abs. 2, 3 und der §§ 750 bis 758 finden Anwendung.

§ 2043 Aufschub der Auseinandersetzung

(1) Soweit die Erbteile wegen der zu erwartenden Geburt eines Miterben noch unbestimmt sind, ist die Auseinandersetzung bis zur Hebung der Unbestimmtheit ausgeschlossen.

---

35 § 741 Gemeinschaft nach Bruchteilen

Steht ein Recht mehreren gemeinschaftlich zu, so finden, sofern sich nicht aus dem Gesetz ein anderes ergibt, die Vorschriften der §§ 742 bis 758 Anwendung (Gemeinschaft nach Bruchteilen).

§ 749 Aufhebungsanspruch

(1) Jeder Teilhaber kann jederzeit die Aufhebung der Gemeinschaft verlangen.

(2) Wird das Recht, die Aufhebung zu verlangen, durch Vereinbarung für immer oder auf Zeit ausgeschlossen, so kann die Aufhebung gleichwohl verlangt werden, wenn ein wichtiger Grund vorliegt. Unter der gleichen Voraussetzung kann, wenn eine Kündigungsfrist bestimmt wird, die Aufhebung ohne Einhaltung der Frist verlangt werden.

(3) Eine Vereinbarung, durch welche das Recht, die Aufhebung zu verlangen, diesen Vorschriften zuwider ausgeschlossen oder beschränkt wird, ist nichtig.

(2) 유산에 속하는 채권에 관하여 채무자는 공동상속인 1인에 대한 채권으로 상계하지 못한다.

제2041조 직접대상(直接代償)

유산에 속하는 권리를 원인으로 하거나 유산목적물의 멸실, 훼손이나 침탈에 대한 배상 또는 유산에 관한 법률행위로 취득한 물건은 유산에 속한다. 그러한 법률행위로 취득한 채권에 대하여는 제2019조 제2항의 규정이 적용된다.

제2042조 상속재산분할

(1) 제2043조에서 제2045조에서 다른 사정이 없으면, 공동상속인은 언제든지 상속재산분할을 청구할 수 있다. <현행민법 제1013조, 비교. 현행민법 제1006조>

(2) 제749조[36] 제2항, 제3항과 제750조에서 제758조의 규정이 적용된다.[37]

제2043조 분할의 연기

(1) 예정된 공동상속인의 출생으로 상속분이 확정되지 않은 때에는, 분할은 불확정성이 제거될 때까지 금지된다.

---

36 제741조 지분에 의한 공동단체 [공유단체]
권리가 공동으로 귀속된 때에는 법률에 다른 규정이 없으면 제742조에서 제758조의 규정이 적용된다(지분에 의한 공동단체).
제749조 해산청구권
(1) 지분권자는 언제든지 공동단체의 해산을 청구할 수 있다.
(2) 해산을 청구할 수 있는 권리가 약정에 의하여 영구적 또는 일시적으로 금지된 때에도, 중대한 사유가 있으면, 해산이 청구될 수 있다. 해지기간이 정하여진 때에도 같은 요건이 있으면 그 기간을 준수함이 없이 해산이 청구될 수 있다.
(3) 이 규정에 위반하여 해산을 청구할 수 있는 권리가 금지하거나 제한하는 약정은 무효이다.
<비교. 현행민법 제268조 제1항; 제720조 참조>

37 지분에 의한 단체(Gemeinschaft nach Bruchteil)에 관한 제741조에서 제758조의 규정, 특히 해산청구의 금지사유(제750조, 제751조)와 분할방법(제752조와 제753조), 그리고 공동채권의 매각(제754조)과 공동채무의 변제(제755조)와 지분권자의 채무의 변제(제756조), 분할로 인한 담보책임(제757조), 그리고 분할청구권에 대한 소멸시효의 부적용(제758조)을 규율하는 법률규정 참조.

(2) Das Gleiche gilt, soweit die Erbteile deshalb noch unbestimmt sind, weil die Entscheidung über einen Antrag auf Annahme als Kind, über die Aufhebung des Annahmeverhältnisses oder über die Anerkennung einer vom Erblasser errichteten Stiftung als rechtsfähig noch aussteht.

§ 2044 Ausschluss der Auseinandersetzung

(1) Der Erblasser kann durch letztwillige Verfügung die Auseinandersetzung in Ansehung des Nachlasses oder einzelner Nachlassgegenstände ausschließen oder von der Einhaltung einer Kündigungsfrist abhängig machen. Die Vorschriften des § 749[38] Abs. 2, 3, der §§ 750[39], 751[40] und des § 1010[41] Abs. 1 finden entsprechende Anwendung.

(2) Die Verfügung wird unwirksam, wenn 30 Jahre seit dem Eintritt des Erbfalls verstrichen sind. Der Erblasser kann jedoch anordnen, dass die Verfügung bis zum Eintritt eines bestimmten Ereignisses in der Person eines Miterben oder, falls er eine Nacherbfolge oder ein Vermächtnis anordnet, bis zum Eintritt der Nacherbfolge oder bis zum Anfall des Vermächtnisses gelten soll. Ist der Miterbe, in dessen Person das Ereignis eintreten soll, eine juristische Person, so bewendet es bei der dreißigjährigen Frist.

---

38 주 35 참조.

39 § 750 Ausschluss der Aufhebung im Todesfall
Haben die Teilhaber das Recht, die Aufhebung der Gemeinschaft zu verlangen, auf Zeit ausgeschlossen, so tritt die Vereinbarung im Zweifel mit dem Tode eines Teilhabers außer Kraft.

40 § 751 Ausschluss der Aufhebung und Sondernachfolger
Haben die Teilhaber das Recht, die Aufhebung der Gemeinschaft zu verlangen, für immer oder auf Zeit ausgeschlossen oder eine Kündigungsfrist bestimmt, so wirkt die Vereinbarung auch für und gegen die Sondernachfolger. Hat ein Gläubiger die Pfändung des Anteils eines Teilhabers erwirkt, so kann er ohne Rücksicht auf die Vereinbarung die Aufhebung der Gemeinschaft verlangen, sofern der Schuldtitel nicht bloß vorläufig vollstreckbar ist.

41 § 1010 Sondernachfolger eines Miteigentümers
(1) Haben die Miteigentümer eines Grundstücks die Verwaltung und Benutzung geregelt oder das Recht, die Aufhebung der Gemeinschaft zu verlangen, für immer oder auf Zeit ausgeschlossen oder eine Kündigungsfrist bestimmt, so wirkt die getroffene Bestimmung gegen den Sondernachfolger eines Miteigentümers nur, wenn sie als Belastung des Anteils im Grundbuch eingetragen ist.
(2) Die in den §§ 755(Berichtigung einer Gesamtschuld), 756(Berichtigung einer Teilhaberschuld) bestimmten Ansprüche können gegen den Sondernachfolger eines Miteigentümers nur geltend gemacht werden, wenn sie im Grundbuch eingetragen sind.

(2) 이는 상속분이 입양신청, 파양이나 피상속인이 설립한 재단의 법인격 인정에 관한 판결이 지금까지 내려지지 않아 상속분이 아직 확정되지 않은 때에도 같다. <비교. 현행민법 제1014조>

제2044조 분할의 금지

(1) 피상속인은 사인처분으로 유산이나 개별 유산목적물에 관하여 분할을 금지하거나 해지기간의 준수와 견련되게 할 수 있다. 제749조[42] 제2항과 제3항, 제750조[43], 제751조[44]와 제1010조 제1항[45]의 규정이 준용된다.

(2) 상속개시 후 30년이 경과한 때에는 처분은 무효이다. 그러나 피상속인은 처분이 공동상속인의 신상에 특정한 사건이 생길 때까지, 또는 그가 후상속이나 유증을 지시한 경우 후상속[46]의 개시 또는 유증의 귀속(Anfall)이 있을 때까지 처분이 유효하다고 지시할 수 있다. 그 본인에 관하여 당해 사건이 생기는 공동상속인이 법인일 때에는 30년의 기간으로 종료한다.

---

42 주 36 참조.

43 제750조 사망의 경우 해산의 배제
지분권자들이 공동단체의 해산을 청구할 권리를 일시적으로 배제한 때에는 그 합의는 명백하지 않으면 지분권자 1인의 사망으로 효력을 잃는다.

44 제751조 특별승계의 경우 해산의 금지
지분권자들이 공동단체의 해산을 청구할 권리를 영구적으로 또는 일시적으로 배제하거나 해지기간을 규정한 때에는 그 합의는 특별승계인을 위하여, 그리고 특별승계인에 대하여 효력을 미친다. 채권자가 지분권자 1인의 지분의 질권설정을 일으킨 때에는 그는, 채무명의가 일시적으로 집행가능하지 않으면, 합의와 관계없이 공동단체의 해산을 청구할 수 있다.

45 제1010조 공유자의 특별승계인
(1) 부동산의 공유자들이 관리와 용익을 결정하거나 공동단체의 해산을 청구할 수 있는 권리를 영구적으로 또는 일시적으로 배제하거나 해지기간을 정한 때에는, 해당 규정이 지분의 부담으로 등기부에 기록된 때에만 이는 공유자 1인의 특별승계인에 대하여 효력이 있다.
(2) 제755조(연대채무의 변제)와 제756조(지분권자[공유자] 채무의 변제)에 규정된 청구권이 등기부에 기록된 때에만 이는 공유자 1인의 특별승계인에 대하여 주장될 수 있다.

46 타인재산에 대한 물권효를 가지는 후상속인의 기대권(Anwartschaft)이 생기게 하는 상속의 개시.

§ 2045 Aufschub der Auseinandersetzung

Jeder Miterbe kann verlangen, dass die Auseinandersetzung bis zur Beendigung des nach § 1970 zulässigen Aufgebotsverfahrens oder bis zum Ablauf der in § 2061 bestimmten Anmeldungsfrist aufgeschoben wird. Ist der Antrag auf Einleitung des Aufgebotsverfahrens noch nicht gestellt oder die öffentliche Aufforderung nach § 2061 noch nicht erlassen, so kann der Aufschub nur verlangt werden, wenn unverzüglich der Antrag gestellt oder die Aufforderung erlassen wird.

§ 2046 Berichtigung der Nachlassverbindlichkeiten

(1) Aus dem Nachlass sind zunächst die Nachlassverbindlichkeiten zu berichtigen. Ist eine Nachlassverbindlichkeit noch nicht fällig oder ist sie streitig, so ist das zur Berichtigung Erforderliche zurückzubehalten.

(2) Fällt eine Nachlassverbindlichkeit nur einigen Miterben zur Last, so können diese die Berichtigung nur aus dem verlangen, was ihnen bei der Auseinandersetzung zukommt.

(3) Zur Berichtigung ist der Nachlass, soweit erforderlich, in Geld umzusetzen.

§ 2047 Verteilung des Überschusses

(1) Der nach der Berichtigung der Nachlassverbindlichkeiten verbleibende Überschuss gebührt den Erben nach dem Verhältnis der Erbteile.

(2) Schriftstücke, die sich auf die persönlichen Verhältnisse des Erblassers, auf dessen Familie oder auf den ganzen Nachlass beziehen, bleiben gemeinschaftlich.

§ 2048 Teilungsanordnungen des Erblassers

Der Erblasser kann durch letztwillige Verfügung Anordnungen für die Auseinandersetzung treffen. Er kann insbesondere anordnen, dass die Auseinandersetzung nach dem billigen Ermessen eines Dritten erfolgen soll. Die von dem Dritten auf Grund der Anordnung getroffene Bestimmung ist für die Erben nicht verbindlich, wenn sie offenbar unbillig ist; die Bestimmung erfolgt in diesem Falle durch Urteil.

제2045조 분할의 연기

공동상속인은 제1970조에 따라 허용되는 공시최고절차가 종료하거나 제2061조에 규정된 신고기간이 경과할 때까지 분할이 연기될 것을 청구할 수 있다. 최고절차개시의 청구(Antrag)가 없거나 제2061조에 따른 공시최고가 명령되지 않은 경우 연기는 지체없이 청구가 이루어지거나 최고가 명령된 때에만 청구될 수 있다.

제2046조 상속채무의 변제

(1) 유산에서 먼저 상속채무를 변제하여야 한다. 상속채무의 기한이 도래하지 않거나 그 채무가 다투어지는 때에는 변제에 필요한 물건을 인도하지 않아야 한다.

(2) 상속채무가 일부 공동상속인의 책임이 될 때에는 공동상속인은 분할로 그에게 귀속되는 재산으로부터만 변제를 청구할 수 있다.

(3) 변제를 위하여 필요한 때에는 유산은 금전으로 교환될 수 있다.

제2047조 잔여재산의 분배

(1) 상속채무를 변제한 후에 남은 잔여재산은 상속분의 비율로 상속인에게 귀속한다.

(2) 피상속인의 개인적인 관계, 그의 가족 또는 전체 유산과 관계된 문서들은 공유로 한다.

제2048조 피상속인의 분할방법의 지시

피상속인은 사인처분으로 분할에 관하여 지시(Anordnung)를 내릴 수 있다. 그는 특히 제3자의 형평재량에 따라 분할이 이루어지도록 지시할 수 있다. 그 지시에 근거하여 제3자에 의하여 이루어진 확정은 그 확정이 명백하게 형평에 반할 때에는 상속인에 대하여 구속력이 없다; 이 경우 확정은 판결로 이루어진다. <현행민법 제1012조 참조>

§ 2049 Übernahme eines Landguts

(1) Hat der Erblasser angeordnet, dass einer der Miterben das Recht haben soll, ein zum Nachlass gehörendes Landgut zu übernehmen, so ist im Zweifel anzunehmen, dass das Landgut zu dem Ertragswert angesetzt werden soll.

(2) Der Ertragswert bestimmt sich nach dem Reinertrag, den das Landgut nach seiner bisherigen wirtschaftlichen Bestimmung bei ordnungsmäßiger Bewirtschaftung nachhaltig gewähren kann.

§ 2050 Ausgleichungspflicht für Abkömmlinge als gesetzliche Erben

(1) Abkömmlinge, die als gesetzliche Erben zur Erbfolge gelangen, sind verpflichtet, dasjenige, was sie von dem Erblasser bei dessen Lebzeiten als Ausstattung erhalten haben, bei der Auseinandersetzung untereinander zur Ausgleichung zu bringen, soweit nicht der Erblasser bei der Zuwendung ein anderes angeordnet hat.

(2) Zuschüsse, die zu dem Zwecke gegeben worden sind, als Einkünfte verwendet zu werden, sowie Aufwendungen für die Vorbildung zu einem Beruf sind insoweit zur Ausgleichung zu bringen, als sie das den Vermögensverhältnissen des Erblassers entsprechende Maß überstiegen haben.

(3) Andere Zuwendungen unter Lebenden sind zur Ausgleichung zu bringen, wenn der Erblasser bei der Zuwendung die Ausgleichung angeordnet hat.

§ 2051 Ausgleichungspflicht bei Wegfall eines Abkömmlings

(1) Fällt ein Abkömmling, der als Erbe zur Ausgleichung verpflichtet sein würde, vor oder nach dem Erbfall weg, so ist wegen der ihm gemachten Zuwendungen der an seine Stelle tretende Abkömmling zur Ausgleichung verpflichtet.

(2) Hat der Erblasser für den wegfallenden Abkömmling einen Ersatzerben eingesetzt, so ist im Zweifel anzunehmen, dass dieser nicht mehr erhalten soll, als der Abkömmling unter Berücksichtigung der Ausgleichungspflicht erhalten würde.

제2049조 농지의 인수

(1) 피상속인이 공동상속인의 1인이 유산에 속하는 농지를 인수할 권리를 가진다고 지시한 경우, 명백하지 않으면 농지는 수익가치에 따라 정하여지는 것으로 본다.

(2) 수익가치는 농지가 그의 지금까지의 경제적 용도에 좇아 통상적으로 경작할 때에 지속적으로 거둘 수 있는 순이익을 기준으로 정하여진다.

제2050조 법정상속인이 되는 비속을 위한 조정의무

(1) 법정상속인으로 상속하는 비속은, 피상속인이 출연할 때에 달리 지시하지 않은 경우에만, 분할할 때에 그가 피상속인으로부터 그의 생전에 혼수로 취득한 것을 서로 사이에서 조정할 의무를 진다.

(2) 수입으로 사용될 목적으로 지급된 일시금과 직업교육을 위한 지출은 그것이 피상속인의 재산관계에 상당한 정도를 초과한 때에만 조정하여야 한다.

(3) 생존한 사람들 사이의 그 밖의 출연은 피상속인이 출연할 때에 조정을 지시한 때에는 조정되어야 한다.

<비교. 현행민법 제1008조>

제2051조 비속이 없는 경우 조정의무

(1) 상속인으로서 조정의무를 지게 되는 비속이 상속이 개시되기 전 또는 상속이 개시된 후에 없게 된 때에는, 그에게 행하여진 출연을 원인으로 그의 지위를 승계하는 비속이 조정할 의무를 진다.

(2) 피상속인이 탈락한 비속을 위하여 예비상속인을 지정한 때에는, 명백하지 않으면 예비상속인은 비속이 조정의무를 참작하여 취득하게 될 것 이상을 취득하지 못하는 것으로 본다.

<비교. 현행민법 제1008조>

§ 2052 Ausgleichungspflicht für Abkömmlinge als gewillkürte Erben

Hat der Erblasser die Abkömmlinge auf dasjenige als Erben eingesetzt, was sie als gesetzliche Erben erhalten würden, oder hat er ihre Erbteile so bestimmt, dass sie zueinander in demselben Verhältnis stehen wie die gesetzlichen Erbteile, so ist im Zweifel anzunehmen, dass die Abkömmlinge nach den §§ 2050, 2051 zur Ausgleichung verpflichtet sein sollen.

§ 2053 Zuwendung an entfernteren oder angenommenen Abkömmling

(1) Eine Zuwendung, die ein entfernterer Abkömmling vor dem Wegfall des ihn von der Erbfolge ausschließenden näheren Abkömmlings oder ein an die Stelle eines Abkömmlings als Ersatzerbe tretender Abkömmling von dem Erblasser erhalten hat, ist nicht zur Ausgleichung zu bringen, es sei denn, dass der Erblasser bei der Zuwendung die Ausgleichung angeordnet hat.
(2) Das Gleiche gilt, wenn ein Abkömmling, bevor er die rechtliche Stellung eines solchen erlangt hatte, eine Zuwendung von dem Erblasser erhalten hat.

§ 2054 Zuwendung aus dem Gesamtgut

(1) Eine Zuwendung, die aus dem Gesamtgut der Gütergemeinschaft erfolgt, gilt als von jedem der Ehegatten zur Hälfte gemacht. Die Zuwendung gilt jedoch, wenn sie an einen Abkömmling erfolgt, der nur von einem der Ehegatten abstammt, oder wenn einer der Ehegatten wegen der Zuwendung zu dem Gesamtgut Ersatz zu leisten hat, als von diesem Ehegatten gemacht.
(2) Diese Vorschriften sind auf eine Zuwendung aus dem Gesamtgut der fortgesetzten Gütergemeinschaft entsprechend anzuwenden.

제2052조 임의상속인[47]인 비속들을 위한 조정의무

피상속인이 비속들을 그들이 법정상속인으로 취득하게 될 것에 관하여 상속인으로 지정하거나 그들의 상속분을 정하여 상속분들이 서로에 대하여 법정상속분과 동일한 관계에 있게 된 때에는, 명백하지 않으면 비속들이 제2050조와 제2051조에 따라 조정할 의무를 지는 것으로 본다.

제2053조 원친(遠親)의 비속 또는 입양된 비속에 대한 출연

(1) 원친의 비속이 상속순위에서 그에 우선하는 근친의 비속이 없게 되기 전에 취득하거나 예비상속인으로 비속의 지위에 들어선 비속이 피상속인으로부터 취득한 출연은 조정할 의무가 없다. 그러나 피상속인이 출연할 때에 조정을 지시한 경우에는 그러하지 아니하다.

(2) 이는 비속이 그와 같은 비속의 법적 지위를 취득하기 전에 피상속인으로부터 출연을 취득한 때에도 같다.

제2054조 공동재산에서의 출연

(1) 재산공동체의 공동재산에서 이루어진 출연은 각 배우자가 절반하여 한 것으로 본다. 그러나 출연이 배우자 일방으로부터 출생한 비속에게 이루어지거나 배우자 일방이 출연을 원인으로 공동재산에 보상급부를 하여야 할 경우 그 배우자에 의하여 출연이 이루어진 것으로 본다.

(2) 이 규정은 계속 존립하는 재산공동체(die fortgesetzte Gütergemeinschaft)의 공동재산에서 이루어진 출연에 준용된다.

47 유언[사인처분]으로 지정된 상속인.

§ 2055 Durchführung der Ausgleichung

(1) Bei der Auseinandersetzung wird jedem Miterben der Wert der Zuwendung, die er zur Ausgleichung zu bringen hat, auf seinen Erbteil angerechnet. Der Wert der sämtlichen Zuwendungen, die zur Ausgleichung zu bringen sind, wird dem Nachlass hinzugerechnet, soweit dieser den Miterben zukommt, unter denen die Ausgleichung stattfindet.

(2) Der Wert bestimmt sich nach der Zeit, zu der die Zuwendung erfolgt ist.

§ 2056 Mehrempfang

Hat ein Miterbe durch die Zuwendung mehr erhalten, als ihm bei der Auseinandersetzung zukommen würde, so ist er zur Herauszahlung des Mehrbetrags nicht verpflichtet. Der Nachlass wird in einem solchen Falle unter den übrigen Erben in der Weise geteilt, dass der Wert der Zuwendung und der Erbteil des Miterben außer Ansatz bleiben.

§ 2057 Auskunftspflicht

Jeder Miterbe ist verpflichtet, den übrigen Erben auf Verlangen Auskunft über die Zuwendungen zu erteilen, die er nach den §§ 2050 bis 2053 zur Ausgleichung zu bringen hat. Die Vorschriften der §§ 260, 261[48] über die Verpflichtung zur Abgabe der eidesstattlichen Versicherung finden entsprechende Anwendung.

---

48 § 260 Pflichten bei Herausgabe oder Auskunft über Inbegriff von Gegenständen

(1) Wer verpflichtet ist, einen Inbegriff von Gegenständen herauszugeben oder über den Bestand eines solchen Inbegriffs Auskunft zu erteilen, hat dem Berechtigten ein Verzeichnis des Bestands vorzulegen.

(2) Besteht Grund zu der Annahme, dass das Verzeichnis nicht mit der erforderlichen Sorgfalt aufgestellt worden ist, so hat der Verpflichtete auf Verlangen zu Protokoll an Eides statt zu versichern, dass er nach bestem Wissen den Bestand so vollständig angegeben habe, als er dazu imstande sei.

(3) Die Vorschrift des § 259 Abs. 3 findet Anwendung. Jeder Deutsche hat die Vormundschaft, für die er von dem Familiengericht ausgewählt wird, zu übernehmen, sofern nicht seiner Bestellung zum Vormund einer der in den §§ 1780 bis 1784 bestimmten Gründe entgegensteht.

§ 261 Änderung der eidesstattlichen Versicherung; Kosten

(1) Das Gericht kann eine den Umständen entsprechende Änderung der eidesstattlichen Versicherung beschließen.

(2) Die Kosten der Abnahme der eidesstattlichen Versicherung hat derjenige zu tragen, welcher die Abgabe der Versicherung verlangt.

제2055조 조정의 실행

(1) 분할할 때에 각 공동상속인에 대하여 그가 조정하여야 하는 출연의 가액이 그의 상속분에서 공제된다. 조정하여야 하는 출연 전부의 가액은, 유산이 그들 사이에 조정이 일어나는 공동상속인들에게 귀속될 때에는, 유산에 산입된다.

(2) 가액은 출연이 이루어진 시기를 기준으로 확정된다.

<비교. 현행민법 제1008조, 제1009조>

제2056조 초과[과다]수령

공동상속인의 1인이 출연에 의하여 분할의 경우 그에게 귀속될 것보다 초과취득한 때에도, 그는 초과액을 반환할 의무를 지지 아니 한다. 그러한 경우 유산은 출연의 가액과 공동상속인의 상속분을 제외하는 방법으로 다른 상속인들 사이에서 분할된다.

제2057조 안내의무

공동상속인은 다른 상속인의 청구로 그가 제2050조에서 제2053조에 좇아 조정하여야 하는 출연에 관하여 다른 상속인에게 안내할 의무를 진다. 선서에 갈음하는 보증의 제공의무에 관한 제260조와 제261조의 규정[49]이 준용된다.

---

49 제260조 집합물의 반환의무 또는 그에 관한 안내의무

(1) 집합물을 반환하거나 그러한 집합물의 현황에 관하여 안내할 의무를 지는 사람은 권리자에게 재고목록을 제출하여야 한다.

(2) 필요한 주의를 해태하여 목록이 작성되었다고 인정할 사유가 있는 때에는 의무자는 청구가 있으면 조서에 그가 이를 할 수 있는 지위에 있는 것과 같이 최선을 다하여 현황을 완전하게 기재하였다는 것을 보증하여야 한다.

(3) 제259조 제3항의 규정이 준용된다. 모든 독일인은 그의 후견인선임이 제1780조부터 제1784조에 규정된 사유에 위반하지 않을 때에는 그 후견을 위하여 그가 후견법원으로부터 선임된 후견직을 인수하여야 한다.

제261조 선서에 갈음하는 보증의 변경; 비용

(1) 법원은 제반사정에 따른 선서에 갈음하는 보증의 변경을 결정할 수 있다.

(2) 선서에 갈음하는 보증의 면제비용은 보증의 제공을 청구하는 사람이 부담한다.

§ 2057a Ausgleichungspflicht bei besonderen Leistungen eines Abkömmlings

(1) Ein Abkömmling, der durch Mitarbeit im Haushalt, Beruf oder Geschäft des Erblassers während längerer Zeit, durch erhebliche Geldleistungen oder in anderer Weise in besonderem Maße dazu beigetragen hat, dass das Vermögen des Erblassers erhalten oder vermehrt wurde, kann bei der Auseinandersetzung eine Ausgleichung unter den Abkömmlingen verlangen, die mit ihm als gesetzliche Erben zur Erbfolge gelangen; § 2052 gilt entsprechend. Dies gilt auch für einen Abkömmling, der den Erblasser während längerer Zeit gepflegt hat.

(2) Eine Ausgleichung kann nicht verlangt werden, wenn für die Leistungen ein angemessenes Entgelt gewährt oder vereinbart worden ist oder soweit dem Abkömmling wegen seiner Leistungen ein Anspruch aus anderem Rechtsgrund zusteht. Der Ausgleichungspflicht steht es nicht entgegen, wenn die Leistungen nach den §§ 1619[50], 1620[51] erbracht worden sind.

(3) Die Ausgleichung ist so zu bemessen, wie es mit Rücksicht auf die Dauer und den Umfang der Leistungen und auf den Wert des Nachlasses der Billigkeit entspricht.

(4) Bei der Auseinandersetzung wird der Ausgleichungsbetrag dem Erbteil des ausgleichungsberechtigten Miterben hinzugerechnet. Sämtliche Ausgleichungsbeträge werden vom Wert des Nachlasses abgezogen, soweit dieser den Miterben zukommt, unter denen die Ausgleichung stattfindet.

---

50 § 1619 Dienstleistungen in Haus und Geschäft
Das Kind ist, solange es dem elterlichen Hausstand angehört und von den Eltern erzogen oder unterhalten wird, verpflichtet, in einer seinen Kräften und seiner Lebensstellung entsprechenden Weise den Eltern in ihrem Hauswesen und Geschäft Dienste zu leisten.

51 § 1620 Aufwendungen des Kindes für den elterlichen Haushalt
Macht ein dem elterlichen Hausstand angehörendes volljähriges Kind zur Bestreitung der Kosten des Haushalts aus seinem Vermögen eine Aufwendung oder überlässt es den Eltern zu diesem Zwecke etwas aus seinem Vermögen, so ist im Zweifel anzunehmen, dass die Absicht fehlt, Ersatz zu verlangen.

제2057a조 비속에 대한 특별급여의 경우 조정의무

(1) 장기간 피상속인의 가사, 직업과 영업의 협업, 상당한 금전지급 또는 그 밖의 방법으로 피상속인의 재산이 유지 또는 증가되도록 특별한 정도로 기여한 비속은 분할할 때에 그와 함께 법정상속인으로 상속하는 비속 사이에서 조정을 청구할 수 있다: 제2052조가 준용된다. 이는 또한 장기간 피상속인을 간호한 비속에 대하여도 같다.

(2) 급부에 대하여 상당한 대가가 지급되거나 합의된 경우 또는 그의 급부를 원인으로 비속에게 다른 법률원인에서 생기는 청구권이 귀속되는 경우 조정은 청구되지 못한다. 제1619조[52]와 제1620조[53]에 따른 급부가 이행된 때에는 조정의무를 방해하지 아니한다.

(3) 조정은 급부의 기간과 범위, 그리고 유산의 가치를 고려하여 형평에 맞추어 산정된다.

(4) 분할할 때에 조정금은 조정청구권을 가진 공동상속인의 상속분에 가산된다. 모든 조정금은, 유산이 그들 사이에서 조정이 이루어지는 공동상속인에게 귀속될 때에는, 유산의 가액에서 공제된다.

＜현행민법 제1008조, 제1008조의2＞

---

52 제1619조 가정과 영업의 노무제공
자는 부모의 세대(世帶)에 속하고 부모에 의하여 양육·부양될 때에는 그의 능력과 그의 지위에 상당하는 방법으로 가사와 영업에 관하여 부모에게 노무를 제공할 의무가 있다.

53 제1620조 부모의 가사를 위한 자의 지출비용
부모의 세대(世帶)에 편입된 성년의 자(子)가 가사비용의 지급을 위하여 그의 재산에서 비용을 지출하거나 그가 그 목적으로 부모에게 그의 재산에서 다른 것을 인도한 경우, 명백하지 않으면 보상을 청구할 의사가 없는 것으로 본다.

Untertitel 2. Rechtsverhältnis zwischen den Erben und den Nachlassgläubigern

§ 2058 Gesamtschuldnerische Haftung

Die Erben haften für die gemeinschaftlichen Nachlassverbindlichkeiten als Gesamtschuldner.

§ 2059 Haftung bis zur Teilung

(1) Bis zur Teilung des Nachlasses kann jeder Miterbe die Berichtigung der Nachlassverbindlichkeiten aus dem Vermögen, das er außer seinem Anteil an dem Nachlass hat, verweigern. Haftet er für eine Nachlassverbindlichkeit unbeschränkt, so steht ihm dieses Recht in Ansehung des seinem Erbteil entsprechenden Teils der Verbindlichkeit nicht zu.
(2) Das Recht der Nachlassgläubiger, die Befriedigung aus dem ungeteilten Nachlass von sämtlichen Miterben zu verlangen, bleibt unberührt.

§ 2060 Haftung nach der Teilung

Nach der Teilung des Nachlasses haftet jeder Miterbe nur für den seinem Erbteil entsprechenden Teil einer Nachlassverbindlichkeit:
1. wenn der Gläubiger im Aufgebotsverfahren ausgeschlossen ist; das Aufgebot erstreckt sich insoweit auch auf die in § 1972 bezeichneten Gläubiger sowie auf die Gläubiger, denen der Miterbe unbeschränkt haftet;
2. wenn der Gläubiger seine Forderung später als fünf Jahre nach dem in § 1974 Abs. 1 bestimmten Zeitpunkt geltend macht, es sei denn, dass die Forderung vor dem Ablauf der fünf Jahre dem Miterben bekannt geworden oder im Aufgebotsverfahren angemeldet worden ist; die Vorschrift findet keine Anwendung, soweit der Gläubiger nach § 1971 von dem Aufgebot nicht betroffen wird;
3. wenn das Nachlassinsolvenzverfahren eröffnet und durch Verteilung der Masse oder durch einen Insolvenzplan beendigt worden ist.

제 2 관 상속인과 상속채권자의 법률관계

제2058조 연대책임

상속인들은 공동의 상속채무에 대하여 연대채무자로 책임을 진다.

제2059조 분할까지의 책임

(1) 유산을 분할할 때까지 각 공동상속인은 유산에 대한 그의 지분 외에 그가 가지는 재산으로부터 상속채무의 변제를 거절할 수 있다. 그가 상속채무에 대하여 무한으로 책임질 때에는, 그의 상속분에 상당하는 채무부분에 관하여 이 권리가 그에게 주어지지 아니한다.

(2) 공동상속인 전부에 대하여 분할되지 않은 유산으로부터 변제를 청구할 수 있는 상속채권자의 권리는 영향을 받지 아니한다.

<현행민법 제1015조>

제2060조 분할 후의 책임

유산을 분할한 후에는 각 공동상속인은 다음 각호의 경우 그의 상속분에 상당하는 상속채무의 부분에 대하여만 책임을 진다:

1. 채권자가 최고절차에서 제외된 경우; 최고는 제1972조에 규정된 채권자와 공동상속인이 무한으로 책임을 지는 채권자에게도 미친다;

2. 채권자가 그의 채권을 제1974조 제1항에 규정된 때로부터 5년이 경과한 후에 그의 채권을 행사하는 경우. 그러나 채권이 5년의 기간이 경과하기 전에 공동상속인에게 알려지거나 최고절차에서 신고된 때에는 그러하지 아니하다; 이 규정은 채권자가 제1971조에 따라 최고의 적용을 받지 아니하는 때에는 적용되지 아니한다;

3. 유산파산절차가 개시되거나 재단의 배당 또는 회생계획으로 종료된 경우.

<현행민법 제1016조>

§ 2061 Aufgebot der Nachlassgläubiger

(1) Jeder Miterbe kann die Nachlassgläubiger öffentlich auffordern, ihre Forderungen binnen sechs Monaten bei ihm oder bei dem Nachlassgericht anzumelden. Ist die Aufforderung erfolgt, so haftet nach der Teilung jeder Miterbe nur für den seinem Erbteil entsprechenden Teil einer Forderung, soweit nicht vor dem Ablauf der Frist die Anmeldung erfolgt oder die Forderung ihm zur Zeit der Teilung bekannt ist.
(2) Die Aufforderung ist durch den Bundesanzeiger und durch das für die Bekanntmachungen des Nachlassgerichts bestimmte Blatt zu veröffentlichen. Die Frist beginnt mit der letzten Einrückung. Die Kosten fallen dem Erben zur Last, der die Aufforderung erlässt.

§ 2062 Antrag auf Nachlassverwaltung

Die Anordnung einer Nachlassverwaltung kann von den Erben nur gemeinschaftlich beantragt werden; sie ist ausgeschlossen, wenn der Nachlass geteilt ist.

§ 2063 Errichtung eines Inventars, Haftungsbeschränkung

(1) Die Errichtung des Inventars durch einen Miterben kommt auch den übrigen Erben zustatten, soweit nicht ihre Haftung für die Nachlassverbindlichkeiten unbeschränkt ist.
(2) Ein Miterbe kann sich den übrigen Erben gegenüber auf die Beschränkung seiner Haftung auch dann berufen, wenn er den anderen Nachlassgläubigern gegenüber unbeschränkt haftet.

제2061조 상속채권자에 대한 최고

(1) 각 공동상속인은 상속채권자에게 그 채권을 6개월 내에 그에게 또는 상속법원에 신고할 것을 공시 최고할 수 있다. 최고가 있으면 분할한 후에는, 그 기간이 경과하기 전에 신고가 이루어지거나 분할할 때에 채권이 그에게 알려지지 않으면, 공동상속인은 그의 상속분에 상당하는 채권부분에 대하여만 책임을 진다.

(2) 최고는 연방관보 또는 상속법원의 공고를 위하여 지정된 신문에 공포되어야 한다. 그 기간은 최종판으로 개시한다. 비용은 최고를 공지하는 상속인의 부담으로 한다.

제2062조 유산관리의 신청

유산관리의 명령(Anordnung)은 상속인이 공동으로만 신청할 수 있다; 유산관리의 명령은 유산이 분할된 때에는 배제된다.

제2063조 재산목록의 작성, 책임제한

(1) 각 공동상속인에 의한 재산목록의 작성은, 상속채무에 대한 다른 상속인의 책임이 무한이 아닐 때에는, 다른 상속인에게도 적용된다.

(2) 공동상속인이 다른 상속채권자에게 무한으로 책임을 질 때에도, 그는 다른 상속인에 대하여 그의 책임의 제한을 주장할 수 있다.

Abschnitt 3. Testament

Titel 1. Allgemeine Vorschriften

§ 2064 Persönliche Errichtung

Der Erblasser kann ein Testament nur persönlich errichten.

§ 2065 Bestimmung durch Dritte

(1) Der Erblasser kann eine letztwillige Verfügung nicht in der Weise treffen, dass ein anderer zu bestimmen hat, ob sie gelten oder nicht gelten soll.

(2) Der Erblasser kann die Bestimmung der Person, die eine Zuwendung erhalten soll, sowie die Bestimmung des Gegenstands der Zuwendung nicht einem anderen überlassen.

§ 2066 Gesetzliche Erben des Erblassers

Hat der Erblasser seine gesetzlichen Erben ohne nähere Bestimmung bedacht, so sind diejenigen, welche zur Zeit des Erbfalls seine gesetzlichen Erben sein würden, nach dem Verhältnis ihrer gesetzlichen Erbteile bedacht. Ist die Zuwendung unter einer aufschiebenden Bedingung oder unter Bestimmung eines Anfangstermins gemacht und tritt die Bedingung oder der Termin erst nach dem Erbfall ein, so sind im Zweifel diejenigen als bedacht anzusehen, welche die gesetzlichen Erben sein würden, wenn der Erblasser zur Zeit des Eintritts der Bedingung oder des Termins gestorben wäre.

§ 2067 Verwandte des Erblassers

Hat der Erblasser seine Verwandten oder seine nächsten Verwandten ohne nähere Bestimmung bedacht, so sind im Zweifel diejenigen Verwandten, welche zur Zeit des Erbfalls seine gesetzlichen Erben sein würden, als nach dem Verhältnis ihrer gesetzlichen Erbteile bedacht anzusehen. Die Vorschrift des § 2066 Satz 2 findet Anwendung.

제 3 장 유언

제 1 절 총칙

제2064조 일신전속적 작성

피상속인 본인만이 유언을 작성할 수 있다.

제2065조 제3자에 의한 확정

(1) 피상속인은 타인이 사인처분이 효력을 가지는지 그렇지 않은지를 정하는 방법으로 사인처분을 할 수 없다.

(2) 피상속인은 출연을 취득할 사람의 지정과 출연목적물의 확정을 타인에게 위임할 수 없다.

제2066조 피상속인의 법정상속인

피상속인이 상세한 지정(Bestimmung) 없이 그의 법정상속인을 지명한 때에는, 상속이 개시될 때에 그의 법정상속인이 되었을 사람이 그의 법정상속분의 비율로 지명된다. 출연이 정지조건부 또는 시기부로 이루어지고 조건 또는 기한이 상속이 개시된 후에 성취되거나 도래한 때에는, 명백하지 않으면 피상속인이 조건이 성취되거나 기한이 도래한 때에 사망하였다면 법정상속인이 되었을 사람이 지명된 것으로 본다.

제2067조 피상속인의 친족

피상속인이 상세한 지정 없이 그의 친족이나 그의 최근친을 지명한 때에는, 명백하지 않으면 상속이 개시된 때에 그의 법정상속인이 되었을 그러한 친족이 그의 법정상속분의 비율로 지명된 것으로 본다. 제2066조 2문의 규정이 적용된다.

§ 2068 Kinder des Erblassers

Hat der Erblasser seine Kinder ohne nähere Bestimmung bedacht und ist ein Kind vor der Errichtung des Testaments mit Hinterlassung von Abkömmlingen gestorben, so ist im Zweifel anzunehmen, dass die Abkömmlinge insoweit bedacht sind, als sie bei der gesetzlichen Erbfolge an die Stelle des Kindes treten würden.

§ 2069 Abkömmlinge des Erblassers

Hat der Erblasser einen seiner Abkömmlinge bedacht und fällt dieser nach der Errichtung des Testaments weg, so ist im Zweifel anzunehmen, dass dessen Abkömmlinge insoweit bedacht sind, als sie bei der gesetzlichen Erbfolge an dessen Stelle treten würden.

§ 2070 Abkömmlinge eines Dritten

Hat der Erblasser die Abkömmlinge eines Dritten ohne nähere Bestimmung bedacht, so ist im Zweifel anzunehmen, dass diejenigen Abkömmlinge nicht bedacht sind, welche zur Zeit des Erbfalls oder, wenn die Zuwendung unter einer aufschiebenden Bedingung oder unter Bestimmung eines Anfangstermins gemacht ist und die Bedingung oder der Termin erst nach dem Erbfall eintritt, zur Zeit des Eintritts der Bedingung oder des Termins noch nicht gezeugt sind.

§ 2071 Personengruppe

Hat der Erblasser ohne nähere Bestimmung eine Klasse von Personen oder Personen bedacht, die zu ihm in einem Dienst- oder Geschäftsverhältnis stehen, so ist im Zweifel anzunehmen, dass diejenigen bedacht sind, welche zur Zeit des Erbfalls der bezeichneten Klasse angehören oder in dem bezeichneten Verhältnis stehen.

제2068조 피상속인의 자녀

피상속인이 상세한 지정 없이 그의 자녀를 지명하고 자녀의 1인이 유언을 작성하기 전에 비속을 남기고 사망한 때에는, 명백하지 않으면 그 비속이 법정상속순위에서 [사망한] 자녀의 지위를 승계하여 지명된 것으로 본다.
<현행민법 제1010조 참조>

제2069조 피상속인의 비속

피상속인이 그의 비속 중 1인을 지명하고 그 비속이 유언을 작성한 후에 사망한 때에는, 명백하지 않으면 지명된 비속의 비속이 법정상속순위에서 그의 지위를 승계하게 될 경우에는 그가 지명된 것으로 본다.
<현행민법 제1010조, 제1076조, 제1089조 참조>

제2070조 제3자의 비속

피상속인이 상세한 지정 없이 제3자의 비속을 지명한 때에는, 명백하지 않으면 상속이 개시된 때 또는 출연이 정지조건부 또는 시기부로 이루어지고 상속이 개시된 후에 비로소 조건이 성취되거나 기한이 도래한 경우에는 조건이 성취하거나 기한이 도래한 때에 아직 출생하지 않은 비속은 지명되지 않은 것으로 본다.

제2071조 사람의 집단

피상속인이 상세한 지정 없이 그에게 고용관계 또는 거래관계에 있는 일단(一團)의 사람이나 사람들을 지명한 때에는, 명백하지 않으면 상속이 개시된 때에 표시된 사람의 집단에 속하거나 표시된 관계에 있는 사람들이 지명된 것으로 본다.

§ 2072 Die Armen

Hat der Erblasser die Armen ohne nähere Bestimmung bedacht, so ist im Zweifel anzunehmen, dass die öffentliche Armenkasse der Gemeinde, in deren Bezirk er seinen letzten Wohnsitz gehabt hat, unter der Auflage bedacht ist, das Zugewendete unter Arme zu verteilen.

§ 2073 Mehrdeutige Bezeichnung

Hat der Erblasser den Bedachten in einer Weise bezeichnet, die auf mehrere Personen passt, und lässt sich nicht ermitteln, wer von ihnen bedacht werden sollte, so gelten sie als zu gleichen Teilen bedacht.

§ 2074 Aufschiebende Bedingung

Hat der Erblasser eine letztwillige Zuwendung unter einer aufschiebenden Bedingung gemacht, so ist im Zweifel anzunehmen, dass die Zuwendung nur gelten soll, wenn der Bedachte den Eintritt der Bedingung erlebt.

§ 2075 Auflösende Bedingung

Hat der Erblasser eine letztwillige Zuwendung unter der Bedingung gemacht, dass der Bedachte während eines Zeitraums von unbestimmter Dauer etwas unterlässt oder fortgesetzt tut, so ist, wenn das Unterlassen oder das Tun lediglich in der Willkür des Bedachten liegt, im Zweifel anzunehmen, dass die Zuwendung von der auflösenden Bedingung abhängig sein soll, dass der Bedachte die Handlung vornimmt oder das Tun unterlässt.

§ 2076 Bedingung zum Vorteil eines Dritten

Bezweckt die Bedingung, unter der eine letztwillige Zuwendung gemacht ist, den Vorteil eines Dritten, so gilt sie im Zweifel als eingetreten, wenn der Dritte die zum Eintritt der Bedingung erforderliche Mitwirkung verweigert.

제2072조 가난한 사람 [빈민]

피상속인이 상세한 지정 없이 가난한 사람들을 지명한 때에는, 명백하지 않으면 출연된 재산을 가난한 사람들 사이에서 분할하는 것을 부담으로 하여 그 관할 안에 피상속인이 최종 거소(Wohnsitz)를 가졌던 지방자치단체의 공적 빈민구제기금이 지명된 것으로 본다.

제2073조 다의적 표시

피상속인이 피지명인[수증자로 지명된 사람]을 여러 명에 해당하는 방식으로 표시하여 그에 의하여 지명된 사람을 찾을 수 없을 때에는, 그들에게 균등한 지분으로 지명된 것으로 본다.

제2074조 정지조건

피상속인이 정지조건부로 사인출연을 한 때에는, 명백하지 않으면 지명자가 조건이 성취된 때에 생존한 경우에만 출연이 유효한 것으로 본다.
<현행민법 제1073조 제2항, 제1076조 참조>

제2075조 해제조건

피상속인이 피지명자가 불확정의 기간 동안 어떤 일을 하지 않거나 계속하는 것을 조건으로 사인출연을 한 경우 부작위 또는 작위가 오직 피지명인의 재량에 맡겨진 때에는, 명백하지 않으면 출연은 피지명인이 어떤 행위를 하거나 행위를 하지 않는 해제조건이 있는 것으로 본다.

제2076조 제3자의 이익을 위한 조건

사인출연이 조건부로 이루어지고 조건이 제3자의 이익을 목적으로 하는 경우, 명백하지 않으면 제3자가 조건의 성취를 위하여 요구되는 협력을 거절할 때에 조건이 성취된 것으로 본다.

§ 2077 Unwirksamkeit letztwilliger Verfügungen bei Auflösung der Ehe oder Verlobung

(1) Eine letztwillige Verfügung, durch die der Erblasser seinen Ehegatten bedacht hat, ist unwirksam, wenn die Ehe vor dem Tode des Erblassers aufgelöst worden ist. Der Auflösung der Ehe steht es gleich, wenn zur Zeit des Todes des Erblassers die Voraussetzungen für die Scheidung der Ehe gegeben waren und der Erblasser die Scheidung beantragt oder ihr zugestimmt hatte. Das Gleiche gilt, wenn der Erblasser zur Zeit seines Todes berechtigt war, die Aufhebung der Ehe zu beantragen, und den Antrag gestellt hatte.

(2) Eine letztwillige Verfügung, durch die der Erblasser seinen Verlobten bedacht hat, ist unwirksam, wenn das Verlöbnis vor dem Tode des Erblassers aufgelöst worden ist.

(3) Die Verfügung ist nicht unwirksam, wenn anzunehmen ist, dass der Erblasser sie auch für einen solchen Fall getroffen haben würde.

§ 2078 Anfechtung wegen Irrtums oder Drohung

(1) Eine letztwillige Verfügung kann angefochten werden, soweit der Erblasser über den Inhalt seiner Erklärung im Irrtum war oder eine Erklärung dieses Inhalts überhaupt nicht abgeben wollte und anzunehmen ist, dass er die Erklärung bei Kenntnis der Sachlage nicht abgegeben haben würde.

(2) Das Gleiche gilt, soweit der Erblasser zu der Verfügung durch die irrige Annahme oder Erwartung des Eintritts oder Nichteintritts eines Umstands oder widerrechtlich durch Drohung bestimmt worden ist.

(3) Die Vorschrift des § 122[54] findet keine Anwendung.

---

54 § 122 Schadensersatzpflicht des Anfechtenden

(1) Ist eine Willenserklärung nach § 118 nichtig oder auf Grund der §§ 119, 120 angefochten, so hat der Erklärende, wenn die Erklärung einem anderen gegenüber abzugeben war, diesem, andernfalls jedem Dritten den Schaden zu ersetzen, den der andere oder der Dritte dadurch erleidet, dass er auf die Gültigkeit der Erklärung vertraut, jedoch nicht über den Betrag des Interesses hinaus, welches der andere oder der Dritte an der Gültigkeit der Erklärung hat.

(2) Die Schadensersatzpflicht tritt nicht ein, wenn der Beschädigte den Grund der Nichtigkeit oder der Anfechtbarkeit kannte oder infolge von Fahrlässigkeit nicht kannte (kennen musste).

제2077조 혼인 또는 약혼해소의 경우 사인처분의 무효

(1) 피상속인이 그의 배우자를 지명하는 사인처분은 혼인이 피상속인이 사망하기 전에 해소된 때에는 무효이다. 피상속인이 사망한 시기에 이혼요건이 성립하고 피상속인이 이혼을 청구하거나 이혼에 동의한 때에도 혼인의 해소와 같다. 피상속인이 그가 사망할 때에 혼인의 해소를 청구할 권리가 있었고 이를 청구한 때에도 마찬가지이다.

(2) 피상속인이 그의 약혼상대방을 지명하는 사인처분은 약혼이 피상속인이 사망하기 전에 해소된 때에는 무효이다.

(3) 피상속인이 그 경우에도 사인처분을 하였을 것으로 인정되는 때에는 처분은 무효가 되지 아니한다.

제2078조 착오 · 강박을 원인으로 하는 취소

(1) 피상속인이 그의 의사표시의 내용에 관하여 착오에 빠졌거나 그러한 내용의 의사표시를 하지 않으려고 하였고 그가 경위를 알았더라면 의사표시를 하지 않았을 것이라고 인정될 때에는 사인처분은 취소될 수 있다.

(2) 피상속인이 어떤 사정의 발생 또는 미발생에 대한 잘못된 인정이나 기대에서 또는 강박에 의하여 위법하게 처분을 결정하게 된 때에도 그러하다.

(3) 제122조[55]의 규정은 적용되지 아니한다.

<비교. 현행민법 제1090조>

---

55 제122조 취소자의 손해배상의무

(1) 의사표시가 제118조(진지성의 흠결)에 따라 무효이거나 제119조(착오를 원인으로 하는 취소)와 제120조(잘못된 전달로 인한 취소)를 원인으로 취소된 때에는 표의자는 의사표시가 상대방에게 표시된 때에는 그 사람에게, 그렇지 않은 경우에는 모든 제3자에게 상대방 또는 제3자가 그가 의사표시의 유효를 믿음으로 인하여 입은 손해를 배상하여야 하며, 상대방 또는 제3자가 의사표시의 유효에 가지는 이익액을 넘는 때에는 그러하지 아니하다.

(2) 손해배상의무는 피해자가 무효 또는 취소사유를 알았거나 과실로 알지 못한 때(알았어야 하였던 때)에는 발생하지 아니한다.

§ 2079 Anfechtung wegen Übergehung eines Pflichtteilsberechtigten

Eine letztwillige Verfügung kann angefochten werden, wenn der Erblasser einen zur Zeit des Erbfalls vorhandenen Pflichtteilsberechtigten übergangen hat, dessen Vorhandensein ihm bei der Errichtung der Verfügung nicht bekannt war oder der erst nach der Errichtung geboren oder pflichtteilsberechtigt geworden ist. Die Anfechtung ist ausgeschlossen, soweit anzunehmen ist, dass der Erblasser auch bei Kenntnis der Sachlage die Verfügung getroffen haben würde.

§ 2080 Anfechtungsberechtigte

(1) Zur Anfechtung ist derjenige berechtigt, welchem die Aufhebung der letztwilligen Verfügung unmittelbar zustatten kommen würde.

(2) Bezieht sich in den Fällen des § 2078 der Irrtum nur auf eine bestimmte Person und ist diese anfechtungsberechtigt oder würde sie anfechtungsberechtigt sein, wenn sie zur Zeit des Erbfalls gelebt hätte, so ist ein anderer zur Anfechtung nicht berechtigt.

(3) Im Falle des § 2079 steht das Anfechtungsrecht nur dem Pflichtteilsberechtigten zu.

§ 2081 Anfechtungserklärung

(1) Die Anfechtung einer letztwilligen Verfügung, durch die ein Erbe eingesetzt, ein gesetzlicher Erbe von der Erbfolge ausgeschlossen, ein Testamentsvollstrecker ernannt oder eine Verfügung solcher Art aufgehoben wird, erfolgt durch Erklärung gegenüber dem Nachlassgericht.

(2) Das Nachlassgericht soll die Anfechtungserklärung demjenigen mitteilen, welchem die angefochtene Verfügung unmittelbar zustatten kommt. Es hat die Einsicht der Erklärung jedem zu gestatten, der ein rechtliches Interesse glaubhaft macht.

(3) Die Vorschrift des Absatzes 1 gilt auch für die Anfechtung einer letztwilligen Verfügung, durch die ein Recht für einen anderen nicht begründet wird, insbesondere für die Anfechtung einer Auflage.

제2079조 의무상속분권자의 무시(Übergehung)를 원인으로 하는 취소

사인처분은 처분을 작성할 때에 그 존재가 피상속인에게 알려지지 않았거나 작성 후에 출생하거나 의무상속권을 취득하고 상속이 개시할 때에 생존하는 의무상속권자를 무시한 때에는 취소될 수 있다. 피상속인이 경위를 알았더라도 처분하였을 것이라고 인정될 때에는 취소는 금지된다. <비교. 현행민법 제1090조>

제2080조 취소권자

(1) 사인처분의 제거가 그에게 직접 이익이 되는 사람은 취소권을 가진다.

(2) 제2076조의 경우에 착오가 특정한 사람에게만 관한 것이고 그가 취소권을 가지거나 그가 상속이 개시된 때에 생존하였다면 취소권을 가졌을 경우 그 밖의 사람은 취소권을 가지지 아니한다.

(3) 제2079조의 경우 취소권은 의무상속권자에게만 주어진다.

<비교. 현행민법 제999조, 제1090조>

제2081조 취소의 의사표시

(1) 상속인이 지정되거나 법정상속인이 상속에서 배제되거나 유언집행인이 지정되거나 그러한 종류의 처분이 제거되는 사인처분의 취소는 상속법원에 대한 의사표시로 한다.

(2) 상속법원은 취소의 의사표시를 취소된 처분이 직접 이익이 되는 사람에게 통지하여야 한다. 상속법원은 법률상 이익을 증명하는 모든 사람에게 의사표시의 열람을 허용하여야 한다.

(3) 제1항의 규정은 타인을 위한 권리가 발생하지 않는 사인처분의 취소, 특히 부담의 취소에도 적용된다.

§ 2082 Anfechtungsfrist

(1) Die Anfechtung kann nur binnen Jahresfrist erfolgen.

(2) Die Frist beginnt mit dem Zeitpunkt, in welchem der Anfechtungsberechtigte von dem Anfechtungsgrund Kenntnis erlangt. Auf den Lauf der Frist finden die für die Verjährung geltenden Vorschriften der §§ 206, 210, 211 entsprechende Anwendung.

(3) Die Anfechtung ist ausgeschlossen, wenn seit dem Erbfall 30 Jahre verstrichen sind.

§ 2083 Anfechtbarkeitseinrede

Ist eine letztwillige Verfügung, durch die eine Verpflichtung zu einer Leistung begründet wird, anfechtbar, so kann der Beschwerte die Leistung verweigern, auch wenn die Anfechtung nach § 2082 ausgeschlossen ist.

§ 2084 Auslegung zugunsten der Wirksamkeit

Lässt der Inhalt einer letztwilligen Verfügung verschiedene Auslegungen zu, so ist im Zweifel diejenige Auslegung vorzuziehen, bei welcher die Verfügung Erfolg haben kann.

§ 2085 Teilweise Unwirksamkeit

Die Unwirksamkeit einer von mehreren in einem Testament enthaltenen Verfügungen hat die Unwirksamkeit der übrigen Verfügungen nur zur Folge, wenn anzunehmen ist, dass der Erblasser diese ohne die unwirksame Verfügung nicht getroffen haben würde.

§ 2086 Ergänzungsvorbehalt

Ist einer letztwilligen Verfügung der Vorbehalt einer Ergänzung beigefügt, die Ergänzung aber unterblieben, so ist die Verfügung wirksam, sofern nicht anzunehmen ist, dass die Wirksamkeit von der Ergänzung abhängig sein sollte.

제2082조 취소기간

(1) 취소는 1년의 기간 내에만 이루어질 수 있다.

(2) 그 기간은 취소권자가 취소원인을 안 때부터 진행한다. 소멸시효에 적용되는 제206조, 제210조와 제211조의 규정[56]이 기간의 진행에 준용된다.

(3) 상속이 개시된 때부터 30년이 경과한 때에는 취소는 금지된다.

제2083조 취소가능의 항변

급부할 의무가 발생하게 되는 사인처분이 취소가능한 때에는, (유증)의무자(der Beschwerte)는 취소가 제2082조에 따라 취소가 금지된 경우에도 급부를 거절할 수 있다.

제2084조 유효를 위한 해석

사인처분의 내용이 수개의 해석을 허용할 때에는, 명백하지 않으면 그 처분이 효력을 가질 수 있는 그러한 해석이 선호되어야 한다.

제2085조 일부무효

유언에 포함된 수개의 처분 중에서 특정처분의 무효는 무효의 처분이 없었더라면 피상속인이 그러한 처분들을 하지 않았을 것이라고 인정되는 때에만 나머지 처분들의 무효를 효과로 한다.

제2086조 보충유보

보충의 유보가 사인처분에 첨부되었으나 보충이 이루어지지 않은 때에는, 그 유효가 보충에 종속한다고 인정되지 않을 경우에만, 처분은 유효이다.

---

56 독일민법 제1954조 참조.

Titel 2. Erbeinsetzung

§ 2087 Zuwendung des Vermögens, eines Bruchteils oder einzelner Gegenstände

(1) Hat der Erblasser sein Vermögen oder einen Bruchteil seines Vermögens dem Bedachten zugewendet, so ist die Verfügung als Erbeinsetzung anzusehen, auch wenn der Bedachte nicht als Erbe bezeichnet ist.

(2) Sind dem Bedachten nur einzelne Gegenstände zugewendet, so ist im Zweifel nicht anzunehmen, dass er Erbe sein soll, auch wenn er als Erbe bezeichnet ist.

§ 2088 Einsetzung auf Bruchteile

(1) Hat der Erblasser nur einen Erben eingesetzt und die Einsetzung auf einen Bruchteil der Erbschaft beschränkt, so tritt in Ansehung des übrigen Teils die gesetzliche Erbfolge ein.

(2) Das Gleiche gilt, wenn der Erblasser mehrere Erben unter Beschränkung eines jeden auf einen Bruchteil eingesetzt hat und die Bruchteile das Ganze nicht erschöpfen.

§ 2089 Erhöhung der Bruchteile

Sollen die eingesetzten Erben nach dem Willen des Erblassers die alleinigen Erben sein, so tritt, wenn jeder von ihnen auf einen Bruchteil der Erbschaft eingesetzt ist und die Bruchteile das Ganze nicht erschöpfen, eine verhältnismäßige Erhöhung der Bruchteile ein.

§ 2090 Minderung der Bruchteile

Ist jeder der eingesetzten Erben auf einen Bruchteil der Erbschaft eingesetzt und übersteigen die Bruchteile das Ganze, so tritt eine verhältnismäßige Minderung der Bruchteile ein.

제 2 절 상속인지정

제2087조 재산, 지분과 개별 목적물의 출연

(1) 피상속인이 그의 재산이나 그의 재산의 지분을 피지명인에게 출연한 때에는, 피지명인이 상속인으로 표시되지 않은 경우에도 처분을 상속인지정으로 본다.

(2) 피지명인에게 개별 목적물만이 출연된 경우, 명백하지 않으면 그가 상속인으로 표시된 때에도 그가 상속인이 되어야 한다는 것을 인정하여서는 아니된다.

제2088조 지분으로의 지정

(1) 피상속인이 1인의 상속인만을 지정하고 지정을 상속재산의 지분으로 제한한 때에는 나머지 부분에 관하여 법정상속이 일어난다.

(2) 피상속인이 각자에게 지분으로 제한하여 여러 명의 상속인을 지정하고 지분이 전체재산을 소진하지 않을 때에도 마찬가지이다.

제2089조 지분증가

지정된 상속인들이 피상속인의 의사에 따라 단독상속인이 된 경우, 각 상속인이 상속재산의 지분으로 지정되고 지분이 전체재산을 소진하지 않을 때에는, 비율에 따른 지분의 증가가 일어난다.

제2090조 지분감소

각 지정된 상속인이 상속재산의 지분으로 지정되고 지분이 전체재산을 초과하는 때에는 비율에 따른 지분의 감소가 일어난다.

§ 2091 Unbestimmte Bruchteile

Sind mehrere Erben eingesetzt, ohne dass die Erbteile bestimmt sind, so sind sie zu gleichen Teilen eingesetzt, soweit sich nicht aus den §§ 2066 bis 2069 ein anderes ergibt.

§ 2092 Teilweise Einsetzung auf Bruchteile

(1) Sind von mehreren Erben die einen auf Bruchteile, die anderen ohne Bruchteile eingesetzt, so erhalten die letzteren den freigebliebenen Teil der Erbschaft.

(2) Erschöpfen die bestimmten Bruchteile die Erbschaft, so tritt eine verhältnismäßige Minderung der Bruchteile in der Weise ein, dass jeder der ohne Bruchteile eingesetzten Erben so viel erhält wie der mit dem geringsten Bruchteil bedachte Erbe.

§ 2093 Gemeinschaftlicher Erbteil

Sind einige von mehreren Erben auf einen und denselben Bruchteil der Erbschaft eingesetzt (gemeinschaftlicher Erbteil), so finden in Ansehung des gemeinschaftlichen Erbteils die Vorschriften der §§ 2089 bis 2092 entsprechende Anwendung.

§ 2094 Anwachsung

(1) Sind mehrere Erben in der Weise eingesetzt, dass sie die gesetzliche Erbfolge ausschließen, und fällt einer der Erben vor oder nach dem Eintritt des Erbfalls weg, so wächst dessen Erbteil den übrigen Erben nach dem Verhältnis ihrer Erbteile an. Sind einige der Erben auf einen gemeinschaftlichen Erbteil eingesetzt, so tritt die Anwachsung zunächst unter ihnen ein.

(2) Ist durch die Erbeinsetzung nur über einen Teil der Erbschaft verfügt und findet in Ansehung des übrigen Teils die gesetzliche Erbfolge statt, so tritt die Anwachsung unter den eingesetzten Erben nur ein, soweit sie auf einen gemeinschaftlichen Erbteil eingesetzt sind.

(3) Der Erblasser kann die Anwachsung ausschließen.

제2091조 불확정지분

상속지분이 정하여지지 않고 여러 명의 상속인이 지정된 때에는, 제2066조에서 제2069조에 다른 규정이 없으면, 그들은 균분으로 지정된다.

제2092조 일부의 지분지정

(1) 여러 명의 상속인들 중에서 일부는 지분으로, 다른 일부는 지분 없이 지정된 때에는 후자는 상속재산의 나머지 부분을 취득한다.

(2) 정하여진 지분이 상속재산을 소진한 때에는, 지분 없이 지정된 각 상속인은 최소지분으로 지명된 상속인과 같은 정도로 취득하는 방법으로 비율에 따른 지분감소가 일어난다.

제2093조 공동상속분

여러 명의 상속인들 중 일부가 상속재산의 특정된 동일지분으로 지정된 때에는(공동상속분) 공동상속분에 관하여 제2089조에서 제2092조의 규정이 준용된다.

제2094조 지분첨가

(1) 여러 명의 상속인들이 법정상속을 배제하는 방법으로 지정되고 상속인들 중 1인이 상속이 개시되기 전 또는 후에 탈락한 때에는, 그의 상속분은 잔여 상속인에게 그의 상속분의 비율로 첨가된다. 상속인들의 일부가 공동상속분으로 지정된 때에는 지분첨가는 먼저 그들 사이에 일어난다.

(2) 상속인지정으로 상속재산의 일부만이 처분되고 나머지부분에 관하여 법정상속이 일어나는 때에는, 지정된 상속인들이 공동상속분으로 지정된 경우에만 지정된 상속인 사이에서 지분첨가가 일어난다.

(3) 피상속인은 지분첨가를 금지할 수 있다.

§ 2095 Angewachsener Erbteil

Der durch Anwachsung einem Erben anfallende Erbteil gilt in Ansehung der Vermächtnisse und Auflagen, mit denen dieser Erbe oder der wegfallende Erbe beschwert ist, sowie in Ansehung der Ausgleichungspflicht als besonderer Erbteil.

§ 2096 Ersatzerbe

Der Erblasser kann für den Fall, dass ein Erbe vor oder nach dem Eintritt des Erbfalls wegfällt, einen anderen als Erben einsetzen (Ersatzerbe).

§ 2097 Auslegungsregel bei Ersatzerben

Ist jemand für den Fall, dass der zunächst berufene Erbe nicht Erbe sein kann, oder für den Fall, dass er nicht Erbe sein will, als Ersatzerbe eingesetzt, so ist im Zweifel anzunehmen, dass er für beide Fälle eingesetzt ist.

§ 2098 Wechselseitige Einsetzung als Ersatzerben

(1) Sind die Erben gegenseitig oder sind für einen von ihnen die übrigen als Ersatzerben eingesetzt, so ist im Zweifel anzunehmen, dass sie nach dem Verhältnis ihrer Erbteile als Ersatzerben eingesetzt sind.
(2) Sind die Erben gegenseitig als Ersatzerben eingesetzt, so gehen Erben, die auf einen gemeinschaftlichen Erbteil eingesetzt sind, im Zweifel als Ersatzerben für diesen Erbteil den anderen vor.

§ 2099 Ersatzerbe und Anwachsung

Das Recht des Ersatzerben geht dem Anwachsungsrecht vor.

第2095条 지분첨가된 상속분

지분첨가로 상속인에게 귀속되는 상속분은 그 상속인 또는 탈락한 상속인에게 의무지워진 유증과 부담, 그리고 조정의무에 관하여 특별상속분으로 본다.

第2096条 예비상속인

피상속인은 상속인이 상속이 개시되기 전 또는 후에 탈락하는 경우에 대비하여 타인을 상속인으로 지정할 수 있다(예비상속인).

第2097条 예비상속인의 경우 해석규정

처음에 상속인이 된 사람이 상속인이 아닐 경우 또는 그가 상속인이 되지 않기를 원할 경우에 대비하여 어떤 사람이 예비상속인으로 지정된 때에는, 명백하지 않으면 그는 이러한 경우 모두에 관하여 지정된 것으로 본다.

第2098条 상호 예비상속인의 지정

(1) 상속인들이 서로에 대하여 또는 1인의 상속인을 위하여 나머지 상속인들이 예비상속인으로 지정된 때에는, 명백하지 않으면 그들이 상속분의 비율로 예비상속인으로 지정된 것으로 본다.

(2) 상속인들이 서로에 대하여 예비상속인으로 지정된 때에는, 공동상속분으로 지정된 상속인들은 명백하지 않으면 그 상속분에 대하여 예비상속인으로서 다른 상속인에 우선한다.

第2099条 예비상속인과 지분첨가

예비상속인의 권리는 지분첨가권에 우선한다.

Titel 3. Einsetzung eines Nacherbens

§ 2100 Nacherbe

Der Erblasser kann einen Erben in der Weise einsetzen, dass dieser erst Erbe wird, nachdem zunächst ein anderer Erbe geworden ist (Nacherbe).

§ 2101 Noch nicht gezeugter Nacherbe

(1) Ist eine zur Zeit des Erbfalls noch nicht gezeugte Person als Erbe eingesetzt, so ist im Zweifel anzunehmen, dass sie als Nacherbe eingesetzt ist. Entspricht es nicht dem Willen des Erblassers, dass der Eingesetzte Nacherbe werden soll, so ist die Einsetzung unwirksam.
(2) Das Gleiche gilt von der Einsetzung einer juristischen Person, die erst nach dem Erbfall zur Entstehung gelangt; die Vorschrift des § 84[57] bleibt unberührt.

§ 2102 Nacherbe und Ersatzerbe

(1) Die Einsetzung als Nacherbe enthält im Zweifel auch die Einsetzung als Ersatzerbe.
(2) Ist zweifelhaft, ob jemand als Ersatzerbe oder als Nacherbe eingesetzt ist, so gilt er als Ersatzerbe.

§ 2103 Anordnung der Herausgabe der Erbschaft

Hat der Erblasser angeordnet, dass der Erbe mit dem Eintritt eines bestimmten Zeitpunkts oder Ereignisses die Erbschaft einem anderen herausgeben soll, so ist anzunehmen, dass der andere als Nacherbe eingesetzt ist.

---

57 § 84 Anerkennung nach Tod des Stifters
Wird die Stiftung erst nach dem Tode des Stifters als rechtsfähig anerkannt, so gilt sie für die Zuwendungen des Stifters als schon vor dessen Tod entstanden.

제 3 절 후상속인(後相續人)의 지정

제2100조 후상속인

피상속인은 타인이 일단 상속인이 된 후에 비로소 상속인이 되는 방법으로 상속인을 지정할 수 있다.

제2101조 아직 출생하지 않은 후상속인

(1) 상속이 개시된 때에 아직 출생하지 않은 사람이 상속인으로 지정된 때에는, 명백하지 않으면 그가 후상속인으로 지정된 것으로 본다. 지정된 사람이 후상속인이 되는 것이 피상속인의 의사와 부합하지 않을 때에는 지정은 무효이다.

(2) 상속이 개시된 후에 설립되는 법인의 지정에 대하여도 같다; 제84조[58]의 규정은 영향을 받지 아니한다.

제2102조 후상속인과 예비상속인

(1) 명백하지 않으면 후상속인으로의 지정은 또한 예비상속인으로의 지정을 포함한다.

(2) 어떤 사람이 예비상속인이나 후상속인으로 지정되었는지 명백하지 않으면 그는 예비상속인으로 본다.

제2103조 상속재산인도지시

피상속인이 상속인이 특정한 기한의 도래 또는 사건의 발생으로 타인에게 상속재산을 인도할 것을 지시한 때에는 그 타인이 후상속인으로 지정된 것으로 본다.

---

58 제84조 설립자가 사망한 후의 승인
재단이 설립자가 사망한 후에 비로소 권리능력이 있는 것으로 승인된 경우 설립자의 출연에 관하여 재단은 이미 그가 사망하기 전에 설립된 것으로 본다.

§ 2104 Gesetzliche Erben als Nacherben

Hat der Erblasser angeordnet, dass der Erbe nur bis zu dem Eintritt eines bestimmten Zeitpunkts oder Ereignisses Erbe sein soll, ohne zu bestimmen, wer alsdann die Erbschaft erhalten soll, so ist anzunehmen, dass als Nacherben diejenigen eingesetzt sind, welche die gesetzlichen Erben des Erblassers sein würden, wenn er zur Zeit des Eintritts des Zeitpunkts oder des Ereignisses gestorben wäre. Der Fiskus gehört nicht zu den gesetzlichen Erben im Sinne dieser Vorschrift.

§ 2105 Gesetzliche Erben als Vorerben

(1) Hat der Erblasser angeordnet, dass der eingesetzte Erbe die Erbschaft erst mit dem Eintritt eines bestimmten Zeitpunkts oder Ereignisses erhalten soll, ohne zu bestimmen, wer bis dahin Erbe sein soll, so sind die gesetzlichen Erben des Erblassers die Vorerben.

(2) Das Gleiche gilt, wenn die Persönlichkeit des Erben durch ein erst nach dem Erbfall eintretendes Ereignis bestimmt werden soll oder wenn die Einsetzung einer zur Zeit des Erbfalls noch nicht gezeugten Person oder einer zu dieser Zeit noch nicht entstandenen juristischen Person als Erbe nach § 2101 als Nacherbeinsetzung anzusehen ist.

§ 2106 Eintritt der Nacherbfolge

(1) Hat der Erblasser einen Nacherben eingesetzt, ohne den Zeitpunkt oder das Ereignis zu bestimmen, mit dem die Nacherbfolge eintreten soll, so fällt die Erbschaft dem Nacherben mit dem Tode des Vorerben an.

(2) Ist die Einsetzung einer noch nicht gezeugten Person als Erbe nach § 2101 Abs. 1 als Nacherbeinsetzung anzusehen, so fällt die Erbschaft dem Nacherben mit dessen Geburt an. Im Falle des § 2101 Abs. 2 tritt der Anfall mit der Entstehung der juristischen Person ein.

제2104조 후상속인으로서 법정상속인

피상속인이 상속인이 특정한 기한이 도래하거나 사건이 발생할 때까지만 상속인이 되어야 한다고 지시하고 그 이후에 상속재산을 취득할 사람을 정하지 않은 때에는, 그가 그 기한이 도래하거나 사건이 발생한 때에 사망하였다면 피상속인의 법정상속인이 되었을 사람이 후상속인으로 지정된 것으로 본다. 국고는 이 규정의 의미에서 법정상속인에 속하지 아니한다.

제2105조 선상속인(先相續人)으로서 법정상속인

(1) 피상속인이 지정된 상속인이 특정한 기한의 도래 또는 사건의 발생으로 상속재산을 취득한다고 지시하고 그때까지 상속인이 되어야 할 사람을 지정하지 않은 때에는, 피상속인의 법정상속인이 선상속인이다.

(2) 이는 상속인 본인이 상속이 개시된 후에 발생한 사건에 의하여 확정되거나 상속이 개시되는 때에 아직 출생하지 않은 사람이나 그 시기에 아직 설립되지 않은 법인을 상속인으로 지정하는 것을 제2101조에 따른 후상속인지정으로 보아야 할 때에도 그러하다.

제2106조 후상속의 개시

(1) 피상속인이 후상속이 개시되는 기한 또는 사건을 정함이 없이 후상속인을 지정한 때에는 상속재산은 선상속인의 사망으로 후상속인에게 귀속한다.

(2) 아직 출생하지 않은 사람의 상속인지정을 제2101조 제1항에 따른 후상속인지정으로 보아야 할 때에는 상속재산은 그의 출생으로 후상속인에게 귀속한다. 제2101조 제2항의 경우 법인의 설립으로 재산귀속이 일어난다.

§ 2107 Kinderloser Vorerbe

Hat der Erblasser einem Abkömmling, der zur Zeit der Errichtung der letztwilligen Verfügung keinen Abkömmling hat oder von dem der Erblasser zu dieser Zeit nicht weiß, dass er einen Abkömmling hat, für die Zeit nach dessen Tode einen Nacherben bestimmt, so ist anzunehmen, dass der Nacherbe nur für den Fall eingesetzt ist, dass der Abkömmling ohne Nachkommenschaft stirbt.

§ 2108 Erbfähigkeit; Vererblichkeit des Nacherbrechts

(1) Die Vorschrift des § 1923 findet auf die Nacherbfolge entsprechende Anwendung.

(2) Stirbt der eingesetzte Nacherbe vor dem Eintritt des Falles der Nacherbfolge, aber nach dem Eintritt des Erbfalls, so geht sein Recht auf seine Erben über, sofern nicht ein anderer Wille des Erblassers anzunehmen ist. Ist der Nacherbe unter einer aufschiebenden Bedingung eingesetzt, so bewendet es bei der Vorschrift des § 2074.

§ 2109 Unwirksamwerden der Nacherbschaft

(1) Die Einsetzung eines Nacherben wird mit dem Ablauf von 30 Jahren nach dem Erbfall unwirksam, wenn nicht vorher der Fall der Nacherbfolge eingetreten ist. Sie bleibt auch nach dieser Zeit wirksam,

1. wenn die Nacherbfolge für den Fall angeordnet ist, dass in der Person des Vorerben oder des Nacherben ein bestimmtes Ereignis eintritt, und derjenige, in dessen Person das Ereignis eintreten soll, zur Zeit des Erbfalls lebt,

2. wenn dem Vorerben oder einem Nacherben für den Fall, dass ihm ein Bruder oder eine Schwester geboren wird, der Bruder oder die Schwester als Nacherbe bestimmt ist.

(2) Ist der Vorerbe oder der Nacherbe, in dessen Person das Ereignis eintreten soll, eine juristische Person, so bewendet es bei der dreißigjährigen Frist.

제2107조 무자녀의 선상속인

피상속인이 사인처분을 작성할 때에 비속[비속의 비속]이 없거나 그 시기에 비속을 가졌는지 피상속인이 알지 못하는 비속을 그가 사망한 이후의 시기에 후상속인으로 지정한 때에는, 비속이 후손 없이 사망한 경우에만 후상속인이 지정된 것으로 본다.

제2108조 상속능력; 후상속권의 상속

(1) 제1923조의 규정은 후상속인에 준용된다.

(2) 지정된 후상속인이 후상속이 개시되기 전이지만 상속이 개시된 후에 사망한 때에는, 피상속인의 다른 의사가 없으면, 그의 권리는 그의 상속인에게 이전한다. 후상속인이 정지조건부로 지정된 때에는 제2074조의 규정을 적용한다.

제2109조 후상속의 무효

(1) 후상속인의 지정은 그 이전에 후상속이 일어나지 않으면 상속이 개시된 때부터 30년의 경과로 무효가 된다. 후상속인의 지정은 다음 각호의 경우에는 그 기간 후에도 효력이 있다.

1. 후상속이 선상속인 또는 후상속인 본인에게 특정 사건이 발생하고 그 사건이 그 본인에게 발생하는 사람이 상속이 개시된 때에 생존한 경우에 관하여 지시된 때.
2. 선상속인 또는 후상속인에게 형제자매가 출생하는 경우에 그 형제자매가 후상속인으로 지정된 때.

(2) 본인에게 사건이 발생하는 선상속인 또는 후상속인이 법인일 때에는 30년의 기간이 적용된다.

§ 2110 Umfang des Nacherbrechts

(1) Das Recht des Nacherben erstreckt sich im Zweifel auf einen Erbteil, der dem Vorerben infolge des Wegfalls eines Miterben anfällt.
(2) Das Recht des Nacherben erstreckt sich im Zweifel nicht auf ein dem Vorerben zugewendetes Vorausvermächtnis.

§ 2111 Unmittelbare Ersetzung

(1) Zur Erbschaft gehört, was der Vorerbe auf Grund eines zur Erbschaft gehörenden Rechts oder als Ersatz für die Zerstörung, Beschädigung oder Entziehung eines Erbschaftsgegenstands oder durch Rechtsgeschäft mit Mitteln der Erbschaft erwirbt, sofern nicht der Erwerb ihm als Nutzung gebührt. Die Zugehörigkeit einer durch Rechtsgeschäft erworbenen Forderung zur Erbschaft hat der Schuldner erst dann gegen sich gelten zu lassen, wenn er von der Zugehörigkeit Kenntnis erlangt; die Vorschriften der §§ 406 bis 408 finden entsprechende Anwendung.
(2) Zur Erbschaft gehört auch, was der Vorerbe dem Inventar eines erbschaftlichen Grundstücks einverleibt.

§ 2112 Verfügungsrecht des Vorerben

Der Vorerbe kann über die zur Erbschaft gehörenden Gegenstände verfügen, soweit sich nicht aus den Vorschriften der §§ 2113 bis 2115 ein anderes ergibt.

§ 2113 Verfügungen über Grundstücke, Schiffe und Schiffsbauwerke; Schenkungen

(1) Die Verfügung des Vorerben über ein zur Erbschaft gehörendes Grundstück oder Recht an einem Grundstück oder über ein zur Erbschaft gehörendes eingetragenes Schiff oder Schiffsbauwerk ist im Falle des Eintritts der Nacherbfolge insoweit unwirksam, als sie das Recht des Nacherben vereiteln oder beeinträchtigen würde.

제2110조 후상속권의 범위

(1) 명백하지 않으면 후상속인의 권리는 공동상속인의 탈락으로 선상속인에게 귀속되는 상속분에 미친다.

(2) 명백하지 않으면 후상속인의 권리는 선상속인에게 출연된 생전유증에 미치지 아니한다.

제2111조 직접대상

(1) 선상속인이 상속재산에 속하는 권리를 원인으로 하거나 상속목적물의 멸실, 훼손 또는 침탈에 대한 배상으로 취득하거나 상속재산을 수단으로 하는 법률행위로 취득한 물건은 취득물이 그에게 용익으로 귀속되는 물건이 아닐 때에는 상속재산에 속한다. 채무자는 그가 법률행위로 취득한 채권이 상속재산에 귀속되는 것을 안 때에는 그 귀속을 그를 상대로 행사하게 하여야 한다; 제406조에서 제408조의 규정[59]이 준용된다. <현행민법 제1083조 참조>

(2) 선상속인이 상속토지의 목록에 편재한 물건도 상속재산에 속한다.

제2112조 선상속인의 처분권

제2113조에서 제2115조의 규정에 달리 정함이 없으면 선상속인은 상속재산에 속하는 목적물을 처분할 수 있다.

제2113조 토지, 선박과 선박구조물의 처분; 증여

(1) 상속재산에 속하는 토지나 토지에 대한 권리, 상속재산에 속하는 등기된 선박과 선박구조물에 관한 선상속인의 처분은 후상속이 개시하는 때에 그 처분이 후상속인의 권리를 소멸하게 하거나 침해할 경우에는 무효이다.

59 독일민법 제2019조 참조.

(2) Das Gleiche gilt von der Verfügung über einen Erbschaftsgegenstand, die unentgeltlich oder zum Zwecke der Erfüllung eines von dem Vorerben erteilten Schenkungsversprechens erfolgt. Ausgenommen sind Schenkungen, durch die einer sittlichen Pflicht oder einer auf den Anstand zu nehmenden Rücksicht entsprochen wird.

(3) Die Vorschriften zugunsten derjenigen, welche Rechte von einem Nichtberechtigten herleiten, finden entsprechende Anwendung.

§ 2114 Verfügungen über Hypothekenforderungen, Grund- und Rentenschulden

Gehört zur Erbschaft eine Hypothekenforderung, eine Grundschuld, eine Rentenschuld oder eine Schiffshypothekenforderung, so steht die Kündigung und die Einziehung dem Vorerben zu. Der Vorerbe kann jedoch nur verlangen, dass das Kapital an ihn nach Beibringung der Einwilligung des Nacherben gezahlt oder dass es für ihn und den Nacherben hinterlegt wird. Auf andere Verfügungen über die Hypothekenforderung, die Grundschuld, die Rentenschuld oder die Schiffshypothekenforderung finden die Vorschriften des § 2113 Anwendung.

§ 2115 Zwangsvollstreckungsverfügungen gegen Vorerben

Eine Verfügung über einen Erbschaftsgegenstand, die im Wege der Zwangsvollstreckung oder der Arrestvollziehung oder durch den Insolvenzverwalter erfolgt, ist im Falle des Eintritts der Nacherbfolge insoweit unwirksam, als sie das Recht des Nacherben vereiteln oder beeinträchtigen würde. Die Verfügung ist unbeschränkt wirksam, wenn der Anspruch eines Nachlassgläubigers oder ein an einem Erbschaftsgegenstand bestehendes Recht geltend gemacht wird, das im Falle des Eintritts der Nacherbfolge dem Nacherben gegenüber wirksam ist.

(2) 이는 무상으로 또는 선상속인이 표시한 증여약정의 이행을 목적으로 이루어진 상속목적물의 처분에도 그러하다. 윤리적 의무 또는 도의관념에 적합한 증여는 그러하지 아니하다.
(3) 그의 권리가 무권리자로부터 연역되는 사람들을 위한 법률규정이 유추 적용된다.

제2114조 저당채권, 토지채무와 정기금채무의 처분

저당채권, 토지채무, 정기금채무 또는 선박저당채권이 상속재산에 속하는 때에는 해지와 추심은 선상속인에게 속한다. 그러나 선상속인은 후상속인이 동의를 제시한 후에 금전이 그에게 지급되거나 그와 후상속인을 위하여 공탁될 것만을 청구할 수 있다. 저당채권, 토지채무, 정기금채무 또는 선박저당채권에 관한 그 밖의 처분에는 제2113조의 규정이 적용된다.

제2115조 선상속인에 대한 강제집행처분

강제집행이나 압류의 방법 또는 파산관재인에 의하여 이루어진 상속목적물의 처분은 후상속이 개시한 경우에는 그 처분이 후상속인의 권리를 소멸하게 하거나 침해할 때에는 무효이다. 상속채권자의 청구권 또는 후상속이 개시한 경우에 후상속인에 대하여 효력이 있는 상속목적물 위에 존재하는 권리가 행사된 때에는 그 처분은 제한 없이 유효이다.

§ 2116 Hinterlegung von Wertpapieren

(1) Der Vorerbe hat auf Verlangen des Nacherben die zur Erbschaft gehörenden Inhaberpapiere nebst den Erneuerungsscheinen[60] bei einer Hinterlegungsstelle mit der Bestimmung zu hinterlegen, dass die Herausgabe nur mit Zustimmung des Nacherben verlangt werden kann. Die Hinterlegung von Inhaberpapieren, die nach § 92[61] zu den verbrauchbaren Sachen gehören, sowie von Zins-,[62] Renten- oder Gewinnanteilscheinen kann nicht verlangt werden. Den Inhaberpapieren stehen Orderpapiere gleich, die mit Blankoindossament versehen sind.
(2) Über die hinterlegten Papiere kann der Vorerbe nur mit Zustimmung des Nacherben verfügen.

§ 2117 Umschreibung; Umwandlung[63]

Der Vorerbe kann die Inhaberpapiere, statt sie nach § 2116 zu hinterlegen, auf seinen Namen mit der Bestimmung umschreiben lassen, dass er über sie nur mit Zustimmung des Nacherben verfügen kann. Sind die Papiere vom Bund oder von einem Land ausgestellt, so kann er sie mit der gleichen Bestimmung in Buchforderungen gegen den Bund oder das Land umwandeln lassen.

§ 2118 Sperrvermerk im Schuldbuch

Gehören zur Erbschaft Buchforderungen gegen den Bund oder ein Land, so ist der Vorerbe auf Verlangen des Nacherben verpflichtet, in das Schuldbuch den Vermerk eintragen zu lassen, dass er über die Forderungen nur mit Zustimmung des Nacherben verfügen kann.

---

60 = Talon.

61 § 92 Verbrauchbare Sachen
(1) Verbrauchbare Sachen im Sinne des Gesetzes sind bewegliche Sachen, deren bestimmungsmäßiger Gebrauch in dem Verbrauch oder in der Veräußerung besteht.
(2) Als verbrauchbar gelten auch bewegliche Sachen, die zu einem Warenlager oder zu einem sonstigen Sachinbegriff gehören, dessen bestimmungsmäßiger Gebrauch in der Veräußerung der einzelnen Sachen besteht.

62 = Kupon.

63 § 806 Umschreibung auf den Namen
Die Umschreibung einer auf den Inhaber lautenden Schuldverschreibung auf den Namen eines bestimmten Berechtigten kann nur durch den Ansteller erfolgen. Der Aussteller ist zur Umschreibung nicht verpflchtet.

제2116조 유가증권의 공탁

(1) 선상속인은 후상속인의 청구가 있으면 개정증서(Erneuerungsscheinen)와 함께 상속재산에 속하는 유가증권을 후상속인의 동의를 얻은 때에만 인도가 청구될 수 있다는 지시를 첨부하여 공탁소에 공탁하여야 한다. 제92조[64]에 따라 소비물에 속하는 소지인증권과 이자증권, 연금증권 또는 이익지분증권의 공탁은 청구될 수 없다. 소지인증권은 백지배서된 지시증권(Orderpapiere)과 같다.

(2) 선상속인은 후상속인이 동의한 때에만 공탁된 증권을 처분할 수 있다.

제2117조 개서; 전환[65]

선상속인은 제2116조에 따른 공탁에 갈음하여 그가 후상속인의 동의를 얻은 때에만 유가증권을 처분할 수 있다는 지시를 첨부하여 그의 이름으로 그 유가증권을 개서하게 할 수 있다. 증권이 연방이나 주에 의하여 발급된 때에는 그는 동일한 지시를 첨부하여 그 증권을 연방 또는 주에 대한 장부상의 채권으로 전환하게 할 수 있다.

제2118조 채무장부의 폐쇄문언

연방이나 주에 대한 장부상의 채권이 상속재산에 속한 때에는 선상속인은 후상속인의 청구로 채무장부에 그가 후상속인의 동의를 얻은 때에만 채권을 처분할 수 있다는 문언(Vermerk)을 기입하게 할 의무를 진다.

---

64 제92조 소비물

(1) 이 법률의 의미에서 소비물은 그 용도에 적합한 사용이 소비 또는 양도에 존재하는 동산이다.

(2) 창고 또는 그밖의 집합물에 속하고 용도에 적합한 사용이 개별 물건의 양도에 존재하는 동산도 소비할 수 있는 것으로 본다.

65 제806조 성명의 개서

소지인에게로 기재된 채권을 특정 권리자의 이름으로 바꾸는 개서는 발급인에 의하여만 이루어질 수 있다. 발급인은 개서의 의무를 지지 아니한다.

§ 2119 Anlegung von Geld

Geld, das nach den Regeln einer ordnungsmäßigen Wirtschaft dauernd anzulegen ist, darf der Vorerbe nur nach den für die Anlegung von Mündelgeld geltenden Vorschriften anlegen.

§ 2120 Einwilligungspflicht des Nacherben

Ist zur ordnungsmäßigen Verwaltung, insbesondere zur Berichtigung von Nachlassverbindlichkeiten, eine Verfügung erforderlich, die der Vorerbe nicht mit Wirkung gegen den Nacherben vornehmen kann, so ist der Nacherbe dem Vorerben gegenüber verpflichtet, seine Einwilligung zu der Verfügung zu erteilen. Die Einwilligung ist auf Verlangen in öffentlich beglaubigter Form zu erklären. Die Kosten der Beglaubigung fallen dem Vorerben zur Last.

§ 2121 Verzeichnis der Erbschaftsgegenstände

(1) Der Vorerbe hat dem Nacherben auf Verlangen ein Verzeichnis der zur Erbschaft gehörenden Gegenstände mitzuteilen. Das Verzeichnis ist mit der Angabe des Tages der Aufnahme zu versehen und von dem Vorerben zu unterzeichnen; der Vorerbe hat auf Verlangen die Unterzeichnung öffentlich beglaubigen zu lassen.

(2) Der Nacherbe kann verlangen, dass er bei der Aufnahme des Verzeichnisses zugezogen wird.

(3) Der Vorerbe ist berechtigt und auf Verlangen des Nacherben verpflichtet, das Verzeichnis durch die zuständige Behörde oder durch einen zuständigen Beamten oder Notar aufnehmen zu lassen.

(4) Die Kosten der Aufnahme und der Beglaubigung fallen der Erbschaft zur Last.

§ 2122 Feststellung des Zustands der Erbschaft

Der Vorerbe kann den Zustand der zur Erbschaft gehörenden Sachen auf seine Kosten durch Sachverständige feststellen lassen. Das gleiche Recht steht dem Nacherben zu.

제2119조 금전의 예치

선상속인은 통상의 관리규정에 따라 계속 예치하여야 하는 금전을 피후견인금전의 예치에 적용되는 규정에 따라 예치하여야 한다.

제2120조 후상속인의 동의의무

적법한 관리, 특히 상속채무의 변제를 위하여 선상속인이 후상속인에 대하여 불이익이 되지 않는 처분이 필요한 경우 후상속인은 선상속인에 대하여 처분에 동의할 의무를 진다. 동의는 청구에 따라 공증방식으로 표시되어야 한다. 공증비용은 선상속인의 부담으로 한다.

제2121조 상속목적물의 명세서

(1) 선상속인은 청구가 있으면 후상속인에게 상속재산에 속하는 목적물의 명세서를 교부하여야 한다. 명세서는 작성일을 기입하여야 하고 선상속인이 서명하여야 한다; 선상속인은 청구가 있으면 서명을 공증하여야 한다.

(2) 후상속인은 그가 명세서의 작성에 참여될 것을 청구할 수 있다.

(3) 선상속인은 명세서를 관할관청이나 관할공무원 또는 공증인에 의하여 작성하게 할 권리가 있고 후상속인의 청구가 있으면 의무를 진다.

(4) 작성과 공증의 비용은 상속재산의 부담으로 한다.

제2122조 상속재산의 상태의 확정

선상속인은 그의 비용으로 상속재산에 속하는 물건의 상태를 전문감정인에게 확정하게 할 수 있다. 후상속인에게도 동일한 권리가 주어진다.

§ 2123 Wirtschaftsplan

(1) Gehört ein Wald zur Erbschaft, so kann sowohl der Vorerbe als der Nacherbe verlangen, dass das Maß der Nutzung und die Art der wirtschaftlichen Behandlung durch einen Wirtschaftsplan festgestellt werden. Tritt eine erhebliche Änderung der Umstände ein, so kann jeder Teil eine entsprechende Änderung des Wirtschaftsplans verlangen. Die Kosten fallen der Erbschaft zur Last.

(2) Das Gleiche gilt, wenn ein Bergwerk oder eine andere auf Gewinnung von Bodenbestandteilen gerichtete Anlage zur Erbschaft gehört.

§ 2124 Erhaltungskosten

(1) Der Vorerbe trägt dem Nacherben gegenüber die gewöhnlichen Erhaltungskosten.

(2) Andere Aufwendungen, die der Vorerbe zum Zwecke der Erhaltung von Erbschaftsgegenständen den Umständen nach für erforderlich halten darf, kann er aus der Erbschaft bestreiten. Bestreitet er sie aus seinem Vermögen, so ist der Nacherbe im Falle des Eintritts der Nacherbfolge zum Ersatz verpflichtet.

§ 2125 Verwendungen; Wegnahmerecht

(1) Macht der Vorerbe Verwendungen auf die Erbschaft, die nicht unter die Vorschrift des § 2124 fallen, so ist der Nacherbe im Falle des Eintritts der Nacherbfolge nach den Vorschriften über die Geschäftsführung ohne Auftrag zum Ersatz verpflichtet.

(2) Der Vorerbe ist berechtigt, eine Einrichtung, mit der er eine zur Erbschaft gehörende Sache versehen hat, wegzunehmen.

§ 2126 Außerordentliche Lasten

Der Vorerbe hat im Verhältnis zu dem Nacherben nicht die außerordentlichen Lasten zu tragen, die als auf den Stammwert der Erbschaftsgegenstände gelegt anzusehen sind. Auf diese Lasten findet die Vorschrift des § 2124 Abs. 2 Anwendung.

제2123조 관리계획

(1) 삼림이 상속재산에 속할 때에는 선상속인과 후상속인은 용익의 정도와 관리행위의 종류가 관리계획으로 확정될 것을 청구할 수 있다. 현저한 사정의 변경이 생긴 때에는 각 당사자는 상당한 관리계획의 변경을 청구할 수 있다. 비용은 상속재산의 부담으로 한다.

(2) 이는 광산 또는 그밖에 지하매장물의 취득을 목적으로 하는 시설이 상속재산에 속할 때에도 그러하다.

제2124조 유지[보전]비용

(1) 선상속인은 후상속인에 대하여 통상의 유지비용을 부담한다.

(2) 선상속인은 그가 사정에 좇아 상속목적물을 유지할 목적에서 필요하다고 인정하는 그 밖의 비용을 상속재산에서 지출할 수 있다. 그가 비용을 그의 재산에서 비용을 지출한 경우 후상속인은 후상속이 개시된 때에 배상할 의무를 진다.

제2125조 비용(Verwendungen); 수거권

(1) 선상속인이 상속재산에 관하여 제2124조에 해당하지 않는 비용을 지출한 경우에는 후상속인은 후상속이 개시된 때에 사무관리에 관한 법률규정에 따라 배상할 의무를 진다.

(2) 선상속인은 그가 상속재산에 속하는 물건에 부속한 설비를 수거할 권리가 있다.

제2126조 특별부담

선상속인은 후상속인과의 관계에서 상속목적물의 본래(원본)가치에 현존하는 것으로 인정되는 특별부담을 지지 아니한다. 이 부담에 관하여 제2124조 제2항의 규정이 적용된다.

§ 2127 Auskunftsrecht des Nacherben

Der Nacherbe ist berechtigt, von dem Vorerben Auskunft über den Bestand der Erbschaft zu verlangen, wenn Grund zu der Annahme besteht, dass der Vorerbe durch seine Verwaltung die Rechte des Nacherben erheblich verletzt.

§ 2128 Sicherheitsleistung

(1) Wird durch das Verhalten des Vorerben oder durch seine ungünstige Vermögenslage die Besorgnis einer erheblichen Verletzung der Rechte des Nacherben begründet, so kann der Nacherbe Sicherheitsleistung verlangen.

(2) Die für die Verpflichtung des Nießbrauchers zur Sicherheitsleistung geltenden Vorschriften des § 1052[66] finden entsprechende Anwendung.

§ 2129 Wirkung einer Entziehung der Verwaltung

(1) Wird dem Vorerben die Verwaltung nach der Vorschrift des § 1052 entzogen, so verliert er das Recht, über Erbschaftsgegenstände zu verfügen.

(2) Die Vorschriften zugunsten derjenigen, welche Rechte von einem Nichtberechtigten herleiten, finden entsprechende Anwendung. Für die zur Erbschaft gehörenden Forderungen ist die Entziehung der Verwaltung dem Schuldner gegenüber erst wirksam, wenn er von der getroffenen Anordnung Kenntnis erlangt oder wenn ihm eine Mitteilung von der Anordnung zugestellt wird. Das Gleiche gilt von der Aufhebung der Entziehung.

---

66 § 1052 Gerichtliche Verwaltung mangels Sicherheitsleistung

(1) Ist der Nießbraucher zur Sicherheitsleistung rechtskräftig verurteilt, so kann der Eigentümer statt der Sicherheitsleistung verlangen, dass die Ausübung des Nießbrauchs für Rechnung des Nießbrauchers einem von dem Gericht zu bestellenden Verwalter übertragen wird. Die Anordnung der Verwaltung ist nur zulässig, wenn dem Nießbraucher auf Antrag des Eigentümers von dem Gericht eine Frist zur Sicherheitsleistung bestimmt worden und die Frist verstrichen ist; sie ist unzulässig, wenn die Sicherheit vor dem Ablauf der Frist geleistet wird.

(2) Der Verwalter steht unter der Aufsicht des Gerichts wie ein für die Zwangsverwaltung eines Grundstücks bestellter Verwalter. Verwalter kann auch der Eigentümer sein.

(3) Die Verwaltung ist aufzuheben, wenn die Sicherheit nachträglich geleistet wird.

제2127조 후상속인의 안내청구권

후상속인은 선상속인이 그의 관리로 후상속인의 권리를 현저히 침해한다고 인정할 사유가 있을 때에는 선상속인으로부터 상속재산의 현황에 관하여 안내를 청구할 권리가 있다.

제2128조 담보제공

(1) 선상속인의 행태 또는 그의 불리한 재산상황으로 인하여 후상속인의 권리에 대한 현저한 침해의 염려가 생긴 때에는 후상속인은 담보제공을 청구할 수 있다.

(2) 용익권자의 담보제공의무에 적용되는 제1052조[67]의 규정이 준용된다.

제2129조 관리박탈의 효력

(1) 제1052조의 규정에 따라 선상속인으로부터 관리가 박탈된 때에는 그는 상속목적물을 처분할 권리를 잃는다.

(2) 그의 권리가 무권리자로부터 연역된 사람을 위한 규정들이 준용된다. 상속재산에 속하는 채권들에 대하여는 관리의 박탈은 채무자가 당해 명령을 알거나 그에게 명령의 통지가 송달된 때에 비로소 채무자에 대하여 효력이 생긴다. 이는 박탈이 취소된 때에도 같다.

---

67 제1052조 담보미제공으로 인한 법원의 관리

(1) 용익권자가 담보제공의 확정판결을 받은 때에는 소유자는 담보제공에 갈음하여 용익권의 행사가 용익권자의 계산으로 법원에 의하여 선임되는 관리인에게 이전될 것을 청구할 수 있다. 관리의 명령은 소유자의 신청에 따라 법원에 의하여 용익권자에게 담보제공의 기간이 정하여지고 그 기간이 경과한 때에만 허용된다; 그 기간이 경과하기 전에 담보가 제공된 때에는 관리의 명령이 허용되지 아니한다.

(2) 관리인은 토지의 강제관리를 위한 관리인과 마찬가지로 법원의 감독을 받는다. 소유자도 관리인이 될 수 있다.

(3) 관리는 후에 담보가 제공된 때에는 종료되어야 한다.

§ 2130 Herausgabepflicht nach dem Eintritt der Nacherbfolge, Rechenschaftspflicht

(1) Der Vorerbe ist nach dem Eintritt der Nacherbfolge verpflichtet, dem Nacherben die Erbschaft in dem Zustand herauszugeben, der sich bei einer bis zur Herausgabe fortgesetzten ordnungsmäßigen Verwaltung ergibt. Auf die Herausgabe eines landwirtschaftlichen Grundstücks findet die Vorschrift des § 596a[68], auf die Herausgabe eines Landguts finden die Vorschriften der §§ 596a, 596b[69] entsprechende Anwendung.

(2) Der Vorerbe hat auf Verlangen Rechenschaft abzulegen.

§ 2131 Umfang der Sorgfaltspflicht

Der Vorerbe hat dem Nacherben gegenüber in Ansehung der Verwaltung nur für diejenige Sorgfalt einzustehen, welche er in eigenen Angelegenheiten anzuwenden pflegt.

---

68 § 596a Ersatzpflicht bei vorzeitigem Pachtende

(1) Endet das Pachtverhältnis im Laufe eines Pachtjahrs, so hat der Verpächter dem Pächter den Wert der noch nicht getrennten, jedoch nach den Regeln einer ordnungsmäßigen Bewirtschaftung vor dem Ende des Pachtjahrs zu trennenden Früchte zu ersetzen. Dabei ist das Ernterisiko angemessen zu berücksichtigen.

(2) Lässt sich der in Absatz 1 bezeichnete Wert aus jahreszeitlich bedingten Gründen nicht feststellen, so hat der Verpächter dem Pächter die Aufwendungen auf diese Früchte insoweit zu ersetzen, als sie einer ordnungsmäßigen Bewirtschaftung entsprechen.

(3) Absatz 1 gilt auch für das zum Einschlag vorgesehene, aber noch nicht eingeschlagene Holz. Hat der Pächter mehr Holz eingeschlagen, als bei ordnungsmäßiger Nutzung zulässig war, so hat er dem Verpächter den Wert der die normale Nutzung übersteigenden Holzmenge zu ersetzen. Die Geltendmachung eines weiteren Schadens ist nicht ausgeschlossen.

69 § 596b Rücklassungspflicht

(1) Der Pächter eines Betriebs hat von den bei Beendigung des Pachtverhältnisses vorhandenen landwirtschaftlichen Erzeugnissen so viel zurückzulassen, wie zur Fortführung der Wirtschaft bis zur nächsten Ernte nötig ist, auch wenn er bei Beginn des Pachtverhältnisses solche Erzeugnisse nicht übernommen hat.

(2) Soweit der Pächter nach Absatz 1 Erzeugnisse in größerer Menge oder besserer Beschaffenheit zurückzulassen verpflichtet ist, als er bei Beginn des Pachtverhältnisses übernommen hat, kann er vom Verpächter Ersatz des Wertes verlangen.

第2130조 후상속이 개시된 후의 인도의무, 보고의무

(1) 선상속인은 후상속이 개시된 때부터 인도할 때까지 계속된 통상적인 관리로 생긴 상태로 상속재산을 인도하여야 한다. 농업경제적 토지의 반환에는 제596a[70]조의 규정이, 농지의 반환에는 제596a조와 제596b조[71]의 규정이 준용된다.

(2) 선상속인은 청구가 있으면 계산서를 제출하여야 한다.

第2131조 배려의무의 범위

선상속인은 후상속인에 대하여 관리에 관하여 그가 자기의 고유한 사무에 기울여야 하는 것과 동일한 주의를 하여야 한다.

---

70 제596a조 부동산용익대차가 조기종료한 경우 배상의무

(1) 용익대차가 임차년 중에 종료한 때에는 임대인은 임차인에게 아직 분리하지 않았으나 통상으로 경작한 경우 임차년이 종료하기 전에 분리할 수 있는 과실의 가액을 배상하여야 한다. 이때 수확위험이 적절하게 참작되어야 한다.

(2) 계절적인 이유로 제1항에 규정된 가액이 확정될 수 없을 때에는, 임대인은 임차인에게 이 과실에 지출한 비용을 그 비용이 통상의 경작에 상당한 한도에서 배상하여야 한다.

(3) 제1항은 또한 벌채가 예정되었지만 아직 벌채하지 않은 목재에도 적용된다. 임차인이 통상의 이용에 허용되는 이상의 목재를 벌채한 경우 그는 임대인에게 일상의 이용을 넘는 목재량의 가액을 배상하여야 한다. 그밖의 손해의 청구는 배제되지 아니한다.

71 제596b조 남김의무

(1) 사업장의 임차인은 비록 그가 용익대차관계가 개시할 때 그러한 농업경영의 생산물을 인수하지 않은 경우에도 다음에 수확할 때까지 경영의 계속을 위하여 필요한 정도로 용익대차관계가 종료할 때에 현존하는 생산물을 남겨야 한다.

(2) 임차인이 제1항에 따라 그가 용익대차관계를 개시할 때에 인수한 것보다 많은 양의 생산물 또는 상등품질의 생산물을 남길 의무를 지는 때에는 그는 임대인에게 가액의 배상을 청구할 수 있다.

§ 2132 Keine Haftung für gewöhnliche Abnutzung

Veränderungen oder Verschlechterungen von Erbschaftssachen, die durch ordnungsmäßige Benutzung herbeigeführt werden, hat der Vorerbe nicht zu vertreten.

§ 2133 Ordnungswidrige oder übermäßige Fruchtziehung

Zieht der Vorerbe Früchte den Regeln einer ordnungsmäßigen Wirtschaft zuwider oder zieht er Früchte deshalb im Übermaß, weil dies infolge eines besonderen Ereignisses notwendig geworden ist, so gebührt ihm der Wert der Früchte nur insoweit, als durch den ordnungswidrigen oder den übermäßigen Fruchtbezug die ihm gebührenden Nutzungen beeinträchtigt werden und nicht der Wert der Früchte nach den Regeln einer ordnungsmäßigen Wirtschaft zur Wiederherstellung der Sache zu verwenden ist.

§ 2134 Eigennützige Verwendung

Hat der Vorerbe einen Erbschaftsgegenstand für sich verwendet, so ist er nach dem Eintritt der Nacherbfolge dem Nacherben gegenüber zum Ersatz des Wertes verpflichtet. Eine weitergehende Haftung wegen Verschuldens bleibt unberührt.

§ 2135 Miet- und Pachtverhältnis bei der Nacherbfolge

Hat der Vorerbe ein zur Erbschaft gehörendes Grundstück oder eingetragenes Schiff vermietet oder verpachtet, so findet, wenn das Miet- oder Pachtverhältnis bei dem Eintritt der Nacherbfolge noch besteht, die Vorschrift des § 1056[72] entsprechende Anwendung.

---

72 § 1056 Miet- und Pachtverhältnisse bei Beendigung des Nießbrauchs
(1) Hat der Nießbraucher ein Grundstück über die Dauer des Nießbrauchs hinaus vermietet oder verpachtet, so finden nach der Beendigung des Nießbrauchs die für den Fall der Veräußerung von vermietetem Wohnraum geltenden Vorschriften der §§ 566, 566a, 566b Abs. 1 und der §§ 566c bis 566e, 567b entsprechende Anwendung.
(2) Der Eigentümer ist berechtigt, das Miet- oder Pachtverhältnis unter Einhaltung der gesetzlichen Kündigungsfrist zu kündigen. Verzichtet der Nießbraucher auf den Nießbrauch, so ist die Kündigung erst von der Zeit an zulässig, zu welcher der Nießbrauch ohne den Verzicht erlöschen würde.
(3) Der Mieter oder der Pächter ist berechtigt, den Eigentümer unter Bestimmung einer angemessenen Frist zur Erklärung darüber aufzufordern, ob er von dem Kündigungsrecht Gebrauch mache. Die Kündigung kann nur bis zum Ablauf der Frist erfolgen.

제2132조 일상의 마모에 대한 책임의 부존재

선상속인은 통상의 용익으로 발생한 상속물의 변경 또는 악화에 대하여 책임지지 아니한다.

제2133조 규정위반 또는 과실의 과다취득

선상속인이 통상의 관리규정을 위반하여 과실을 취득하거나 특별한 사정으로 과실의 과다취득이 요구되어 과다하게 과실을 취득한 경우 규정을 위반하거나 과다한 과실취득으로 그에게 지워진 용익이 침해되고 과실의 가액이 통상의 관리규정에 따르면 물건의 원상회복을 위하여 지출되어서는 아니되는 범위에서 그에게 과실의 가액이 지급되어야 한다.

제2134조 자기이용 비용

선상속인이 그 자신을 위하여 상속목적물을 사용한 때에는, 그는 후상속이 개시된 때부터 후상속인에게 그 가액을 배상할 의무를 진다. 과실(Verschulden)로 인한 책임은 영향을 받지 아니한다.

제2135조 후상속의 경우 임대차관계와 용익대차관계

선상속인이 상속재산에 속하는 토지 또는 등기된 선박을 임대하거나 용익임대한 경우 후상속이 개시할 때에 임대차- 또는 용익대차관계가 존속하는 때에는 제1056조[73]의 규정이 준용된다.

---

73 제1056조 용익권이 종료하는 경우 임대차- 또는 용익대차관계

(1) 용익권자가 토지를 용익권의 존속기간을 넘어 임대하거나 용익임대한 경우 용익권이 이권의 종료한 때부터 임대된 주택을 양도하는 경우에 적용되는 제566조, 제566a조, 제566b조 제2항과 제566c조부터 제566e조, 그리고 제567b조가 준용된다.

(2) 소유자는 법정해지기간을 준수하여 임대차관계와 용익대차관계를 해지할 권리가 있다. 용익권자가 용익권을 포기한 경우, 해지는 용익권이 포기가 없었더라면 소멸하는 때부터 허용된다.

(3) 임차인 또는 용익임차인은 소유자에게 상당한 기간을 정하여 그가 해지권을 행사할 것인지에 관하여 최고할 수 있다. 해지는 그 기간이 경과하기 전까지만 이루어질 수 있다.

§ 2136 Befreiung des Vorerben

Der Erblasser kann den Vorerben von den Beschränkungen und Verpflichtungen des § 2113 Abs. 1 und der §§ 2114, 2116 bis 2119, 2123, 2127 bis 2131, 2133, 2134 befreien.

§ 2137 Auslegungsregel für die Befreiung

(1) Hat der Erblasser den Nacherben auf dasjenige eingesetzt, was von der Erbschaft bei dem Eintritt der Nacherbfolge übrig sein wird, so gilt die Befreiung von allen in § 2136 bezeichneten Beschränkungen und Verpflichtungen als angeordnet.

(2) Das Gleiche ist im Zweifel anzunehmen, wenn der Erblasser bestimmt hat, dass der Vorerbe zur freien Verfügung über die Erbschaft berechtigt sein soll.

§ 2138 Beschränkte Herausgabepflicht

(1) Die Herausgabepflicht des Vorerben beschränkt sich in den Fällen des § 2137 auf die bei ihm noch vorhandenen Erbschaftsgegenstände. Für Verwendungen auf Gegenstände, die er infolge dieser Beschränkung nicht herauszugeben hat, kann er nicht Ersatz verlangen.

(2) Hat der Vorerbe der Vorschrift des § 2113 Abs. 2 zuwider über einen Erbschaftsgegenstand verfügt oder hat er die Erbschaft in der Absicht, den Nacherben zu benachteiligen, vermindert, so ist er dem Nacherben zum Schadensersatz verpflichtet.

§ 2139 Wirkung des Eintritts der Nacherbfolge

Mit dem Eintritt des Falles der Nacherbfolge hört der Vorerbe auf, Erbe zu sein, und fällt die Erbschaft dem Nacherben an.

제2136조 선상속인의 면책

피상속인은 선상속인을 제2113조 제1항과 제2114조, 제2116조에서 제2119조, 제2123조, 제2127조에서 제2131조, 제2133조, 제2134조의 제한과 의무에서 면책할 수 있다.

제2137조 면책의 경우 해석규정

(1) 피상속인이 후상속이 개시된 때에 상속재산 중에서 남은 재산에 관하여 후상속인을 지정한 때에는, 특히 제2136조에 규정된 모든 제한과 의무의 면제가 지시된 것으로 본다.

(2) 명백하지 않으면 이는 피상속인이 선상속인이 상속재산을 자유로이 처분할 권리를 가진다고 정한 때에도 같다.

제2138조 제한된 인도의무

(1) 제2137조의 경우 선상속인의 인도의무는 그에게 현존하는 상속목적물로 제한된다. 그는 그가 그 제한을 근거로 인도할 의무가 없는 상속목적물에 지출한 비용에 관하여 배상을 청구할 수 없다.

(2) 선상속인이 제2113조 제2항에 위반하여 상속목적물을 처분하였거나 후상속인에게 불이익을 줄 의사로 상속재산을 감소한 때에는 그는 후상속인에게 손해배상을 할 의무를 진다.

제2139조 후상속개시의 효과

후상속의 개시로 선상속인이 상속인이 되는 것을 그치고 상속재산은 후상속인에게 귀속한다.

§ 2140 Verfügungen des Vorerben nach Eintritt der Nacherbfolge

Der Vorerbe ist auch nach dem Eintritt des Falles der Nacherbfolge zur Verfügung über Nachlassgegenstände in dem gleichen Umfang wie vorher berechtigt, bis er von dem Eintritt Kenntnis erlangt oder ihn kennen muss. Ein Dritter kann sich auf diese Berechtigung nicht berufen, wenn er bei der Vornahme eines Rechtsgeschäfts den Eintritt kennt oder kennen muss.

§ 2141 Unterhalt der werdenden Mutter eines Nacherben

Ist bei dem Eintritt des Falles der Nacherbfolge die Geburt eines Nacherben zu erwarten, so findet auf den Unterhaltsanspruch der Mutter die Vorschrift des § 1963 entsprechende Anwendung.

§ 2142 Ausschlagung der Nacherbschaft

(1) Der Nacherbe kann die Erbschaft ausschlagen, sobald der Erbfall eingetreten ist.

(2) Schlägt der Nacherbe die Erbschaft aus, so verbleibt sie dem Vorerben, soweit nicht der Erblasser ein anderes bestimmt hat.

§ 2143 Wiederaufleben erloschener Rechtsverhältnisse

Tritt die Nacherbfolge ein, so gelten die infolge des Erbfalls durch Vereinigung von Recht und Verbindlichkeit oder von Recht und Belastung erloschenen Rechtsverhältnisse als nicht erloschen.

§ 2144 Haftung des Nacherben für Nachlassverbindlichkeiten

(1) Die Vorschriften über die Beschränkung der Haftung des Erben für die Nachlassverbindlichkeiten gelten auch für den Nacherben; an die Stelle des Nachlasses tritt dasjenige, was der Nacherbe aus der Erbschaft erlangt, mit Einschluss der ihm gegen den Vorerben als solchen zustehenden Ansprüche.

(2) Das von dem Vorerben errichtete Inventar kommt auch dem Nacherben zustatten.

(3) Der Nacherbe kann sich dem Vorerben gegenüber auf die Beschränkung seiner Haftung auch dann berufen, wenn er den übrigen Nachlassgläubigern gegenüber unbeschränkt haftet.

제2140조 후상속이 개시된 후의 선상속인의 처분

선상속인은 후상속사안이 개시된 후에도 그가 그 개시를 알거나 알아야 할 때까지 이전과 동일한 범위에서 유산목적물을 처분할 권리를 가진다. 제3자는 그가 법률행위를 할 때 개시를 알거나 알아야 할 때에는 이 권리를 주장하지 못한다.

제2141조 후상속인의 장래 모(母)의 부양

후상속사건이 개시할 때에 후상속인의 출생이 기대되는 경우 모의 부양청구권에 관하여 제1963조의 규정이 준용된다.

제2142조 후상속의 포기

(1) 후상속인은 상속이 개시된 때에 상속을 포기할 수 있다.

(2) 후상속인이 상속을 포기한 경우 피상속인이 달리 정함이 없으면 상속재산은 선상속인에게 남는다.

제2143조 소멸한 법률관계의 회생

후상속이 개시된 때에는, 상속의 효과로 인한 권리와 의무 또는 권리와 부담의 혼동으로 소멸한 법률관계는 소멸하지 않은 것으로 본다.

제2144조 상속채무에 대한 후상속인의 책임

(1) 상속채무에 대한 상속인의 책임제한에 관한 규정은 후상속인에게도 적용된다; 선상속인을 상대로 후상속인에게 귀속되는 청구권을 포함하여 후상속인이 상속재산으로부터 취득한 것은 유산에 갈음한다.

(2) 선상속인이 작성한 재산목록은 후상속인에게도 이익이 된다.

(3) 후상속인은 그가 나머지 상속채권자에 대하여 무한책임을 질 때에도 선상속인에 대하여는 그의 책임의 제한을 주장할 수 있다.

§ 2145 Haftung des Vorerben für Nachlassverbindlichkeiten

(1) Der Vorerbe haftet nach dem Eintritt der Nacherbfolge für die Nachlassverbindlichkeiten noch insoweit, als der Nacherbe nicht haftet. Die Haftung bleibt auch für diejenigen Nachlassverbindlichkeiten bestehen, welche im Verhältnis zwischen dem Vorerben und dem Nacherben dem Vorerben zur Last fallen.

(2) Der Vorerbe kann nach dem Eintritt der Nacherbfolge die Berichtigung der Nachlassverbindlichkeiten, sofern nicht seine Haftung unbeschränkt ist, insoweit verweigern, als dasjenige nicht ausreicht, was ihm von der Erbschaft gebührt. Die Vorschriften der §§ 1990, 1991 finden entsprechende Anwendung.

§ 2146 Anzeigepflicht des Vorerben gegenüber Nachlassgläubigern

(1) Der Vorerbe ist den Nachlassgläubigern gegenüber verpflichtet, den Eintritt der Nacherbfolge unverzüglich dem Nachlassgericht anzuzeigen. Die Anzeige des Vorerben wird durch die Anzeige des Nacherben ersetzt.

(2) Das Nachlassgericht hat die Einsicht der Anzeige jedem zu gestatten, der ein rechtliches Interesse glaubhaft macht.

Titel 4. Vermächtnis

§ 2147 Beschwerter

Mit einem Vermächtnis kann der Erbe oder ein Vermächtnisnehmer beschwert werden. Soweit nicht der Erblasser ein anderes bestimmt hat, ist der Erbe beschwert.

§ 2148 Mehrere Beschwerte

Sind mehrere Erben oder mehrere Vermächtnisnehmer mit demselben Vermächtnis beschwert, so sind im Zweifel die Erben nach dem Verhältnis der Erbteile, die Vermächtnisnehmer nach dem Verhältnis des Wertes der Vermächtnisse beschwert.

제2145조 상속채무에 대한 선상속인의 책임

(1) 선상속인은 후상속이 개시된 때부터 상속채무에 대하여 후상속인이 책임지지 않는 범위에서 책임을 진다. 그 책임은 선상속인과 후상속인의 관계에서 선상속인의 부담이 되는 상속채무에 대하여도 존속한다.

(2) 선상속인은 그의 책임이 무한이 아닌 때에는 후상속이 개시된 때부터 상속채무를 변제할 수 있고 상속재산으로부터 그에게 귀속되는 것이 충분하지 않을 때에는 상속채무의 변제를 거부할 수 있다. 제1990조와 제1991조의 규정이 준용된다.

제2146조 상속채권자에 대한 선상속인의 통지의무

(1) 선상속인은 상속채권자에 대하여 후상속의 개시를 지체없이 상속법원에 통지할 의무를 진다. 선상속인의 통지는 후상속인의 통지로 대체된다.

(2) 상속법원은 법률상 이익을 증명하는 모든 사람에게 통지의 열람을 허용하여야 한다.

제 4 절 유증

제2147조 유증의무자

유증으로 상속인 또는 수증자에게 의무지워질 수 있다. 피상속인이 달리 정하지 않으면 상속인에게 의무지워진다. <현행민법 제1077조 참조>

제2148조 여러 명의 유증의무자

동일한 유증으로 여러 명의 상속인이나 여러 명의 수증자가 의무지워진 때에는, 명백하지 않으면 상속인은 상속분의 비율로, 수증자는 유증의 가액의 비율로 의무지워진다. <현행민법 제408조 참조>

§ 2149 Vermächtnis an die gesetzlichen Erben

Hat der Erblasser bestimmt, dass dem eingesetzten Erben ein Erbschaftsgegenstand nicht zufallen soll, so gilt der Gegenstand als den gesetzlichen Erben vermacht. Der Fiskus gehört nicht zu den gesetzlichen Erben im Sinne dieser Vorschrift.

§ 2150 Vorausvermächtnis

Das einem Erben zugewendete Vermächtnis (Vorausvermächtnis) gilt als Vermächtnis auch insoweit, als der Erbe selbst beschwert ist.

§ 2151 Bestimmungsrecht des Beschwerten oder eines Dritten bei mehreren Bedachten

(1) Der Erblasser kann mehrere mit einem Vermächtnis in der Weise bedenken, dass der Beschwerte oder ein Dritter zu bestimmen hat, wer von den mehreren das Vermächtnis erhalten soll.

(2) Die Bestimmung des Beschwerten erfolgt durch Erklärung gegenüber demjenigen, welcher das Vermächtnis erhalten soll; die Bestimmung des Dritten erfolgt durch Erklärung gegenüber dem Beschwerten.

(3) Kann der Beschwerte oder der Dritte die Bestimmung nicht treffen, so sind die Bedachten Gesamtgläubiger. Das Gleiche gilt, wenn das Nachlassgericht dem Beschwerten oder dem Dritten auf Antrag eines der Beteiligten eine Frist zur Abgabe der Erklärung bestimmt hat und die Frist verstrichen ist, sofern nicht vorher die Erklärung erfolgt. Der Bedachte, der das Vermächtnis erhält, ist im Zweifel nicht zur Teilung verpflichtet.

§ 2152 Wahlweise Bedachte

Hat der Erblasser mehrere mit einem Vermächtnis in der Weise bedacht, dass nur der eine oder der andere das Vermächtnis erhalten soll, so ist anzunehmen, dass der Beschwerte bestimmen soll, wer von ihnen das Vermächtnis erhält.

제2149조 법정상속인에 대한 유증

피상속인이 어떤 상속목적물이 지정된 상속인에게 귀속되어서는 아니된다고 정한 때에는, 그 물건은 법정상속인에게 유증된 것으로 본다. 국고는 이 규정의 의미에서 법정상속인이 되지 아니한다.

제2150조 생전유증

상속인에게 출연된 유증(생전유증)은 상속인 자신이 의무지워진 때에는 유증으로 본다.

제2151조 여러 명의 피지명인이 있는 경우 의무자 또는 제3자의 지정권

(1) 피상속인은 의무자 또는 제3자가 여러 명 중에서 유증을 취득하는 사람을 특정하여야 하는 방법으로 여러 명에게 유증할 수 있다.

(2) 의무자의 특정은 유증을 취득할 사람에 대한 의사표시로 이루어진다; 제3자의 특정은 의무자에 대한 의사표시로 이루어진다.

(3) 의무자 또는 제3자가 특정할 수 없을 때에는 피지명인들은 연대채권자이다. 이는 상속법원이 이해관계인의 신청으로 의무자 또는 제3자에게 의사표시를 하는 기간을 정하였고 그 이전에 의사표시가 없이 그 기간이 경과한 때에도 같다. 유증을 취득하는 피지명인은 명백하지 않으면 분할할 의무를 지지 아니한다.

제2152조 선택적 피지명인[수증자]

피상속인이 여러 명 중 1인만이 유증을 취득하여야 하는 방법으로 여러 명을 지명한 때에는, 의무자가 그들 중에서 유증을 취득하는 사람을 확정하여야 하는 것으로 본다.

§ 2153 Bestimmung der Anteile

(1) Der Erblasser kann mehrere mit einem Vermächtnis in der Weise bedenken, dass der Beschwerte oder ein Dritter zu bestimmen hat, was jeder von dem vermachten Gegenstand erhalten soll. Die Bestimmung erfolgt nach § 2151 Abs. 2.
(2) Kann der Beschwerte oder der Dritte die Bestimmung nicht treffen, so sind die Bedachten zu gleichen Teilen berechtigt. Die Vorschrift des § 2151 Abs. 3 Satz 2 findet entsprechende Anwendung.

§ 2154 Wahlvermächtnis

(1) Der Erblasser kann ein Vermächtnis in der Art anordnen, dass der Bedachte von mehreren Gegenständen nur den einen oder den anderen erhalten soll. Ist in einem solchen Falle die Wahl einem Dritten übertragen, so erfolgt sie durch Erklärung gegenüber dem Beschwerten.
(2) Kann der Dritte die Wahl nicht treffen, so geht das Wahlrecht auf den Beschwerten über. Die Vorschrift des § 2151 Abs. 3 Satz 2 findet entsprechende Anwendung.

§ 2155 Gattungsvermächtnis

(1) Hat der Erblasser die vermachte Sache nur der Gattung nach bestimmt, so ist eine den Verhältnissen des Bedachten entsprechende Sache zu leisten.
(2) Ist die Bestimmung der Sache dem Bedachten oder einem Dritten übertragen, so finden die nach § 2154 für die Wahl des Dritten geltenden Vorschriften Anwendung.
(3) Entspricht die von dem Bedachten oder dem Dritten getroffene Bestimmung den Verhältnissen des Bedachten offenbar nicht, so hat der Beschwerte so zu leisten, wie wenn der Erblasser über die Bestimmung der Sache keine Anordnung getroffen hätte.

제2153조 지분의 확정

(1) 피상속인은 의무자 또는 제3자가 수인들 중 각자가 유증된 물건에서 무엇을 취득할 것인지 확정하여야 하는 방법으로 여러 명에게 유증할 수 있다. 확정은 제2151조 제2항에 따라 이루어진다.

(2) 의무자 또는 제3자가 확정할 수 없는 때에는 피지명인들은 균분하여 권리가 있다. 제2151조 제3항 2문의 규정이 준용된다.

제2154조 선택유증

(1) 피상속인은 피지명인이 여러 개의 목적물 중에서 하나만을 취득하는 방식으로 유증을 지시할 수 있다. 그러한 경우 선택이 제3자에게 이양된 때에는 선택은 의무자에 대한 의사표시로 이루어진다.

(2) 제3자가 선택할 수 없을 경우 선택권은 의무자에게 이전한다. 제2151조 제3항 2문의 규정이 준용된다.

제2155조 종류물유증

(1) 피상속인이 유증된 물건을 종류로 정한 때에는 피지명인의 관계에 적합한 물건을 급부하여야 한다.

(2) 물건의 확정이 피지명인 또는 제3자에게 이양된 때에는 제2154조에 따라 제3자의 선택에 적용되는 법률규정이 적용된다.

(3) 피지명인 또는 제3자가 내린 확정이 명백하게 수증자의 관계에 적합하지 않을 때에는 의무자는 피상속인이 물건의 확정에 관하여 지시하지 않은 것과 같이 급부하여야 한다.

§ 2156 Zweckvermächtnis

Der Erblasser kann bei der Anordnung eines Vermächtnisses, dessen Zweck er bestimmt hat, die Bestimmung der Leistung dem billigen Ermessen des Beschwerten oder eines Dritten überlassen. Auf ein solches Vermächtnis finden die Vorschriften der §§ 315 bis 319[74] entsprechende Anwendung.

§ 2157 Gemeinschaftliches Vermächtnis

Ist mehreren derselbe Gegenstand vermacht, so finden die Vorschriften der §§ 2089 bis 2093 entsprechende Anwendung.

§ 2158 Anwachsung

(1) Ist mehreren derselbe Gegenstand vermacht, so wächst, wenn einer von ihnen vor oder nach dem Erbfall wegfällt, dessen Anteil den übrigen Bedachten nach dem Verhältnis ihrer Anteile an. Dies gilt auch dann, wenn der Erblasser die Anteile der Bedachten bestimmt hat. Sind einige der Bedachten zu demselben Anteil berufen, so tritt die Anwachsung zunächst unter ihnen ein.

(2) Der Erblasser kann die Anwachsung ausschließen.

---

74 § 315 Bestimmung der Leistung durch eine Partei

(1) Soll die Leistung durch einen der Vertragschließenden bestimmt werden, so ist im Zweifel anzunehmen, dass die Bestimmung nach billigem Ermessen zu treffen ist.

(2) Die Bestimmung erfolgt durch Erklärung gegenüber dem anderen Teil.

(3) Soll die Bestimmung nach billigem Ermessen erfolgen, so ist die getroffene Bestimmung für den anderen Teil nur verbindlich, wenn sie der Billigkeit entspricht. Entspricht sie nicht der Billigkeit, so wird die Bestimmung durch Urteil getroffen; das Gleiche gilt, wenn die Bestimmung verzögert wird.

§ 316 Bestimmung der Gegenleistung

Ist der Umfang der für eine Leistung versprochenen Gegenleistung nicht bestimmt, so steht die Bestimmung im Zweifel demjenigen Teil zu, welcher die Gegenleistung zu fordern hat.

§ 317 Bestimmung der Leistung durch einen Dritten

(1) Ist die Bestimmung der Leistung einem Dritten überlassen, so ist im Zweifel anzunehmen, dass sie nach billigem Ermessen zu treffen ist.

(2) Soll die Bestimmung durch mehrere Dritte erfolgen, so ist im Zweifel Übereinstimmung aller erforderlich; soll eine Summe bestimmt werden, so ist, wenn verschiedene Summen bestimmt werden, im Zweifel die Durchschnittssumme maßgebend.

제2156조 목적유증

피상속인은 그가 목적을 정한 유증을 지시할 때에는 의무자 또는 제3자의 공평한 재량에 급부의 확정을 맡길 수 있다. 제315조에서 제317조의 규정[75]이 그러한 유증에 준용된다.

제2157조 공동유증

같은 목적물이 여러 명에게 유증된 때에는 제2089조에서 제2093조의 규정이 준용된다.

제2158조 지분첨가

(1) 같은 목적물이 여러 명에게 유증된 경우 그들 중 1인이 상속이 개시되기 전이나 개시된 후에 탈락한 때에는 그의 지분은 나머지 피지명인에게 그의 지분의 비율로 귀속한다. 이는 또한 피상속인이 피지명인의 지분을 정한 때에도 그러하다. 피지명인 중 여러 인이 균등한 지분으로 지정된 때에는, 귀속은 먼저 그들 사이에 이루어진다. <현행민법 제267조 비교>

(2) 피상속인은 지분첨가를 배제할 수 있다.

---

75 제315조 일방 당사자에 의한 급부지정

(1) 급부가 계약 당사자의 일방에 의하여 확정될 때에는 명백하지 않으면 확정은 공평한 재량에 좇아 이루어져야 한다. <현행민법 제380조 참조>

(2) 확정은 상대방에 대한 의사표시로 한다. <현행민법 제382조>

(3) 확정이 공평한 재량에 따라 이루어져야 하는 경우 행하여진 확정은 그것이 형평에 부합할 때에만 상대방에 대하여 구속력이 있다. 확정이 형평에 부합하지 않으면 확정은 판결로 한다; 확정이 지체된 때에도 같다.
<현행민법 제381조 비교.>

제316조 반대급부의 확정

급부에 대하여 약정된 반대급부의 범위가 확정되지 아니한 때에는, 명백하지 않으면 확정[권]은 반대급부를 청구하여야 하는 당사자에게 있다.

제317조 제3자에 의한 급부의 확정

(1) 급부의 확정이 제3자에게 맡겨진 때에는 명백하지 않으면 공평한 재량에 좇아 확정되는 것으로 본다. <현행민법 제383조>

(2) 확정이 여러 명의 제3자에 의하여 이루어져야 할 때에는 명백하지 않으면 전원의 합의가 요구된다; 금액이 확정되어야 할 경우에 서로 다른 금액이 확정된 때에는 명백하지 않으면 평균금액이 적용된다.

§ 2159 Selbständigkeit der Anwachsung

Der durch Anwachsung einem Vermächtnisnehmer anfallende Anteil gilt in Ansehung der Vermächtnisse und Auflagen, mit denen dieser oder der wegfallende Vermächtnisnehmer beschwert ist, als besonderes Vermächtnis.

§ 2160 Vorversterben des Bedachten

Ein Vermächtnis ist unwirksam, wenn der Bedachte zur Zeit des Erbfalls nicht mehr lebt.

§ 2161 Wegfall des Beschwerten

Ein Vermächtnis bleibt, sofern nicht ein anderer Wille des Erblassers anzunehmen ist, wirksam, wenn der Beschwerte nicht Erbe oder Vermächtnisnehmer wird. Beschwert ist in diesem Falle derjenige, welchem der Wegfall des zunächst Beschwerten unmittelbar zustatten kommt.

§ 2162 Dreißigjährige Frist für aufgeschobenes Vermächtnis

(1) Ein Vermächtnis, das unter einer aufschiebenden Bedingung oder unter Bestimmung eines Anfangstermins angeordnet ist, wird mit dem Ablauf von 30 Jahren nach dem Erbfall unwirksam, wenn nicht vorher die Bedingung oder der Termin eingetreten ist.

(2) Ist der Bedachte zur Zeit des Erbfalls noch nicht gezeugt oder wird seine Persönlichkeit durch ein erst nach dem Erbfall eintretendes Ereignis bestimmt, so wird das Vermächtnis mit dem Ablauf von 30 Jahren nach dem Erbfall unwirksam, wenn nicht vorher der Bedachte gezeugt oder das Ereignis eingetreten ist, durch das seine Persönlichkeit bestimmt wird.

제2159조 지분첨가의 독립성

지분첨가로 수증자에게 귀속되는 지분은 그 또는 탈락한 수증자에게 의무 지워지는 유증과 부담에 관하여 특별유증으로 본다.

제2160조 수증자로 지정된 사람의 선사망

피지명인이 상속이 개시되는 때에 사망한 경우 유증은 무효이다. <현행민법 제1089조 제1항>

제2161조 의무자의 탈락

피상속인의 다른 의사가 인정되지 않으면, 유증의무자가 상속인 또는 수증자가 되지 않을 때에도 유증은 유효이다. 이 경우에는 우선의무자의 탈락이 직접 자기에게 이익이 되는 사람에게 의무가 지워진다.

제2162조 정지부 유증의 경우 30년 기간

(1) 정지조건부 또는 시기부로 지시된 유증은, 상속이 개시된 때부터 30년 내에 조건이 성취되거나 기한이 도래하지 않으면, 그 기간의 경과로 무효가 된다.

(2) 피지명인이 상속이 개시된 때에 아직 출생하지 않았거나 그의 인격이 상속이 개시된 후에 생기는 사건으로 확정될 경우, 유증은 상속이 개시된 때부터 30년 내에 피지명인이 출생하지 않거나 그의 인격이 확정되는 사실이 발생하지 않으면 그 기간의 경과로 무효가 된다.

<비교. 현행민법 제1073조 제2항>

§ 2163 Ausnahmen von der dreißigjährigen Frist

(1) Das Vermächtnis bleibt in den Fällen des § 2162 auch nach dem Ablauf von 30 Jahren wirksam:

1. wenn es für den Fall angeordnet ist, dass in der Person des Beschwerten oder des Bedachten ein bestimmtes Ereignis eintritt, und derjenige, in dessen Person das Ereignis eintreten soll, zur Zeit des Erbfalls lebt,

2. wenn ein Erbe, ein Nacherbe oder ein Vermächtnisnehmer für den Fall, dass ihm ein Bruder oder eine Schwester geboren wird, mit einem Vermächtnis zugunsten des Bruders oder der Schwester beschwert ist.

(2) Ist der Beschwerte oder der Bedachte, in dessen Person das Ereignis eintreten soll, eine juristische Person, so bewendet es bei der dreißigjährigen Frist.

§ 2164 Erstreckung auf Zubehör und Ersatzansprüche

(1) Das Vermächtnis einer Sache erstreckt sich im Zweifel auf das zur Zeit des Erbfalls vorhandene Zubehör.

(2) Hat der Erblasser wegen einer nach der Anordnung des Vermächtnisses erfolgten Beschädigung der Sache einen Anspruch auf Ersatz der Minderung des Wertes, so erstreckt sich im Zweifel das Vermächtnis auf diesen Anspruch.

§ 2165 Belastungen

(1) Ist ein zur Erbschaft gehörender Gegenstand vermacht, so kann der Vermächtnisnehmer im Zweifel nicht die Beseitigung der Rechte verlangen, mit denen der Gegenstand belastet ist. Steht dem Erblasser ein Anspruch auf die Beseitigung zu, so erstreckt sich im Zweifel das Vermächtnis auf diesen Anspruch.

(2) Ruht auf einem vermachten Grundstück eine Hypothek, Grundschuld oder Rentenschuld, die dem Erblasser selbst zusteht, so ist aus den Umständen zu entnehmen, ob die Hypothek, Grundschuld oder Rentenschuld als mitvermacht zu gelten hat.

제2163조 30년 기간의 예외

(1) 유증은 제2162조의 경우 30년의 기간이 경과한 후에도 효력을 유지한다:

1. 유증의무자 또는 피지명인의 신상에 특정한 사정이 발생하는 경우에 관하여 지시가 있고 그의 신상에 그 사건이 발생하는 사람이 상속이 개시하는 때에 생존하는 경우

2. 상속인, 후상속인 또는 수증자에게 형제 또는 자매가 출생하는 경우에 관하여 그에게 형제 또는 자매를 위하여 유증이 부담지워진 경우

(2) 그의 신상에 사건이 발생하는 유증의무자 또는 피지명인이 법인일 때에는 30년의 기간이 적용된다.

제2164조 종물과 배상청구권으로의 확장

(1) 물건의 유증은 명백하지 않으면 상속이 개시된 때에 현존하는 종물에 미친다.

(2) 피상속인이 유증을 지시한 후에 발생한 물건의 훼손을 원인으로 가액의 감소에 대한 배상청구권을 가진 때에는 명백하지 않으면 유증은 그 청구권에 미친다. <현행민법 제1083조, 제1084조>

제2165조 물적 부담

(1) 상속재산에 속하는 목적물이 유증된 때에는 명백하지 않으면 수증자는 그 목적물에 설정된 권리의 소멸을 청구할 수 없다. 피상속인에게 소멸청구권이 있을 경우, 명백하지 않으면 유증은 그 청구권에 효력이 미친다.
<현행민법 제1085조>

(2) 피상속인 본인에게 귀속되는 저당권, 토지채무 또는 정기금채무가 유증된 토지에 있을 경우 저당권, 토지채무 또는 정기금채무가 함께 유증된 것으로 보아야 하는지는 사정에 좇아 결정한다.
<비교. 현행민법 제1088조>

§ 2166 Belastung mit einer Hypothek

(1) Ist ein vermachtes Grundstück, das zur Erbschaft gehört, mit einer Hypothek für eine Schuld des Erblassers oder für eine Schuld belastet, zu deren Berichtigung der Erblasser dem Schuldner gegenüber verpflichtet ist, so ist der Vermächtnisnehmer im Zweifel dem Erben gegenüber zur rechtzeitigen Befriedigung des Gläubigers insoweit verpflichtet, als die Schuld durch den Wert des Grundstücks gedeckt wird. Der Wert bestimmt sich nach der Zeit, zu welcher das Eigentum auf den Vermächtnisnehmer übergeht; er wird unter Abzug der Belastungen berechnet, die der Hypothek im Range vorgehen.

(2) Ist dem Erblasser gegenüber ein Dritter zur Berichtigung der Schuld verpflichtet, so besteht die Verpflichtung des Vermächtnisnehmers im Zweifel nur insoweit, als der Erbe die Berichtigung nicht von dem Dritten erlangen kann.

(3) Auf eine Hypothek der in § 1190[76] bezeichneten Art finden diese Vorschriften keine Anwendung.

§ 2167 Belastung mit einer Gesamthypothek

Sind neben dem vermachten Grundstück andere zur Erbschaft gehörende Grundstücke mit der Hypothek belastet, so beschränkt sich die in § 2166 bestimmte Verpflichtung des Vermächtnisnehmers im Zweifel auf den Teil der Schuld, der dem Verhältnis des Wertes des vermachten Grundstücks zu dem Werte der sämtlichen Grundstücke entspricht. Der Wert wird nach § 2166 Abs. 1 Satz 2 berechnet.

---

76 § 1190 Höchstbetragshypothek

(1) Eine Hypothek kann in der Weise bestellt werden, dass nur der Höchstbetrag, bis zu dem das Grundstück haften soll, bestimmt, im Übrigen die Feststellung der Forderung vorbehalten wird. Der Höchstbetrag muss in das Grundbuch eingetragen werden.

(2) Ist die Forderung verzinslich, so werden die Zinsen in den Höchstbetrag eingerechnet.

(3) Die Hypothek gilt als Sicherungshypothek, auch wenn sie im Grundbuch nicht als solche bezeichnet ist.

(4) Die Forderung kann nach den für die Übertragung von Forderungen geltenden allgemeinen Vorschriften übertragen werden. Wird sie nach diesen Vorschriften übertragen, so ist der Übergang der Hypothek ausgeschlossen.

제2166조 저당권의 부담

(1) 상속재산에 속하는 유증토지가 피상속인의 채무 또는 피상속인이 채무자에 대하여 변제할 의무를 지는 채무를 위하여 저당권이 설정된 경우, 명백하지 않으면 그 채무가 토지의 가액으로 변제되는 한도에서 수증자는 상속인에 대하여 채권자에게 적시에 변제할 의무를 진다. 그 가액은 소유권이 수증자에게 이전되는 때를 기준으로 확정된다; 가액은 순위에서 저당권에 앞서는 부담들을 공제하여 산정된다. <현행민법 제1085조, 제1088조 제1항>

(2) 제3자가 피상속인에 대하여 채무를 변제할 의무를 지는 경우, 명백하지 않으면 수증자의 의무는 상속인이 제3자로부터 변제받지 못한 한도에서 존재한다.

(3) 이 규정은 제1190조[77]에 규정된 종류의 저당권에 대하여는 적용되지 아니한다.

제2167조 공동저당권의 부담

유증된 토지 외에 상속재산에 속하는 다른 토지에 저당권이 설정된 경우 제2166조에 규정된 수증자의 의무는 명백하지 않으면 전체 토지의 가액에 대한 유증된 토지의 가액의 비율에 상응하는 채무부분으로 확정된다. 그 가액은 제2166조 제1항 2문에 따라 산정된다. <현행민법 제1088조 제1항>

---

77 제1190조 근저당권

(1) 저당권은 토지가 책임을 져야 하는 최고액만이 정하여지고 그밖에 채권의 확정이 유보되는 방법으로 설정될 수 있다. 최고액은 등기부에 등기되어야 한다.

(2) 채권이 이자부일 때에는, 이자도 최고액에 산입된다.

(3) 저당권은 등기부에 담보저당권으로 표시되지 않은 때에도 담보저당권으로 본다.

(4) 채권은 채권의 양도에 적용되는 일반규정에 따라 양도될 수 있다. 채권이 그 규정에 따라 양도된 때에는 저당권의 양도는 제외된다.

§ 2168 Belastung mit einer Gesamtgrundschuld

(1) Besteht an mehreren zur Erbschaft gehörenden Grundstücken eine Gesamtgrundschuld oder eine Gesamtrentenschuld und ist eines dieser Grundstücke vermacht, so ist der Vermächtnisnehmer im Zweifel dem Erben gegenüber zur Befriedigung des Gläubigers in Höhe des Teils der Grundschuld oder der Rentenschuld verpflichtet, der dem Verhältnis des Wertes des vermachten Grundstücks zu dem Wert der sämtlichen Grundstücke entspricht. Der Wert wird nach § 2166 Abs. 1 Satz 2 berechnet.

(2) Ist neben dem vermachten Grundstück ein nicht zur Erbschaft gehörendes Grundstück mit einer Gesamtgrundschuld oder einer Gesamtrentenschuld belastet, so finden, wenn der Erblasser zur Zeit des Erbfalls gegenüber dem Eigentümer des anderen Grundstücks oder einem Rechtsvorgänger des Eigentümers zur Befriedigung des Gläubigers verpflichtet ist, die Vorschriften des § 2166 Abs. 1 und des § 2167 entsprechende Anwendung.

§ 2168a Anwendung auf Schiffe, Schiffsbauwerke und Schiffshypotheken

§ 2165 Abs. 2, §§ 2166, 2167 gelten sinngemäß für eingetragene Schiffe und Schiffsbauwerke und für Schiffshypotheken.

§ 2169 Vermächtnis fremder Gegenstände

(1) Das Vermächtnis eines bestimmten Gegenstands ist unwirksam, soweit der Gegenstand zur Zeit des Erbfalls nicht zur Erbschaft gehört, es sei denn, dass der Gegenstand dem Bedachten auch für den Fall zugewendet sein soll, dass er nicht zur Erbschaft gehört.

(2) Hat der Erblasser nur den Besitz der vermachten Sache, so gilt im Zweifel der Besitz als vermacht, es sei denn, dass er dem Bedachten keinen rechtlichen Vorteil gewährt.

(3) Steht dem Erblasser ein Anspruch auf Leistung des vermachten Gegenstands oder, falls der Gegenstand nach der Anordnung des Vermächtnisses untergegangen oder dem Erblasser entzogen worden ist, ein Anspruch auf Ersatz des Wertes zu, so gilt im Zweifel der Anspruch als vermacht.

제2168조 공동토지채무의 부담

(1) 상속재산에 속하는 여러 개의 부동산에 공동토지채무 또는 공동정기금채무가 존재하고 그 부동산 중 하나의 부동산이 유증된 때에는, 수증자는 명백하지 않으면 상속인에 대하여 유증된 부동산의 가액이 전체 부동산의 가액에 대한 비율에 상응하는 토지채무 또는 정기금채무 부분의 한도에서 채권자에게 변제할 의무를 진다. 가액은 제2166조 제1항 제2문에 따라 산정된다. <현행민법 제1088조 제1항, 제368조 참조>

(2) 유증된 부동산과 함께 상속재산에 속하지 않는 토지에 공동토지채무 또는 공동정기금채무가 설정된 때에는, 피상속인이 상속이 개시된 때에 다른 부동산의 소유자 또는 그 소유자의 선순위권리자에 대하여 채권자에게 변제할 의무를 지는 경우 제2166조 제1항과 제2167조의 규정이 준용된다.

제2168a조 선박, 선박구조물과 선박저당권에 대한 적용

제2165조 제2항, 제2166조와 제2167조는 그 내용에 따라 등기된 선박, 선박구조물과 선박저당권에 적용된다.

제2169조 타인의 목적물의 유증

(1) 특정물의 유증은 그 목적물이 상속개시시에 상속재산에 속하지 않을 때에는 효력이 없다. 그러나 그 목적물이 상속재산에 속하지 않을 경우에도 피지명인에게 출연되어야 할 때에는 그러하지 아니하다. <현행민법 제1087조 비교>

(2) 피상속인이 유증된 물건의 점유만을 가지고 있을 때에는 명백하지 않으면 점유가 유증된 것으로 본다. 그러나 그 점유가 피지명인에게 법률상 이익이 되지 않을 때에는 그러하지 아니하다.

(3) 피상속인에게 유증된 목적물의 급부청구권이 있거나 그 목적물이 유증을 지시한 후에 멸실되거나 피상속인으로부터 침탈되어 가액배상청구권이 있을 때에는 명백하지 않으면 청구권이 유증된 것으로 본다. <현행민법 제1083조>

(4) Zur Erbschaft gehört im Sinne des Absatzes 1 ein Gegenstand nicht, wenn der Erblasser zu dessen Veräußerung verpflichtet ist.

§ 2170 Verschaffungsvermächtnis

(1) Ist das Vermächtnis eines Gegenstands, der zur Zeit des Erbfalls nicht zur Erbschaft gehört, nach § 2169 Abs. 1 wirksam, so hat der Beschwerte den Gegenstand dem Bedachten zu verschaffen.
(2) Ist der Beschwerte zur Verschaffung außerstande, so hat er den Wert zu entrichten. Ist die Verschaffung nur mit unverhältnismäßigen Aufwendungen möglich, so kann sich der Beschwerte durch Entrichtung des Wertes befreien.

§ 2171 Unmöglichkeit, gesetzliches Verbot

(1) Ein Vermächtnis, das auf eine zur Zeit des Erbfalls für jedermann unmögliche Leistung gerichtet ist oder gegen ein zu dieser Zeit bestehendes gesetzliches Verbot verstößt, ist unwirksam.
(2) Die Unmöglichkeit der Leistung steht der Gültigkeit des Vermächtnisses nicht entgegen, wenn die Unmöglichkeit behoben werden kann und das Vermächtnis für den Fall zugewendet ist, dass die Leistung möglich wird.
(3) Wird ein Vermächtnis, das auf eine unmögliche Leistung gerichtet ist, unter einer anderen aufschiebenden Bedingung oder unter Bestimmung eines Anfangstermins zugewendet, so ist das Vermächtnis gültig, wenn die Unmöglichkeit vor dem Eintritt der Bedingung oder des Termins behoben wird.

(4) 피상속인이 양도할 의무를 지는 목적물은 제1항의 의미에서 상속재산에 속하지 아니한다.

제2170조 조달유증

(1) 상속이 개시할 때에 상속재산에 속하지 않는 목적물의 유증이 제2169조 제1항에 따라 유효한 때에는 유증의무자는 그 목적물을 피지명인에게 조달하여야 한다. <현행민법 제1087조 제1항>

(2) 유증의무자가 조달할 수 없을 때에는 그는 그 가액을 변상하여야 한다. 조달이 현저히 과다한 비용으로만 가능할 때에는 유증의무자는 가액의 변상으로 면책할 수 있다. <현행민법 제1087조 제2항>

제2171조 불능, 법률의 금지

(1) 상속이 개시된 때에 누구에게든지 불능의 급부를 목적으로 하거나 그 때에 현존하는 법률의 금지를 위반하는 유증은 효력이 없다.

(2) 급부의 불능은 그 불능이 제거될 수 있거나 유증이 급부가 가능한 경우에 출연될 때에는 유증의 유효에 반하지 아니한다.

(3) 불능의 급부를 목적으로 하는 유증이 별도의 정지조건부 또는 시기부로 출연된 때에는 조건이 성취하거나 기한이 도래하기 전에 불능이 제거된 경우 그 유증은 효력이 있다.

§ 2172 Verbindung, Vermischung, Vermengung der vermachten Sache

(1) Die Leistung einer vermachten Sache gilt auch dann als unmöglich, wenn die Sache mit einer anderen Sache in solcher Weise verbunden, vermischt oder vermengt worden ist, dass nach den §§ 946 bis 948[78] das Eigentum an der anderen Sache sich auf sie erstreckt oder Miteigentum eingetreten ist, oder wenn sie in solcher Weise verarbeitet oder umgebildet worden ist, dass nach § 950[79] derjenige, welcher die neue Sache hergestellt hat, Eigentümer geworden ist.

(2) Ist die Verbindung, Vermischung oder Vermengung durch einen anderen als den Erblasser erfolgt und hat der Erblasser dadurch Miteigentum erworben, so gilt im Zweifel das Miteigentum als vermacht; steht dem Erblasser ein Recht zur Wegnahme der verbundenen Sache zu, so gilt im Zweifel dieses Recht als vermacht. Im Falle der Verarbeitung oder Umbildung durch einen anderen als den Erblasser bewendet es bei der Vorschrift des § 2169 Abs. 3.

---

78 § 946 Verbindung mit einem Grundstück

Wird eine bewegliche Sache mit einem Grundstück dergestalt verbunden, dass sie wesentlicher Bestandteil des Grundstücks wird, so erstreckt sich das Eigentum an dem Grundstück auf diese Sache.

§ 947 Verbindung mit beweglichen Sachen

(1) Werden bewegliche Sachen miteinander dergestalt verbunden, dass sie wesentliche Bestandteile einer einheitlichen Sache werden, so werden die bisherigen Eigentümer Miteigentümer dieser Sache; die Anteile bestimmen sich nach dem Verhältnis des Wertes, den die Sachen zur Zeit der Verbindung haben.

(2) Ist eine der Sachen als die Hauptsache anzusehen, so erwirbt ihr Eigentümer das Alleineigentum.

§ 948 Vermischung

(1) Werden bewegliche Sachen miteinander untrennbar vermischt oder vermengt, so finden die Vorschriften des § 947 entsprechende Anwendung.

(2) Der Untrennbarkeit steht es gleich, wenn die Trennung der vermischten oder vermengten Sachen mit unverhältnismäßigen Kosten verbunden sein würde.

79 § 950 Verarbeitung

(1) Wer durch Verarbeitung oder Umbildung eines oder mehrerer Stoffe eine neue bewegliche Sache herstellt, erwirbt das Eigentum an der neuen Sache, sofern nicht der Wert der Verarbeitung oder der Umbildung erheblich geringer ist als der Wert des Stoffes. Als Verarbeitung gilt auch das Schreiben, Zeichnen, Malen, Drucken, Gravieren oder eine ähnliche Bearbeitung der Oberfläche.

(2) Mit dem Erwerb des Eigentums an der neuen Sache erlöschen die an dem Stoffe bestehenden Rechte.

第2172조 유증물의 부합, 혼동과 혼화

(1) 유증된 물건이 다른 물건과 부합되거나 혼화 또는 혼동되어 제946조부터 제948조[80]에 따라 다른 물건의 소유권이 그 물건에 미치거나 공유가 성립한 때 또는 그 물건이 가공되거나 개조되어 제950조[81]에 따라 새로운 물건을 만든 사람이 소유자가 된 때에 유증된 물건의 급부는 불능으로 본다.

(2) 부합, 혼화 또는 혼동이 피상속인이 아닌 사람에 의하여 이루어지고 이에 의하여 피상속인이 공유를 취득한 때에는, 명백하지 않으면 공유가 유증된 것으로 본다; 피상속인에게 부속된 물건을 수거할 권리가 있을 때에는, 명백하지 않으면 이 권리가 유증된 것으로 본다. 피상속인이 아닌 사람에 의한 가공이나 개조의 경우 제2169조 제3항의 규정이 적용된다.

<현행민법 제256조－제260조 비교>

---

80 제946조 토지와의 부합

동산이 토지와 부합되어 그 동산이 토지의 본질적 구성부분이 된 경우, 토지소유권은 그 물건에 미친다.

제947조 동산과의 부합

(1) 동산이 서로 부합되어 그들이 합성물의 본질적 구성부분이 된 경우, 종전 소유자들이 그 물건의 공유자가 된다; 지분은 부합될 때에 그 물건들이 가진 가액의 비율에 따라 정하여진다.

(2) 물건 중 하나를 주물로 볼 수 있을 때에는, 그 소유자가 단독소유권을 취득한다.

제948조 혼화

(1) 동산들이 분리할 수 없게 혼화되거나 혼동된 경우, 제947조의 규정이 준용된다.

(2) 혼화되거나 혼동된 물건들의 분리가 현저히 다액과 결합된 경우에도 분리할 수 없는 것과 같다.

81 제950조 가공

(1) 하나 또는 여러 개의 재료를 가공 또는 개조하여 새로운 동산을 만든 사람은, 가공 또는 개조의 가액이 재료의 가액보다 현저히 작지 않으면, 새로운 물건의 소유권을 취득한다. 필사, 제도, 그림, 인쇄, 판각 또는 유사한 외면의 작업도 가공으로 본다.

(2) 새로운 물건의 소유권취득으로 그 재료에 존재하는 권리는 소멸한다.

§ 2173 Forderungsvermächtnis

Hat der Erblasser eine ihm zustehende Forderung vermacht, so ist, wenn vor dem Erbfall die Leistung erfolgt und der geleistete Gegenstand noch in der Erbschaft vorhanden ist, im Zweifel anzunehmen, dass dem Bedachten dieser Gegenstand zugewendet sein soll. War die Forderung auf die Zahlung einer Geldsumme gerichtet, so gilt im Zweifel die entsprechende Geldsumme als vermacht, auch wenn sich eine solche in der Erbschaft nicht vorfindet.

§ 2174 Vermächtnisanspruch

Durch das Vermächtnis wird für den Bedachten das Recht begründet, von dem Beschwerten die Leistung des vermachten Gegenstands zu fordern.

§ 2175 Wiederaufleben erloschener Rechtsverhältnisse

Hat der Erblasser eine ihm gegen den Erben zustehende Forderung oder hat er ein Recht vermacht, mit dem eine Sache oder ein Recht des Erben belastet ist, so gelten die infolge des Erbfalls durch Vereinigung von Recht und Verbindlichkeit oder von Recht und Belastung erloschenen Rechtsverhältnisse in Ansehung des Vermächtnisses als nicht erloschen.

§ 2176 Anfall des Vermächtnisses

Die Forderung des Vermächtnisnehmers kommt, unbeschadet des Rechts, das Vermächtnis auszuschlagen, zur Entstehung (Anfall des Vermächtnisses) mit dem Erbfall.

§ 2177 Anfall bei einer Bedingung oder Befristung

Ist das Vermächtnis unter einer aufschiebenden Bedingung oder unter Bestimmung eines Anfangstermins angeordnet und tritt die Bedingung oder der Termin erst nach dem Erbfall ein, so erfolgt der Anfall des Vermächtnisses mit dem Eintritt der Bedingung oder des Termins.

제2173조 채권유증

피상속인이 그에게 속하는 채권을 유증한 때에는 상속이 개시되기 전에 급부가 실현되었고 급부된 목적물이 여전히 상속재산 속에 있을 경우 명백하지 않으면 피지명인에게 그 목적물이 출연되어야 하는 것으로 본다. 그 채권이 금액의 지급을 목적으로 하였을 경우, 명백하지 않으면 그 금전이 상속재산에 없을 때에도 그에 상당하는 금액이 유증된 것으로 본다.

<현행민법 제1084조>

제2174조 유증청구권

유증으로 피지명인을 위하여 유증의무자로부터 유증된 목적물의 급부를 청구할 권리가 생긴다.

제2175조 소멸한 법률관계의 회생

피상속인이 상속인에 대한 그의 채권을 유증하거나 상속인의 물건 또는 권리에 설정된 권리를 유증한 때에는 상속개시를 원인으로 권리와 의무 또는 권리와 부담의 혼동으로 소멸하는 법률관계는 유증에 관하여는 소멸하지 않은 것으로 본다. <현행민법 제507조 참조>

제2176조 유증의 개시

수증자의 청구권은, 유증을 포기할 수 있는 권리에 영향이 없이, 상속의 개시로 그 효력이 생긴다(유증의 개시).

<현행민법 제1073조 제1항>

제2177조 조건 또는 기한의 경우 개시

유증이 정지조건부 또는 기한부로 지시되고 상속이 개시된 후에 조건이 성취되거나 기한이 도래한 때에는 유증은 조건의 성취 또는 기한의 도래로 개시된다. <현행민법 제1073조 제2항>

§ 2178 Anfall bei einem noch nicht erzeugten[82] oder bestimmten Bedachten

Ist der Bedachte zur Zeit des Erbfalls noch nicht gezeugt oder wird seine Persönlichkeit durch ein erst nach dem Erbfall eintretendes Ereignis bestimmt, so erfolgt der Anfall des Vermächtnisses im ersteren Falle mit der Geburt, im letzteren Falle mit dem Eintritt des Ereignisses.

§ 2179 Schwebezeit

Für die Zeit zwischen dem Erbfall und dem Anfall des Vermächtnisses finden in den Fällen der §§ 2177, 2178 die Vorschriften Anwendung, die für den Fall gelten, dass eine Leistung unter einer aufschiebenden Bedingung geschuldet wird.

§ 2180 Annahme und Ausschlagung

(1) Der Vermächtnisnehmer kann das Vermächtnis nicht mehr ausschlagen, wenn er es angenommen hat.

(2) Die Annahme sowie die Ausschlagung des Vermächtnisses erfolgt durch Erklärung gegenüber dem Beschwerten. Die Erklärung kann erst nach dem Eintritt des Erbfalls abgegeben werden; sie ist unwirksam, wenn sie unter einer Bedingung oder einer Zeitbestimmung abgegeben wird.

(3) Die für die Annahme und die Ausschlagung einer Erbschaft geltenden Vorschriften des § 1950, des § 1952 Abs. 1, 3 und des § 1953 Abs. 1, 2 finden entsprechende Anwendung.

§ 2181 Fälligkeit bei Beliebigkeit

Ist die Zeit der Erfüllung eines Vermächtnisses dem freien Belieben des Beschwerten überlassen, so wird die Leistung im Zweifel mit dem Tode des Beschwerten fällig.

---

82 „gezeugten".

제2178조 아직 출생하지 않았거나 불확정의 피지명인의 경우 유증개시

피지명인이 상속이 개시된 때에 아직 출생하지 않았거나 그의 인격이 상속이 개시된 후에 발생하는 사건으로 확정될 때에는, 유증은 전자의 경우에는 출생으로, 후자의 경우에는 그 사건의 발생으로 개시된다. <현행민법 제1064조 비교>

제2179조 유동기간

제2177조와 제2178조의 경우, 정지조건부로 급부가 의무지워지는 경우에 적용되는 법률규정이 상속개시와 유증의 개시 사이의 기간에 적용된다.

제2180조 [유증의] 승인과 포기

(1) 수증자가 유증을 승인한 때에는 그는 이를 포기하지 못한다. <현행민법 제1074조 제1항>

(2) 유증의 승인과 포기는 유증의무자에 대한 의사표시로 한다. 그 의사표시는 상속이 개시된 후에 하여야 한다; 그 의사표시가 조건부 또는 기한부로 표시된 경우 이는 무효이다. <현행민법 제1064조 비교>

(3) 상속의 승인과 포기에 적용되는 제1950조, 제1952조 제1항과 제3항과 제1953조 제1항과 제2항의 규정이 준용된다. <현행민법 제1074조 제2항>

제2181조 임의의 경우 이행기

유증의 이행기가 유증의무자의 자유의사에 맡겨진 경우, 명백하지 않으면 급부는 유증의무자의 사망으로 이행기에 도달한다. <현행민법 제1073조, 제1077조 비교>

§ 2182 Haftung für Rechtsmängel

(1) Ist ein nur der Gattung nach bestimmter Gegenstand vermacht, so hat der Beschwerte die gleichen Verpflichtungen wie ein Verkäufer nach den Vorschriften des § 433 Abs. 1 Satz 1, der §§ 436, 452 und 453.[83] Er hat den Gegenstand dem Vermächtnisnehmer frei von Rechtsmängeln im Sinne des § 435[84] zu verschaffen. § 444[85] findet entsprechende Anwendung.

(2) Dasselbe gilt im Zweifel, wenn ein bestimmter nicht zur Erbschaft gehörender Gegenstand vermacht ist, unbeschadet der sich aus dem § 2170 ergebenden Beschränkung der Haftung.

---

83 § 433 Vertragstypische Pflichten beim Kaufvertrag

(1) Durch den Kaufvertrag wird der Verkäufer einer Sache verpflichtet, dem Käufer die Sache zu übergeben und das Eigentum an der Sache zu verschaffen. Der Verkäufer hat dem Käufer die Sache frei von Sach- und Rechtsmängeln zu verschaffen.

(2) Der Käufer ist verpflichtet, dem Verkäufer den vereinbarten Kaufpreis zu zahlen und die gekaufte Sache abzunehmen.

§ 436 Öffentliche Lasten von Grundstücken

(1) Soweit nicht anders vereinbart, ist der Verkäufer eines Grundstücks verpflichtet, Erschließungsbeiträge und sonstige Anliegerbeiträge für die Maßnahmen zu tragen, die bis zum Tage des Vertragsschlusses bautechnisch begonnen sind, unabhängig vom Zeitpunkt des Entstehens der Beitragsschuld.

(2) Der Verkäufer eines Grundstücks haftet nicht für die Freiheit des Grundstücks von anderen öffentlichen Abgaben und von anderen öffentlichen Lasten, die zur Eintragung in das Grundbuch nicht geeignet sind.

§ 452 Schiffskauf

Die Vorschriften dieses Untertitels über den Kauf von Grundstücken finden auf den Kauf von eingetragenen Schiffen und Schiffsbauwerken entsprechende Anwendung.

§ 453 Rechtskauf

(1) Die Vorschriften über den Kauf von Sachen finden auf den Kauf von Rechten und sonstigen Gegenständen entsprechende Anwendung.

(2) Der Verkäufer trägt die Kosten der Begründung und Übertragung des Rechts.

(3) Ist ein Recht verkauft, das zum Besitz einer Sache berechtigt, so ist der Verkäufer verpflichtet, dem Käufer die Sache frei von Sach- und Rechtsmängeln zu übergeben.

84 § 435 Rechtsmangel

Die Sache ist frei von Rechtsmängeln, wenn Dritte in Bezug auf die Sache keine oder nur die im Kaufvertrag übernommenen Rechte gegen den Käufer geltend machen können. Einem Rechtsmangel steht es gleich, wenn im Grundbuch ein Recht eingetragen ist, das nicht besteht.

85 § 444 Haftungsausschluss

Auf eine Vereinbarung, durch welche die Rechte des Käufers wegen eines Mangels ausgeschlossen oder beschränkt werden, kann sich der Verkäufer nicht berufen, soweit er den Mangel arglistig verschwiegen oder eine Garantie für die Beschaffenheit der Sache übernommen hat.

제2182조 권리의 하자담보책임

(1) 종류로만 정하여진 목적물이 유증된 때에는 유증의무자는 제433조 제1항 제1문, 제436조, 제452조와 제453조의 규정[86]에 따라 매도인과 같은 의무가 있다. 그는 수증자에게 제435조[87]의 의미에서 권리의 하자가 없이 목적물을 인도하여야 한다. 제444조[88]가 준용된다. <현행민법 제1082조>

(2) 명백하지 않으면, 제2170조에서 발생하는 책임제한과 관계없이 이는 상속재산에 속하지 않은 특정 목적물이 유증된 때에도 이는 같다. <현행민법 제1085조>

---

86 제433조 매매계약의 계약정형적 의무

(1) 매매계약으로 물건의 매도인은 매수인에게 물건을 인도하고 물건의 소유권을 이전할 의무를 진다. 매도인은 물건의 하자와 권리의 하자 없이 매수인에게 물건을 인도하여야 한다.

(2) 매수인은 매도인에게 약정한 대금을 지급하고 매수한 물건을 수령할 의무를 진다.

제436조 토지의 공적부담

(1) 다른 약정이 없으면, 토지의 매도인은 부담금채무의 발생시기와 관계없이 계약을 체결한 날까지 건축기술적으로 시행된 조치에 관한 개발부담금과 그밖의 인접부담금에 관하여 책임을 진다.

(2) 토지의 매도인은 등기부의 등기에 적합하지 않은 그밖의 공적 세금과 공적 부담금이 토지 위에 없다는 것에 관하여 책임지지 아니한다.

제452조 선박매매

토지의 매매에 관한 이 관의 규정은 등기된 선박과 선박구조물의 매매에 준용된다.

제453조 권리매매

(1) 물건의 매매에 관한 규정은 권리와 그밖의 목적물의 매매에 준용된다.

(2) 매도인은 권리의 설정과 양도비용을 부담한다.

(3) 물건의 점유에 본권이 되는 권리가 매도된 경우 매도인은 물건의 하자와 권리의 하자 없는 물건을 매수인에게 이전하여야 한다.

87 제435조 권리의 하자

물건은 제3자가 물건에 관하여 매수인에 대하여 여하한 권리도 행사할 수 없거나 매매계약으로 인수한 권리만을 행사할 수 있을 때 물건은 권리의 하자가 없다. 등기부에 존재하지 않은 권리가 등기된 때에는 권리의 하자와 같다.

88 제444조 책임배제

매도인이 악의로 하자를 숨겼거나 물건의 성질에 관하여 보증한 때에는 그는 하자를 원인으로 하는 매수인의 권리가 배제되거나 제한되는 합의를 주장할 수 없다.

(3) Ist ein Grundstück Gegenstand des Vermächtnisses, so haftet der Beschwerte im Zweifel nicht für die Freiheit des Grundstücks von Grunddienstbarkeiten, beschränkten persönlichen Dienstbarkeiten und Reallasten.

§ 2183 Haftung für Sachmängel

Ist eine nur der Gattung nach bestimmte Sache vermacht, so kann der Vermächtnisnehmer, wenn die geleistete Sache mangelhaft ist, verlangen, dass ihm anstelle der mangelhaften Sache eine mangelfreie geliefert wird. Hat der Beschwerte einen Sachmangel arglistig verschwiegen, so kann der Vermächtnisnehmer anstelle der Lieferung einer mangelfreien Sache Schadensersatz statt der Leistung verlangen, ohne dass er eine Frist zur Nacherfüllung setzen muss. Auf diese Ansprüche finden die für die Sachmängelhaftung beim Kauf einer Sache geltenden Vorschriften entsprechende Anwendung.

§ 2184 Früchte; Nutzungen

Ist ein bestimmter zur Erbschaft gehörender Gegenstand vermacht, so hat der Beschwerte dem Vermächtnisnehmer auch die seit dem Anfall des Vermächtnisses gezogenen Früchte sowie das sonst auf Grund des vermachten Rechts Erlangte herauszugeben. Für Nutzungen, die nicht zu den Früchten gehören, hat der Beschwerte nicht Ersatz zu leisten.

§ 2185 Ersatz von Verwendungen und Aufwendungen

Ist eine bestimmte zur Erbschaft gehörende Sache vermacht, so kann der Beschwerte für die nach dem Erbfall auf die Sache gemachten Verwendungen sowie für Aufwendungen, die er nach dem Erbfall zur Bestreitung von Lasten der Sache gemacht hat, Ersatz nach den Vorschriften verlangen, die für das Verhältnis zwischen dem Besitzer und dem Eigentümer gelten.

(3) 부동산이 유증의 목적물인 경우 유증의무자는, 명백하지 않으면, 부동산에 지상권, 제한인역권과 물상부담이 없다는 것에 대하여 책임이 없다.

제2183조 물건의 하자담보책임

종류로만 정하여진 목적물이 유증된 때에는 수증자는 급부된 물건이 하자 있는 때에는 그에게 하자 있는 물건을 대신하여 하자 없는 물건이 급부될 것을 청구할 수 있다. 유증의무자가 악의로 물건의 하자를 숨긴 때에는 수증자는 하자 없는 물건의 급부 대신 추완을 위한 기간을 정하지 않고 급부에 갈음하는 손해배상을 청구할 수 있다. 이 청구권에 대하여는 물건매매의 하자담보책임에 적용되는 법률규정이 준용된다. ＜현행민법 제1082조 제2항＞

제2184조 과실; 용익

상속재산에 속하는 특정목적물이 유증된 경우 유증의무자는 수증자에게 유증이 개시된 때부터 수취한 과실과 그 밖에 유증된 권리로부터 취득한 것을 또한 인도하여야 한다. 과실에 속하지 않은 용익에 대하여 유증의무자는 배상할 의무가 없다. ＜현행민법 제1079조, 제1080조 비교＞

제2185조 비용과 지출의 상환

상속재산에 속하는 특정물이 유증된 경우 유증의무자는 점유자와 소유자[회복자]의 관계에 적용되는 규정에 따라 상속이 개시된 후에 물건에 지출한 비용과 그가 상속이 개시된 후에 물건의 부담을 지급하기 위하여 한 지출의 상환을 청구할 수 있다. ＜현행민법 제1080조, 제1081조 비교＞

§ 2186 Fälligkeit eines Untervermächtnisses oder einer Auflage

Ist ein Vermächtnisnehmer mit einem Vermächtnis oder einer Auflage beschwert, so ist er zur Erfüllung erst dann verpflichtet, wenn er die Erfüllung des ihm zugewendeten Vermächtnisses zu verlangen berechtigt ist.

§ 2187 Haftung des Hauptvermächtnisnehmers

(1) Ein Vermächtnisnehmer, der mit einem Vermächtnis oder einer Auflage beschwert ist, kann die Erfüllung auch nach der Annahme des ihm zugewendeten Vermächtnisses insoweit verweigern, als dasjenige, was er aus dem Vermächtnis erhält, zur Erfüllung nicht ausreicht.
(2) Tritt nach § 2161 ein anderer an die Stelle des beschwerten Vermächtnisnehmers, so haftet er nicht weiter, als der Vermächtnisnehmer haften würde.
(3) Die für die Haftung des Erben geltenden Vorschriften des § 1992 finden entsprechende Anwendung.

§ 2188 Kürzung der Beschwerungen

Wird die einem Vermächtnisnehmer gebührende Leistung auf Grund der Beschränkung der Haftung des Erben, wegen eines Pflichtteilsanspruchs oder in Gemäßheit des § 2187 gekürzt, so kann der Vermächtnisnehmer, sofern nicht ein anderer Wille des Erblassers anzunehmen ist, die ihm auferlegten Beschwerungen verhältnismäßig kürzen.

§ 2189 Anordnung eines Vorrangs

Der Erblasser kann für den Fall, dass die dem Erben oder einem Vermächtnisnehmer auferlegten Vermächtnisse und Auflagen auf Grund der Beschränkung der Haftung des Erben, wegen eines Pflichtteilsanspruchs oder in Gemäßheit der §§ 2187, 2188 gekürzt werden, durch Verfügung von Todes wegen anordnen, dass ein Vermächtnis oder eine Auflage den Vorrang vor den übrigen Beschwerungen haben soll.

제2186조 하유증(下遺贈)과 부담의 이행기

수증자가 유증이나 부담의 의무를 지는 경우, 그는 그가 그에게 출연된 유증을 청구할 권리가 가질 때에 비로소 이행할 의무를 진다.

제2187조 주수증자(主受贈者)의 책임

(1) 유증이나 부담의 의무를 지는 수증자는 그에게 출연된 유증을 수령한 후에도 그가 유증으로 취득한 것이 이행에 충분하지 않을 때에는 이행을 거절할 수 있다.

(2) 제2161조에 따라 다른 사람이 유증의무 있는 수증자의 지위를 승계한 때에는 그는 수증자가 책임지게 되었을 것을 넘어 책임지지 아니한다.

(3) 상속인의 책임에 적용되는 제1992조의 규정이 준용된다.

제2188조 부담의 감경

수증자에게 귀속되는 급부가 상속인책임의 제한을 이유로 하거나 의무상속분청구권을 원인으로 또는 제2187조에 따라 감소된 경우, 피상속인의 다른 의사가 인정되지 않으면 수증자는 그 비율로 그에게 지워진 부담을 덜 수 있다.

제2189조 선순위의 지시

피상속인은 상속인 또는 수증자에게 지워진 유증과 부담이 상속인책임의 제한을 이유로 하거나 의무상속분청구권을 원인으로 또는 제2187조와 제2188조에 따라 감소되는 경우에 유증이나 부담이 그 밖의 의무에 대하여 선순위를 가진다고 사인처분으로 지시할 수 있다.

§ 2190 Ersatzvermächtnisnehmer

Hat der Erblasser für den Fall, dass der zunächst Bedachte das Vermächtnis nicht erwirbt, den Gegenstand des Vermächtnisses einem anderen zugewendet, so finden die für die Einsetzung eines Ersatzerben geltenden Vorschriften der §§ 2097 bis 2099 entsprechende Anwendung.

§ 2191 Nachvermächtnisnehmer

(1) Hat der Erblasser den vermachten Gegenstand von einem nach dem Anfall des Vermächtnisses eintretenden bestimmten Zeitpunkt oder Ereignis an einem Dritten zugewendet, so gilt der erste Vermächtnisnehmer als beschwert.

(2) Auf das Vermächtnis finden die für die Einsetzung eines Nacherben geltenden Vorschriften des § 2102, des § 2106 Abs. 1, des § 2107 und des § 2110 Abs. 1 entsprechende Anwendung.

Titel 5. Auflage

§ 2192 Anzuwendende Vorschriften

Auf eine Auflage finden die für letztwillige Zuwendungen geltenden Vorschriften der §§ 2065, 2147, 2148, 2154 bis 2156, 2161, 2171, 2181 entsprechende Anwendung.

§ 2193 Bestimmung des Begünstigten, Vollziehungsfrist

(1) Der Erblasser kann bei der Anordnung einer Auflage, deren Zweck er bestimmt hat, die Bestimmung der Person, an welche die Leistung erfolgen soll, dem Beschwerten oder einem Dritten überlassen.

(2) Steht die Bestimmung dem Beschwerten zu, so kann ihm, wenn er zur Vollziehung der Auflage rechtskräftig verurteilt ist, von dem Kläger eine angemessene Frist zur Vollziehung bestimmt werden; nach dem Ablauf der Frist ist der Kläger berechtigt, die Bestimmung zu treffen, wenn nicht die Vollziehung rechtzeitig erfolgt.

第2190조 예비수증자

피상속인이 피지명인이 유증을 취득하지 않을 경우에 대비하여 타인에게 유증의 목적물을 출연한 때에는 예비상속인의 지정에 적용되는 제2097조에서 제2099조의 규정이 준용된다.

第2191조 후수증자(後受贈者)

(1) 피상속인이 유증이 개시된 후에 도래하는 특정 시기 또는 발생하는 사건부터 유증한 목적물을 제3자에게 출연한 때에는 최초의 수증자가 의무를 부담하는 것으로 본다.

(2) 유증에 관하여는 후상속인의 지정에 적용되는 제2102조, 제2106조 제1항, 제2107조와 제2110조 제1항이 준용된다.

제 5 절 부담

第2192조 준용규정

사인증여에 관하여 적용되는 제2065조, 제2147조, 제2148조, 제2154조에서 제2156조, 제2161조, 제2171조와 제2181조가 부담에 준용된다. <현행민법 제1111조 비교>

第2193조 수익자의 지정, 실행기간

(1) 피상속인은 그가 목적을 정한 부담을 지시할 때에 유증의무자 또는 제3자에게 급부가 이루어져야 하는 사람의 지정을 맡길 수 있다.

(2) 지정[권]이 유증의무자에게 있을 경우 그가 부담을 실행하도록 확정판결을 받은 경우에는 원고로부터 그에게 실행을 위한 상당한 기간이 허여될 수 있다; 그 실행이 그 기간 내에 이루어지지 않을 때에는 원고는 그 기간의 경과로 지정할 권리를 가진다.

(3) Steht die Bestimmung einem Dritten zu, so erfolgt sie durch Erklärung gegenüber dem Beschwerten. Kann der Dritte die Bestimmung nicht treffen, so geht das Bestimmungsrecht auf den Beschwerten über. Die Vorschrift des § 2151 Abs. 3 Satz 2 findet entsprechende Anwendung; zu den Beteiligten im Sinne dieser Vorschrift gehören der Beschwerte und diejenigen, welche die Vollziehung der Auflage zu verlangen berechtigt sind.

§ 2194 Anspruch auf Vollziehung

Die Vollziehung einer Auflage können der Erbe, der Miterbe und derjenige verlangen, welchem der Wegfall des mit der Auflage zunächst Beschwerten unmittelbar zustatten kommen würde. Liegt die Vollziehung im öffentlichen Interesse, so kann auch die zuständige Behörde die Vollziehung verlangen.

§ 2195 Verhältnis von Auflage und Zuwendung

Die Unwirksamkeit einer Auflage hat die Unwirksamkeit der unter der Auflage gemachten Zuwendung nur zur Folge, wenn anzunehmen ist, dass der Erblasser die Zuwendung nicht ohne die Auflage gemacht haben würde.

§ 2196 Unmöglichkeit der Vollziehung

(1) Wird die Vollziehung einer Auflage infolge eines von dem Beschwerten zu vertretenden Umstands unmöglich, so kann derjenige, welchem der Wegfall des zunächst Beschwerten unmittelbar zustatten kommen würde, die Herausgabe der Zuwendung nach den Vorschriften über die Herausgabe einer ungerechtfertigten Bereicherung insoweit fordern, als die Zuwendung zur Vollziehung der Auflage hätte verwendet werden müssen.

(2) Das Gleiche gilt, wenn der Beschwerte zur Vollziehung einer Auflage, die nicht durch einen Dritten vollzogen werden kann, rechtskräftig verurteilt ist und die zulässigen Zwangsmittel erfolglos gegen ihn angewendet worden sind.

(3) 지정[권]이 제3자에게 있을 경우, 이는 유증의무자에 대한 의사표시로 한다. 제3자가 지정할 수 없을 때에는 지정권은 유증의무자에게 이전된다. 제2151조 제3항 제3문의 규정이 준용된다; 이 규정의 의미에서 유증의무자와 부담의 실행을 청구할 권리가 있는 사람은 이해관계인에 속한다.

제2194조 실행청구권

상속인, 공동상속인과 부담을 진 최초의 유증의무자의 탈락으로 직접 이익을 얻게 되는 사람은 부담의 실행을 청구할 수 있다. 그 실행이 공적 이익이 될 때에는 관할관청도 또한 그 실행을 청구할 수 있다. <현행민법 제1111조 참조>

제2195조 부담과 출연의 관계

부담의 무효는, 피상속인이 부담이 없으면 출연하지 않았을 것으로 인정될 때에는, 부담의 명목으로 행하여진 출연의 무효를 효과로 한다. <현행민법 제1089조 참조>

제2196조 실행불능

(1) 부담의 실행이 유증의무자의 책임 있는 사유로 불능이 된 때에는, 최초의 유증의무자의 탈락으로 직접 이익을 얻게 될 사람은 출연이 부담의 실행을 위하여 지출되어야 했을 경우 부당이득반환에 관한 법률규정에 따라 출연의 반환을 청구할 수 있다.

(2) 유증의무자가 제3자에 의하여 실행될 수 없는 부담의 실행을 위하여 확정판결을 받고 그에 대하여 허락된 강제집행방법이 효과 없이 적용된 때에도 같다.

Titel 6. Testamentsvollstrecker

§ 2197 Ernennung des Testamentsvollstreckers

(1) Der Erblasser kann durch Testament einen oder mehrere Testamentsvollstrecker ernennen.

(2) Der Erblasser kann für den Fall, dass der ernannte Testamentsvollstrecker vor oder nach der Annahme des Amts wegfällt, einen anderen Testamentsvollstrecker ernennen.

§ 2198 Bestimmung des Testamentsvollstreckers durch einen Dritten

(1) Der Erblasser kann die Bestimmung der Person des Testamentsvollstreckers einem Dritten überlassen. Die Bestimmung erfolgt durch Erklärung gegenüber dem Nachlassgericht; die Erklärung ist in öffentlich beglaubigter Form abzugeben.

(2) Das Bestimmungsrecht des Dritten erlischt mit dem Ablauf einer ihm auf Antrag eines der Beteiligten von dem Nachlassgericht bestimmten Frist.

§ 2199 Ernennung eines Mitvollstreckers oder Nachfolgers

(1) Der Erblasser kann den Testamentsvollstrecker ermächtigen, einen oder mehrere Mitvollstrecker zu ernennen.

(2) Der Erblasser kann den Testamentsvollstrecker ermächtigen, einen Nachfolger zu ernennen.

(3) Die Ernennung erfolgt nach § 2198 Abs. 1 Satz 2.

§ 2200 Ernennung durch das Nachlassgericht

(1) Hat der Erblasser in dem Testament das Nachlassgericht ersucht, einen Testamentsvollstrecker zu ernennen, so kann das Nachlassgericht die Ernennung vornehmen.

(2) Das Nachlassgericht soll vor der Ernennung die Beteiligten hören, wenn es ohne erhebliche Verzögerung und ohne unverhältnismäßige Kosten geschehen kann.

제6절 유언집행인

제2197 유언집행인의 지정

(1) 피상속인은 유언으로 1인 또는 여러 명의 유언집행인을 지정할 수 있다. <현행민법 제1093조 제1항>

(2) 피상속인은 지정된 유언집행인이 취임을 승낙하기 전 또는 승낙한 후에 결격이 될 경우에 대비하여 다른 유언집행인을 지정할 수 있다.

제2198조 제3자에 의한 유언집행인의 지정

(1) 피상속인은 유언집행인의 지정을 제3자에게 위탁할 수 있다. 지정은 상속법원에 대한 의사표시로 한다; 의사표시는 공정증서의 방식으로 하여야 한다. <현행민법 제1093조 제2항>

(2) 제3자의 지정권은 이해관계인의 신청으로 상속법원이 그에게 정한 기간이 경과하면 소멸한다. <현행민법 제1084조 비교>

제2199조 공동집행인 또는 그 승계인의 선임

(1) 피상속인은 유언집행인에게 1인 또는 여러 명의 공동집행인을 지정할 권한을 수여할 수 있다.

(2) 피상속인은 유언집행인에게 승계인을 지정할 권한을 수여할 수 있다.

(3) 지정은 제2198조 제1항 제2문에 따른다.

제2200조 상속법원에 의한 선임

(1) 피상속인이 유언으로 상속법원에 유언집행인을 선임할 것을 청원한 때에는 상속법원은 선임행위를 할 수 있다.

(2) 상속법원은, 현저한 지연이 없고 과다한 비용 없이 이루어질 수 있을 때에는, 선임하기 전에 이해관계인의 의견을 들어야 한다.

<현행민법 제1096조 비교>

§ 2201 Unwirksamkeit der Ernennung

Die Ernennung des Testamentsvollstreckers ist unwirksam, wenn er zu der Zeit, zu welcher er das Amt anzutreten hat, geschäftsunfähig oder in der Geschäftsfähigkeit beschränkt ist oder nach § 1896[89] zur Besorgung seiner Vermögensangelegenheiten einen Betreuer erhalten hat.

§ 2202 Annahme und Ablehnung des Amts

(1) Das Amt des Testamentsvollstreckers beginnt mit dem Zeitpunkt, in welchem der Ernannte das Amt annimmt.

(2) Die Annahme sowie die Ablehnung des Amts erfolgt durch Erklärung gegenüber dem Nachlassgericht. Die Erklärung kann erst nach dem Eintritt des Erbfalls abgegeben werden; sie ist unwirksam, wenn sie unter einer Bedingung oder einer Zeitbestimmung abgegeben wird.

(3) Das Nachlassgericht kann dem Ernannten auf Antrag eines der Beteiligten eine Frist zur Erklärung über die Annahme bestimmen. Mit dem Ablauf der Frist gilt das Amt als abgelehnt, wenn nicht die Annahme vorher erklärt wird.

---

89 § 1896 Voraussetzungen

(1) Kann ein Volljähriger auf Grund einer psychischen Krankheit oder einer körperlichen, geistigen oder seelischen Behinderung seine Angelegenheiten ganz oder teilweise nicht besorgen, so bestellt das Betreuungsgericht auf seinen Antrag oder von Amts wegen für ihn einen Betreuer. Den Antrag kann auch ein Geschäftsunfähiger stellen. Soweit der Volljährige auf Grund einer körperlichen Behinderung seine Angelegenheiten nicht besorgen kann, darf der Betreuer nur auf Antrag des Volljährigen bestellt werden, es sei denn, dass dieser seinen Willen nicht kundtun kann.

(1a) Gegen den freien Willen des Volljährigen darf ein Betreuer nicht bestellt werden.

(2) Ein Betreuer darf nur für Aufgabenkreise bestellt werden, in denen die Betreuung erforderlich ist. Die Betreuung ist nicht erforderlich, soweit die Angelegenheiten des Volljährigen durch einen Bevoll mächtigten, der nicht zu den in § 1897 Abs. 3 bezeichneten Personen gehört, oder durch andere Hilfen, bei denen kein gesetzlicher Vertreter bestellt wird, ebenso gut wie durch einen Betreuer besorgt werden können.

(3) Als Aufgabenkreis kann auch die Geltendmachung von Rechten des Betreuten gegenüber seinem Bevollmächtigten bestimmt werden.

(4) Die Entscheidung über den Fernmeldeverkehr des Betreuten und über die Entgegennahme, das Öffnen und das Anhalten seiner Post werden vom Aufgabenkreis des Betreuers nur dann erfasst, wenn das Gericht dies ausdrücklich angeordnet hat.

第2201条 선임의 무효

유언집행인의 선임은 그가 취임할 때에 행위무능력이거나 행위능력이 제한된 경우 또는 제1896条[90]에 따라 그의 재산사무의 관리를 위하여 성년후견인을 가진 경우에는 무효이다. <현행민법 제1098조 비교>

第2202条 취임의 승낙과 거절

(1) 유언집행인의 임무는 선임된 사람이 취임을 승낙한 때에 개시한다. <현행민법 제1099조, 현행민법 제1097조[91] 제1항 참조>

(2) 취임의 승낙과 거절은 상속법원에 대한 의사표시로 한다. 그 의사표시는 상속이 개시된 후에 표시되어야 한다; 그 의사표시가 조건부 또는 기한부로 표시된 때에는 이는 무효이다. <현행민법 제1097조 제2항 비교>

(3) 상속법원은 이해관계인의 신청으로 선임된 사람에게 승낙의 의사표시를 위한 기간을 허여할 수 있다. 그 기간 내에 승낙이 표시되지 않은 때에는 그 기간의 경과로 취임이 거절된 것으로 본다. <현행민법 제1097조 제3항 비교>

---

90 第1896条 [성년후견의] 요건

(1) 성년자가 정신질환이나 신체적, 정신적 또는 심리적 장애로 그의 사무를 전부 또는 일부 처리할 수 없을 때에는, 후견법원은 그의 청구 또는 직권으로 그를 위하여 성년후견인을 선임한다. 성년자가 신체적 장애로 그의 사무를 처리할 수 없을 때에는 후견인은 오직 성년자의 청구로만 선임될 수 있다. 그러나 그가 그의 의사를 밝힐 수 없을 때에는 그러하지 아니하다.

(1a) 성년자의 명백한 의사에 반하여 후견인은 선임되지 아니한다.

(2) 후견인은 후견이 필요한 임무범위에서만 선임되어야 한다. 성년자의 사무가 제1897조에 열거된 사람에 속하지 않는 수임인 또는 그밖에 법정대리인이 선임되지 않은 보조자의 도움으로 후견인에 의한 것과 같이 제대로 처리될 수 있을 때에는 후견은 필요하지 않다.

(3) 그의 수임인에 대한 피후견인의 권리의 행사도 또한 임무범위로 지정될 수 있다.

(4) 피후견인의 통신과 그의 우편의 수령, 개봉과 금지에 관한 결정은 법원이 이를 명시적으로 처분한 때에만 후견인의 임무범위에 포함된다.

91 현행민법 제1097조는 '사퇴'라고 하나(비슷하게 또한 제937조 참조 '사임') 아직 승낙하지 않은 상태이므로 '거절'이 옳은 법률개념일 것이다. 이와 달리 현행민법 제1105조의 '사퇴'는 진정한 의미의 사퇴이다.

§ 2203 Aufgabe des Testamentsvollstreckers

Der Testamentsvollstrecker hat die letztwilligen Verfügungen des Erblassers zur Ausführung zu bringen.

§ 2204 Auseinandersetzung unter Miterben

(1) Der Testamentsvollstrecker hat, wenn mehrere Erben vorhanden sind, die Auseinandersetzung unter ihnen nach Maßgabe der §§ 2042 bis 2057a zu bewirken.

(2) Der Testamentsvollstrecker hat die Erben über den Auseinandersetzungsplan vor der Ausführung zu hören.

§ 2205 Verwaltung des Nachlasses, Verfügungsbefugnis

Der Testamentsvollstrecker hat den Nachlass zu verwalten. Er ist insbesondere berechtigt, den Nachlass in Besitz zu nehmen und über die Nachlassgegenstände zu verfügen. Zu unentgeltlichen Verfügungen ist er nur berechtigt, soweit sie einer sittlichen Pflicht oder einer auf den Anstand zu nehmenden Rücksicht entsprechen.

§ 2206 Eingehung von Verbindlichkeiten

(1) Der Testamentsvollstrecker ist berechtigt, Verbindlichkeiten für den Nachlass einzugehen, soweit die Eingehung zur ordnungsmäßigen Verwaltung erforderlich ist. Die Verbindlichkeit zu einer Verfügung über einen Nachlassgegenstand kann der Testamentsvollstrecker für den Nachlass auch dann eingehen, wenn er zu der Verfügung berechtigt ist.

(2) Der Erbe ist verpflichtet, zur Eingehung solcher Verbindlichkeiten seine Einwilligung zu erteilen, unbeschadet des Rechts, die Beschränkung seiner Haftung für die Nachlassverbindlichkeiten geltend zu machen.

§ 2207 Erweiterte Verpflichtungsbefugnis

Der Erblasser kann anordnen, dass der Testamentsvollstrecker in der Eingehung von Verbindlichkeiten für den Nachlass nicht beschränkt sein soll. Der Testamentsvollstrecker ist auch in einem solchen Falle zu einem Schenkungsversprechen nur nach Maßgabe des § 2205 Satz 3 berechtigt.

第2203조 유언집행인의 임무

유언집행인은 피상속인의 사인처분을 처리하여야 한다. <현행민법 제1101조, 제1103, 현행민법 제681조 참조>

第2204조 공동상속인 사이의 분할

(1) 여러 명의 공동상속인이 있을 때에는 유언집행인은 제2042조에서 제2057a조를 기준으로 그들 사이에서 분할하여야 한다.

(2) 유언집행인은 그 처리 전에 분할에 관한 상속인의 의견을 들어야 한다. <현행민법 제1101조 참조>

第2205조 유산의 관리, 처분권

유언집행인은 유산을 관리하여야 한다. 그는 특히 유산을 점유하고 유산목적물을 처분할 권리가 있다. 그는 무상처분이 윤리적 의무 또는 도의관념에 적합한 때에만 무상처분할 권리가 있다. <현행민법 제1101조 참조>

第2206조 채무부담

(1) 유언집행인은 채무부담이 통상의 관리에 필요한 때에는 유산을 위하여 채무를 부담할 권리가 있다. 유언집행인은 그가 처분할 권리가 있을 때에는 유산을 위하여 상속목적물을 처분하는 채무를 부담할 수 있다.

(2) 상속인은, 상속채무에 대한 그의 책임제한을 주장할 수 있는 권리에 영향을 받지 않고, 그러한 채무의 부담에 동의할 의무가 있다.

<현행민법 제1101조, 제1103조, 제681조 참조>

第2207조 확장된 의무부담권한

피상속인은 유언집행인이 유산에 관한 채무의 부담에 제한되지 않을 것을 지시할 수 있다. 유언집행인은 또한 그 경우에도 제2205조 제3문을 기준으로 하여서만 증여의 의사표시를 할 권리가 있다. <현행민법 제1103조 참조>

§ 2208 Beschränkung der Rechte des Testamentsvollstreckers, Ausführung durch den Erben

(1) Der Testamentsvollstrecker hat die in den §§ 2203 bis 2206 bestimmten Rechte nicht, soweit anzunehmen ist, dass sie ihm nach dem Willen des Erblassers nicht zustehen sollen. Unterliegen der Verwaltung des Testamentsvollstreckers nur einzelne Nachlassgegenstände, so stehen ihm die in § 2205 Satz 2 bestimmten Befugnisse nur in Ansehung dieser Gegenstände zu.

(2) Hat der Testamentsvollstrecker Verfügungen des Erblassers nicht selbst zur Ausführung zu bringen, so kann er die Ausführung von dem Erben verlangen, sofern nicht ein anderer Wille des Erblassers anzunehmen ist.

§ 2209 Dauervollstreckung

Der Erblasser kann einem Testamentsvollstrecker die Verwaltung des Nachlasses übertragen, ohne ihm andere Aufgaben als die Verwaltung zuzuweisen; er kann auch anordnen, dass der Testamentsvollstrecker die Verwaltung nach der Erledigung der ihm sonst zugewiesenen Aufgaben fortzuführen hat. Im Zweifel ist anzunehmen, dass einem solchen Testamentsvollstrecker die in § 2207 bezeichnete Ermächtigung erteilt ist.

§ 2210 Dreißigjährige Frist für die Dauervollstreckung

Eine nach § 2209 getroffene Anordnung wird unwirksam, wenn seit dem Erbfall 30 Jahre verstrichen sind. Der Erblasser kann jedoch anordnen, dass die Verwaltung bis zum Tode des Erben oder des Testamentsvollstreckers oder bis zum Eintritt eines anderen Ereignisses in der Person des einen oder des anderen fortdauern soll. Die Vorschrift des § 2163 Abs. 2 findet entsprechende Anwendung.

§ 2211 Verfügungsbeschränkung des Erben

(1) Über einen der Verwaltung des Testamentsvollstreckers unterliegenden Nachlassgegenstand kann der Erbe nicht verfügen.

(2) Die Vorschriften zugunsten derjenigen, welche Rechte von einem Nichtberechtigten herleiten, finden entsprechende Anwendung.

제2208조 유언집행인의 권리의 제한, 상속인에 의한 처리

(1) 피상속인의 의사에 따라 제2203조에서 제2206조에 규정된 권리가 유언집행인에게 귀속되지 않은 때에는 그는 그 권리가 없다. 오직 개별 상속목적물만이 유언집행인의 관리 아래 있을 때에는 그 목적물에 관하여 제2205조 제2문에 규정된 권한만이 그에게 주어진다.

(2) 유언집행인이 피상속인의 처분을 직접 처리할 필요가 없을 경우 그는 피상속인의 다른 의사표시가 인정되지 않을 때에는 상속인에게 처리를 청구할 수 있다. ＜현행민법 제1103조 제2항, 제682조 비교＞

제2209조 계속집행

피상속인은 유언집행인에게 관리가 아닌 다른 임무를 수여하지 않고 유산의 관리를 위탁할 수 있다; 그는 또한 유언집행인이 그에게 위탁된 그 밖의 임무를 처리한 후에 관리를 계속할 것을 지시할 수 있다. 명백하지 않으면 유언집행인에게 제2207조에 규정된 권한이 수여된 것으로 본다.
＜현행민법 제1103조 제2항, 제682조 비교＞

제2210조 계속집행의 경우 30년의 기간

제2209조에 따라 행하여진 지시는 상속개시로부터 30년이 경과한 때에는 효력이 없다. 그러나 피상속인은 관리를 상속인 또는 유언집행인의 사망까지 또는 이들 중 1인의 신상에 그 밖의 사건이 발생할 관리가 계속될 것을 지시할 수 있다. 제2163조 제2항의 규정이 준용된다.

제2211조 상속인의 처분제한

(1) 상속인은 유언집행인의 관리 아래에 있는 상속목적물을 처분할 수 없다. ＜현행민법 제1101조 비교＞

(2) 그의 권리가 무권리자로부터 연역되는 사람을 위한 법률규정이 준용된다.

§ 2212 Gerichtliche Geltendmachung von der Testamentsvollstreckung unterliegenden Rechten

Ein der Verwaltung des Testamentsvollstreckers unterliegendes Recht kann nur von dem Testamentsvollstrecker gerichtlich geltend gemacht werden.

§ 2213 Gerichtliche Geltendmachung von Ansprüchen gegen den Nachlass

(1) Ein Anspruch, der sich gegen den Nachlass richtet, kann sowohl gegen den Erben als gegen den Testamentsvollstrecker gerichtlich geltend gemacht werden. Steht dem Testamentsvollstrecker nicht die Verwaltung des Nachlasses zu, so ist die Geltendmachung nur gegen den Erben zulässig. Ein Pflichtteilsanspruch kann, auch wenn dem Testamentsvollstrecker die Verwaltung des Nachlasses zusteht, nur gegen den Erben geltend gemacht werden.

(2) Die Vorschrift des § 1958 findet auf den Testamentsvollstrecker keine Anwendung.

(3) Ein Nachlassgläubiger, der seinen Anspruch gegen den Erben geltend macht, kann den Anspruch auch gegen den Testamentsvollstrecker dahin geltend machen, dass dieser die Zwangsvollstreckung in die seiner Verwaltung unterliegenden Nachlassgegenstände dulde.

§ 2214 Gläubiger des Erben

Gläubiger des Erben, die nicht zu den Nachlassgläubigern gehören, können sich nicht an die der Verwaltung des Testamentsvollstreckers unterliegenden Nachlassgegenstände halten.

§ 2215 Nachlassverzeichnis

(1) Der Testamentsvollstrecker hat dem Erben unverzüglich nach der Annahme des Amts ein Verzeichnis der seiner Verwaltung unterliegenden Nachlassgegenstände und der bekannten Nachlassverbindlichkeiten mitzuteilen und ihm die zur Aufnahme des Inventars sonst erforderliche Beihilfe zu leisten.

제2212조 유언집행 아래에 있는 권리의 재판상 행사

유언집행인의 관리 아래에 있는 권리는 유언집행인에 의하여만 재판으로 행사될 수 있다. <현행민법 제1101조 비교>

제2213조 유산에 대한 청구권의 재판상 행사

(1) 유산에 대한 청구권은 상속인 또는 유언집행인을 상대로 재판상 행사될 수 있다. 유산관리[권]이 유언집행인에게 없을 때에는 그 행사는 상속인에 대하여만 허용된다. 의무상속분청구권은 상속재산의 관리[권]이 유언집행인에게 있을 때에도 상속인에 대하여만 행사될 수 있다.

(2) 제1958조의 규정은 유언집행인에게 적용되지 아니한다.

(3) 상속인을 상대로 그의 청구권을 행사하는 상속재산채권자는 유언집행인이 그의 관리 아래에 있는 유산목적물에 대한 강제집행을 인용하도록 유언집행인에 대하여도 그 청구권을 행사할 수 있다.

제2214조 상속인의 채권자

상속채권자에 속하지 않는 상속인의 채권자는 유언집행인의 관리 아래에 있는 상속목적물을 압류할 수 없다.

제2215조 유산목록

(1) 유언집행인은 취임을 승낙한 후 지체없이 그의 관리 아래에 있는 상속목적물과 알려진 상속채무의 목록을 상속인에게 통지하고 그에게 유산목록의 작성에 필요한 그 밖의 협조를 하여야 한다. <현행민법 제1100조 제1항>

(2) Das Verzeichnis ist mit der Angabe des Tages der Aufnahme zu versehen und von dem Testamentsvollstrecker zu unterzeichnen; der Testamentsvollstrecker hat auf Verlangen die Unterzeichnung öffentlich beglaubigen zu lassen.
(3) Der Erbe kann verlangen, dass er bei der Aufnahme des Verzeichnisses zugezogen wird.
(4) Der Testamentsvollstrecker ist berechtigt und auf Verlangen des Erben verpflichtet, das Verzeichnis durch die zuständige Behörde oder durch einen zuständigen Beamten oder Notar aufnehmen zu lassen.
(5) Die Kosten der Aufnahme und der Beglaubigung fallen dem Nachlass zur Last.

§ 2216 Ordnungsmäßige Verwaltung des Nachlasses, Befolgung von Anordnungen

(1) Der Testamentsvollstrecker ist zur ordnungsmäßigen Verwaltung des Nachlasses verpflichtet.
(2) Anordnungen, die der Erblasser für die Verwaltung durch letztwillige Verfügung getroffen hat, sind von dem Testamentsvollstrecker zu befolgen. Sie können jedoch auf Antrag des Testamentsvollstreckers oder eines anderen Beteiligten von dem Nachlassgericht außer Kraft gesetzt werden, wenn ihre Befolgung den Nachlass erheblich gefährden würde. Das Gericht soll vor der Entscheidung, soweit tunlich, die Beteiligten hören.

§ 2217 Überlassung von Nachlassgegenständen

(1) Der Testamentsvollstrecker hat Nachlassgegenstände, deren er zur Erfüllung seiner Obliegenheiten offenbar nicht bedarf, dem Erben auf Verlangen zur freien Verfügung zu überlassen. Mit der Überlassung erlischt sein Recht zur Verwaltung der Gegenstände.
(2) Wegen Nachlassverbindlichkeiten, die nicht auf einem Vermächtnis oder einer Auflage beruhen, sowie wegen bedingter und betagter Vermächtnisse oder Auflagen kann der Testamentsvollstrecker die Überlassung der Gegenstände nicht verweigern, wenn der Erbe für die Berichtigung der Verbindlichkeiten oder für die Vollziehung der Vermächtnisse oder Auflagen Sicherheit leistet.

(2) 유산목록은 작성일을 기재하고 유언집행인에 의하여 서명되어야 한다; 유언집행인은 청구가 있으면 서명을 공증하여야 한다.

(3) 상속인은 그가 목록의 작성에 참여되어야 할 것을 청구할 수 있다. <현행민법 제1100조 제2항>

(4) 유언집행인은 관할관청이나 관할공무원 또는 공증인에게 목록을 작성하게 할 권리가 있고, 상속인의 청구가 있으면 이를 하여야 할 의무가 있다.

(5) 작성과 공증의 비용은 유산에서 이를 지급한다. <현행민법 제1107조>

제2216조 유산의 통상관리, 지시의 준수

(1) 유언집행인은 유산을 통상적으로 관리할 의무가 있다.

(2) 피상속인이 사인처분으로 관리에 관하여 내린 지시는 유언집행인에 의하여 준수되어야 한다. 그 지시는 그의 준수가 유산을 현저히 위험하게 할 수 있을 때에는 유언집행인 또는 그 밖의 이해관계인이 신청하면 상속법원에 의하여 배제될 수 있다. 법원은 가능한 경우 판결하기 전에 이해관계인의 의견을 들어야 한다.

<현행민법 제1096조 제2항 비교>

제2217조 상속목적물의 인도

(1) 유언집행인은 그가 그의 임무의 이행을 위하여 명백하게 필요로 하지 않는 상속목적물을 상속인의 청구가 있으면 그가 자유로이 처분하도록 인도하여야 한다. 인도로써 목적물의 관리에 관한 그의 권리는 소멸한다.

(2) 상속인이 채무의 변제 또는 유증이나 부담의 집행을 위하여 담보를 제공한 때에는, 유언집행인은 유증이나 부담을 근거로 하지 않는 상속채무를 이유로 하거나 조건부, 기한부 유증 또는 부담을 이유로 목적물의 인도를 거절할 수 없다.

<현행민법 제1101조 비교>

§ 2218 Rechtsverhältnis zum Erben; Rechnungslegung

(1) Auf das Rechtsverhältnis zwischen dem Testamentsvollstrecker und dem Erben finden die für den Auftrag geltenden Vorschriften der §§ 664, 666 bis 668, 670, des § 673 Satz 2 und des § 674[92] entsprechende Anwendung.

(2) Bei einer länger dauernden Verwaltung kann der Erbe jährlich Rechnungslegung verlangen.

---

92 § 664 Unübertragbarkeit; Haftung für Gehilfen

(1) Der Beauftragte darf im Zweifel die Ausführung des Auftrags nicht einem Dritten übertragen. Ist die Übertragung gestattet, so hat er nur ein ihm bei der Übertragung zur Last fallendes Verschulden zu vertreten. Für das Verschulden eines Gehilfen ist er nach § 278 verantwortlich.

(2) Der Anspruch auf Ausführung des Auftrags ist im Zweifel nicht übertragbar.

§ 666 Auskunfts- und Rechenschaftspflicht

Der Beauftragte ist verpflichtet, dem Auftraggeber die erforderlichen Nachrichten zu geben, auf Verlangen über den Stand des Geschäfts Auskunft zu erteilen und nach der Ausführung des Auftrags Rechenschaft abzulegen.

§ 667 Herausgabepflicht

Der Beauftragte ist verpflichtet, dem Auftraggeber alles, was er zur Ausführung des Auftrags erhält und was er aus der Geschäftsbesorgung erlangt, herauszugeben.

§ 668 Verzinsung des verwendeten Geldes

Verwendet der Beauftragte Geld für sich, das er dem Auftraggeber herauszugeben oder für ihn zu verwenden hat, so ist er verpflichtet, es von der Zeit der Verwendung an zu verzinsen.

§ 670 Ersatz von Aufwendungen

Macht der Beauftragte zum Zwecke der Ausführung des Auftrags Aufwendungen, die er den Umständen nach für erforderlich halten darf, so ist der Auftraggeber zum Ersatz verpflichtet.

§ 673 Tod des Beauftragten

Der Auftrag erlischt im Zweifel durch den Tod des Beauftragten. Erlischt der Auftrag, so hat der Erbe des Beauftragten den Tod dem Auftraggeber unverzüglich anzuzeigen und, wenn mit dem Aufschub Gefahr verbunden ist, die Besorgung des übertragenen Geschäfts fortzusetzen, bis der Auftraggeber anderweit Fürsorge treffen kann; der Auftrag gilt insoweit als fortbestehend.

§ 674 Fiktion des Fortbestehens

Erlischt der Auftrag in anderer Weise als durch Widerruf, so gilt er zugunsten des Beauftragten gleichwohl als fortbestehend, bis der Beauftragte von dem Erlöschen Kenntnis erlangt oder das Erlöschen kennen muss.

제2218조 상속인에 대한 법률관계; 계산서의 제출

(1) 유언집행인과 상속인의 법률관계에는 위임에 적용되는 제664조, 제666조에서 제668조, 제670조, 제673조 제2문과 제674조의 규정[93]이 준용된다.

(2) 장기의 관리의 경우 상속인은 매년 계산서의 제출을 청구할 수 있다.

<현행민법 제1103조 제2항, 제683조 비교>

---

93 제664조 불가양도성; 보조자에 대한 책임

(1) 수임인은 명백하지 않으면 위임사무의 처리를 제3자에게 양도하지 못한다. 양도한 때에는 그는 양도할 때에 그에게 부담이 되는 과실(Verschulden)에 대하여만 책임을 진다. 보조자의 과실에 대하여는 그는 제278조에 따라 책임을 진다.

(2) 위임사무의 처리청구권은 명백하지 않으면 양도할 수 없다.

제666조 안내의무와 계산의무

수임인은 위임인에게 필요한 소식을 알리고 그의 청구가 있으면 사무의 현황에 관하여 안내하고, 위임사무를 처리한 후에 계산을 제출할 의무를 진다.

제667조 인도의무

수임인은 그가 위임사무를 처리하기 위하여 가진 것과 사무관리로 취득한 것 전부를 위임인에게 인도할 의무를 진다.

제668조 지출비용의 이자지급

수임인이 그가 위임인에게 인도하여야 하거나 그를 위하여 사용하여야 할 금전을 자기를 위하여 소비한 때에는 그는 소비한 때부터 이자를 지급할 의무를 진다.

제670조 비용상환

수임인이 그가 위임사무의 처리를 목적으로 사정에 좇아 필요하다고 인정한 비용을 지출한 경우, 위임인은 배상할 의무를 진다.

제673조 수임인의 사망

위임은 명백하지 않으면 수임인의 사망으로 종료한다. 위임이 종료한 경우 수임인의 상속인은 위임인에게 지체없이 사망을 통지하여야 하고 위험이 그의 연기와 결부된 때에는 위임인이 달리 처리할 수 있을 때까지 양도된 사무의 관리를 계속하여야 한다; 그 범위에서 위임은 존속하는 것으로 본다.

제674조 존속의 의제

위임이 철회 이외의 방법으로 종료한 때에는 위임은 수임인이 종료를 알거나 알아야 할 때까지 수임인의 이익을 위하여 존속하는 것으로 본다.

§ 2219 Haftung des Testamentsvollstreckers

(1) Verletzt der Testamentsvollstrecker die ihm obliegenden Verpflichtungen, so ist er, wenn ihm ein Verschulden zur Last fällt, für den daraus entstehenden Schaden dem Erben und, soweit ein Vermächtnis zu vollziehen ist, auch dem Vermächtnisnehmer verantwortlich.
(2) Mehrere Testamentsvollstrecker, denen ein Verschulden zur Last fällt, haften als Gesamtschuldner.

§ 2220 Zwingendes Recht

Der Erblasser kann den Testamentsvollstrecker nicht von den ihm nach den §§ 2215, 2216, 2218, 2219 obliegenden Verpflichtungen befreien.

§ 2221 Vergütung des Testamentsvollstreckers

Der Testamentsvollstrecker kann für die Führung seines Amts eine angemessene Vergütung verlangen, sofern nicht der Erblasser ein anderes bestimmt hat.

§ 2222 Nacherbenvollstrecker

Der Erblasser kann einen Testamentsvollstrecker auch zu dem Zwecke ernennen, dass dieser bis zu dem Eintritt einer angeordneten Nacherbfolge die Rechte des Nacherben ausübt und dessen Pflichten erfüllt.

§ 2223 Vermächtnisvollstrecker

Der Erblasser kann einen Testamentsvollstrecker auch zu dem Zwecke ernennen, dass dieser für die Ausführung der einem Vermächtnisnehmer auferlegten Beschwerungen sorgt.

§ 2224 Mehrere Testamentsvollstrecker

(1) Mehrere Testamentsvollstrecker führen das Amt gemeinschaftlich; bei einer Meinungsverschiedenheit entscheidet das Nachlassgericht. Fällt einer von ihnen weg, so führen die übrigen das Amt allein. Der Erblasser kann abweichende Anordnungen treffen.

제2219조 유언집행인의 책임

(1) 유언집행인이 그에게 지워진 의무를 위반한 때에는 그는 그에게 과실이 있을 경우 상속인에게, 그리고 유증을 집행하여야 할 경우 수증자에게 그로부터 발생한 손해에 대하여도 책임이 있다.

(2) 과실이 있는 여러 명의 유언집행인은 연대채무자(Gesamtschuldner)로 책임을 진다.

<현행민법 제1102조 본문, 제1103조, 제681조 참조>

제2220조 강행규정

피상속인은 유언집행인을 제2215조, 제2216조, 제2218조와 제2219조에 따라 그에게 부과되는 의무로부터 면제할 수 없다. <현행민법 제1101조 비교>

제2221조 유언집행인의 보수

피상속인이 달리 정하지 않으면 유언집행인은 그의 업무의 수행에 대하여 상당한 보수를 청구할 수 있다. <현행민법 제1104조>

제2222조 후상속집행인

피상속인은 또한 지시된 후상속이 개시할 때까지 후상속인의 권리를 행사하거나 그의 의무를 이행하게 할 목적으로 유언집행인을 지정할 수 있다.

제2223조 유증집행인

피상속인은 또한 수증자에게 부과된 의무를 처리하게 할 목적으로 유언집행인을 선임할 수 있다.

제2224조 공동유언집행인

(1) 여러 명의 유언집행인은 공동으로 업무를 수행한다; 의견이 다를 때에는 상속법원이 결정한다. 그들 중의 1인이 탈락한 때에는 나머지 유언집행인이 단독으로 임무를 수행한다. 피상속인은 이와 다른 지시를 할 수 있다.

(2) Jeder Testamentsvollstrecker ist berechtigt, ohne Zustimmung der anderen Testamentsvollstrecker diejenigen Maßregeln zu treffen, welche zur Erhaltung eines der gemeinschaftlichen Verwaltung unterliegenden Nachlassgegenstands notwendig sind.

§ 2225 Erlöschen des Amts des Testamentsvollstreckers

Das Amt des Testamentsvollstreckers erlischt, wenn er stirbt oder wenn ein Fall eintritt, in welchem die Ernennung nach § 2201 unwirksam sein würde.

§ 2226 Kündigung durch den Testamentsvollstrecker

Der Testamentsvollstrecker kann das Amt jederzeit kündigen. Die Kündigung erfolgt durch Erklärung gegenüber dem Nachlassgericht. Die Vorschrift des § 671 Abs. 2, 3[94] findet entsprechende Anwendung

§ 2227 Entlassung des Testamentsvollstreckers

Das Nachlassgericht kann den Testamentsvollstrecker auf Antrag eines der Beteiligten entlassen, wenn ein wichtiger Grund vorliegt; ein solcher Grund ist insbesondere grobe Pflichtverletzung oder Unfähigkeit zur ordnungsmäßigen Geschäftsführung.

§ 2228 Akteneinsicht

Das Nachlassgericht hat die Einsicht der nach § 2198 Abs. 1 Satz 2, § 2199 Abs. 3, § 2202 Abs. 2, § 2226 Satz 2 abgegebenen Erklärungen jedem zu gestatten, der ein rechtliches Interesse glaubhaft macht.

---

94 § 671 Widerruf; Kündigung
(1) Der Auftrag kann von dem Auftraggeber jederzeit widerrufen, von dem Beauftragten jederzeit gekündigt werden.
(2) Der Beauftragte darf nur in der Art kündigen, dass der Auftraggeber für die Besorgung des Geschäfts anderweit Fürsorge treffen kann, es sei denn, dass ein wichtiger Grund für die unzeitige Kündigung vorliegt. Kündigt er ohne solchen Grund zur Unzeit, so hat er dem Auftraggeber den daraus entstehenden Schaden zu ersetzen.
(3) Liegt ein wichtiger Grund vor, so ist der Beauftragte zur Kündigung auch dann berechtigt, wenn er auf das Kündigungsrecht verzichtet hat.

(2) 유언집행인은 다른 유언집행인의 동의 없이 공동의 관리에 맡겨진 상속목적물의 보존에 필요한 조치를 할 수 있다.
<현행민법 제1102조>

제2225조 유언집행인의 임무의 종료

유언집행인의 임무는 그가 사망하거나 제2201조의 선임이 무효가 되는 사유가 발생한 때에 종료한다. <현행민법 제1103조 제2항 참조>

제2226조 유언집행인의 사퇴

유언집행인은 언제든지 그 임무를 사퇴할 수 있다. 사퇴는 상속법원에 대한 의사표시로 한다. 제671조 제2항과 제3항[95]의 규정이 준용된다.
<현행민법 제1105조>

제2227조 유언집행인의 해임

상속법원은 중대한 사유가 있을 때에는 이해관계인의 신청으로 유언집행인을 해임할 수 있다; 특히 중대한 의무위반 또는 정상적인 사무관리의 무능력이 그러한 사유이다. <현행민법 제1106조>

제2228조 목록열람

상속법원은 법률상 이익을 증명하는 모든 사람에게 제2198조 제1항 제2문, 제2199조 제3항, 제2202조 제2항, 제2226조 제2문에 따라 표시된 의사의 열람을 허용하여야 한다.

---

95 제671조 철회; 해지
(1) 위임은 위임인에 의하여 언제든지 철회될 수 있고, 수임인에 의하여는 언제든지 해지될 수 있다.
(2) 수임인은 위임인이 사무의 처리를 위하여 달리 관리할 수 있는 방식으로만 해지할 수 있다. 그러나 불리한 시기의 해지를 위한 중대한 사유가 있는 때에는 그러하지 아니하다. 그가 그러한 사유 없이 불리한 시기에 해지한 때에는 그는 위임인에게 그 손해를 배상하여야 한다.
(3) 중대한 사유가 있으면 수임인은 그가 해지권을 포기한 때에도 해지할 권리를 가진다.

Titel 7. Errichtung und Aufhebung eines Testaments

§ 2229 Testierfähigkeit Minderjähriger, Testierunfähigkeit

(1) Ein Minderjähriger kann ein Testament erst errichten, wenn er das 16. Lebensjahr vollendet hat.

(2) Der Minderjährige bedarf zur Errichtung eines Testaments nicht der Zustimmung seines gesetzlichen Vertreters.

(3) (weggefallen)

(4) Wer wegen krankhafter Störung der Geistestätigkeit, wegen Geistesschwäche oder wegen Bewusstseinsstörung nicht in der Lage ist, die Bedeutung einer von ihm abgegebenen Willenserklärung einzusehen und nach dieser Einsicht zu handeln, kann ein Testament nicht errichten.

§ 2230 (weggefallen)

§ 2231 Ordentliche Testamente

Ein Testament kann in ordentlicher Form errichtet werden

1. zur Niederschrift eines Notars,
2. durch eine vom Erblasser nach § 2247 abgegebene Erklärung.

§ 2232 Öffentliches Testament

Zur Niederschrift eines Notars wird ein Testament errichtet, indem der Erblasser dem Notar seinen letzten Willen erklärt oder ihm eine Schrift mit der Erklärung übergibt, dass die Schrift seinen letzten Willen enthalte. Der Erblasser kann die Schrift offen oder verschlossen übergeben; sie braucht nicht von ihm geschrieben zu sein.

제 7 절 유언의 작성과 철회

제2229조 미성년자의 유언능력, 유언무능력

(1) 미성년자는 그가 만 16세에 이른 때에만 유언할 수 있다.

(2) 미성년자는 유언의 작성에 그의 법정대리인의 동의를 필요로 하지 아니한다.

(3) (삭제)

(4) 질병에 의한 정신활동의 장애, 심신박약이나 의식장애로 인하여 그에 의하여 표시된 의사표시의 의미를 이해하고 그 인식에 따라 행위할 상태에 있지 않은 사람은 유언할 수 없다.

<현행민법 제1061조, 제1062조, 제1063조>

제2230조 (삭제)

제2231조 정규유언

유언은 정규의 방식으로 작성될 수 있다.

1. 공증인의 서명
2. 제2247조에 따라 피상속인에 의하여 표시된 의사표시

제2232조 공식유언

피상속인이 공증인에게 그의 유언의사를 표시하거나 그에게 문서가 그의 유언의사를 포함한다는 의사표시와 함께 문서를 교부한 유언은 공증인의 서명으로 작성된다. 피상속인은 문서를 개봉하거나 밀봉하여 교부할 수 있다; 문서는 그에 의하여 쓰여질 필요가 없다. <현행민법 제1066조, 제1068조 비교>

§ 2233 Sonderfälle

(1) Ist der Erblasser minderjährig, so kann er das Testament nur durch eine Erklärung gegenüber dem Notar oder durch Übergabe einer offenen Schrift errichten.

(2) Ist der Erblasser nach seinen Angaben oder nach der Überzeugung des Notars nicht im Stande, Geschriebenes zu lesen, so kann er das Testament nur durch eine Erklärung gegenüber dem Notar errichten.

§§ 2234 bis 2246 (weggefallen)

§ 2247 Eigenhändiges Testament

(1) Der Erblasser kann ein Testament durch eine eigenhändig geschriebene und unterschriebene Erklärung errichten.

(2) Der Erblasser soll in der Erklärung angeben, zu welcher Zeit (Tag, Monat und Jahr) und an welchem Ort er sie niedergeschrieben hat.

(3) Die Unterschrift soll den Vornamen und den Familiennamen des Erblassers enthalten. Unterschreibt der Erblasser in anderer Weise und reicht diese Unterzeichnung zur Feststellung der Urheberschaft des Erblassers und der Ernstlichkeit seiner Erklärung aus, so steht eine solche Unterzeichnung der Gültigkeit des Testaments nicht entgegen.

(4) Wer minderjährig ist oder Geschriebenes nicht zu lesen vermag, kann ein Testament nicht nach obigen Vorschriften errichten.

(5) Enthält ein nach Absatz 1 errichtetes Testament keine Angabe über die Zeit der Errichtung und ergeben sich hieraus Zweifel über seine Gültigkeit, so ist das Testament nur dann als gültig anzusehen, wenn sich die notwendigen Feststellungen über die Zeit der Errichtung anderweit treffen lassen. Dasselbe gilt entsprechend für ein Testament, das keine Angabe über den Ort der Errichtung enthält.

§ 2248 Verwahrung des eigenhändigen Testaments

Ein nach § 2247 errichtetes Testament ist auf Verlangen des Erblassers in besondere amtliche Verwahrung zu nehmen.

제2233조 예외사례

(1) 피상속인이 미성년일 경우 그는 공증인에 대한 의사표시 또는 개봉된 서면의 교부로만 유언할 수 있다.

(2) 피상속인이 그가 구수한 후 또는 공증인이 확인한 후에 기재된 사항을 읽을 상태에 있지 아니한 때에는 그는 공증인에 대한 의사표시로만 유언할 수 있다.

제2234조-제2246조 (삭제)

제2247조 자필유언

(1) 피상속인은 자필로 기재하고 서명한 의사표시로 유언할 수 있다.

(2) 피상속인은 그가 이를 문서화한 시기(일, 월과 년)와 장소를 의사표시에 기재하여야 한다.

(3) 서명은 피상속인의 이름과 성을 포함하여야 한다. 피상속인이 다른 방식으로 서명하고 그 서명이 피상속인 본인과 그의 의사표시의 진정의 확인에 충분한 때에는 그러한 서명은 유언의 효력에 반하지 아니한다.

(4) 미성년이거나 기록된 것을 읽을 수 없는 사람은 위의 조항들에 따라 유언할 수 없다.

(5) 제1항의 규정에 따라 작성된 유언이 작성일에 대한 기재를 포함하지 않고 이 때문에 그의 효력에 관한 의문이 있을 경우에는 유언은 다른 방법으로 작성시기에 관하여 필요한 확인이 이루어진 때에만 유효한 것으로 본다. 작성장소에 관한 기재가 없는 유언도 이에 준한다.

<현행민법 제1066조 비교>

제2248조 자필유언의 보관

제2247조에 따라 작성된 유언장은 피상속인의 청구로 별도로 관청에 보관된다.

§ 2249 Nottestament vor dem Bürgermeister

(1) Ist zu besorgen, dass der Erblasser früher sterben werde, als die Errichtung eines Testaments vor einem Notar möglich ist, so kann er das Testament zur Niederschrift des Bürgermeisters der Gemeinde, in der er sich aufhält, errichten. Der Bürgermeister muss zu der Beurkundung zwei Zeugen zuziehen. Als Zeuge kann nicht zugezogen werden, wer in dem zu beurkundenden Testament bedacht oder zum Testamentsvollstrecker ernannt wird; die Vorschriften der §§ 7 und 27 des Beurkundungsgesetzes gelten entsprechend. Für die Errichtung gelten die Vorschriften der §§ 2232, 2233 sowie die Vorschriften der §§ 2, 4, 5 Abs. 1, §§ 6 bis 10, 11 Abs. 1 Satz 2, Abs. 2, § 13 Abs. 1, 3, §§ 16, 17, 23, 24, 26 Abs. 1 Nr. 3, 4, Abs. 2, §§ 27, 28, 30, 32, 34, 35 des Beurkundungsgesetzes; der Bürgermeister tritt an die Stelle des Notars. Die Niederschrift muss auch von den Zeugen unterschrieben werden. Vermag der Erblasser nach seinen Angaben oder nach der Überzeugung des Bürgermeisters seinen Namen nicht zu schreiben, so wird die Unterschrift des Erblassers durch die Feststellung dieser Angabe oder Überzeugung in der Niederschrift ersetzt.

(2) Die Besorgnis, dass die Errichtung eines Testaments vor einem Notar nicht mehr möglich sein werde, soll in der Niederschrift festgestellt werden. Der Gültigkeit des Testaments steht nicht entgegen, dass die Besorgnis nicht begründet war.

(3) Der Bürgermeister soll den Erblasser darauf hinweisen, dass das Testament seine Gültigkeit verliert, wenn der Erblasser den Ablauf der in § 2252 Abs. 1, 2 vorgesehenen Frist überlebt. Er soll in der Niederschrift feststellen, dass dieser Hinweis gegeben ist.

(4) (weggefallen)

(5) Das Testament kann auch vor demjenigen errichtet werden, der nach den gesetzlichen Vorschriften zur Vertretung des Bürgermeisters befugt ist. Der Vertreter soll in der Niederschrift angeben, worauf sich seine Vertretungsbefugnis stützt.

(6) Sind bei Abfassung der Niederschrift über die Errichtung des in den vorstehenden Absätzen vorgesehenen Testaments Formfehler unterlaufen, ist aber dennoch mit Sicherheit anzunehmen, dass das Testament eine zuverlässige Wiedergabe der Erklärung des Erblassers enthält, so steht der Formverstoß der Wirksamkeit der Beurkundung nicht entgegen.

第2249条 시장 앞에서의 긴급유언

(1) 피상속인이 공증인의 앞에서 유언의 작성이 가능하기에 앞서 사망할 염려가 있을 때에는 그는 그가 체재하는 지방자치단체 시장의 기록으로 유언할 수 있다. 시장은 증서작성을 위하여 2인의 증인을 불러야 한다. 증서화되는 유언에서 지명되거나 유언집행인으로 지정되는 사람은 증인으로 소환될 수 없다; 공정증서법 제7조와 제27조의 규정이 준용된다. 유언의 작성에 제2232조, 제2233조와 공정증서법 제22조, 제4조, 제5조 제1항, 제6조에서 제10조, 제11조 제1항 제2문, 제2항, 제13조 제1항, 제3항, 제16조, 제17조, 제23조, 제24조, 제26조 제1항 제3호, 제4호, 제2항, 제27조, 제28조, 제30조, 제32조, 제34조, 제35조가 적용된다; 시장은 공증인의 지위를 가진다. 기록은 증인에 의하여 서명되어야 한다. 피상속인이 그의 진술 또는 시장의 승인 후에 그의 이름을 쓸 수 없을 때에는 피상속인의 서명은 그 진술의 확인 또는 증서에서의 승인에 의하여 대체된다. <현행민법 제1072조 비교>

(2) 공증인 앞의 유언작성이 더 이상 가능하지 않다는 염려는 기록에서 확인되어야 한다. 염려가 이유 없다는 것은 유언의 효력에 반하지 아니한다. <현행민법 제1068조 비교>

(3) 시장은 피상속인에게 피상속인이 제2252조 제1항과 제2항에 규정된 기간을 지나서 생존할 경우 유언은 그 효력을 잃는다는 것을 설명하여야 한다. 그는 기록에 그러한 설명이 주어졌음을 확인하여야 한다.

(4) (삭제)

(5) 유언은 또한 법률의 규정에 따라 시장을 대리하여 권한을 가진 사람의 앞에서 작성될 수 있다. 대리인은 기록에 그의 대리권이 근거하는 권원을 기재하여야 한다.

(6) 앞의 항들에서 규정된 유언에 관한 기록의 작성에 방식흠결이 있으나 유언이 신뢰할 수 있는 피상속인의 의사표시의 재현을 담고 있다고 확실히 인정되는 경우 방식위반은 증서의 효력에 반하지 아니한다.

<현행민법 제1068조 비교>

§ 2250 Nottestament vor drei Zeugen

(1) Wer sich an einem Ort aufhält, der infolge außerordentlicher Umstände dergestalt abgesperrt ist, dass die Errichtung eines Testaments vor einem Notar nicht möglich oder erheblich erschwert ist, kann das Testament in der durch § 2249 bestimmten Form oder durch mündliche Erklärung vor drei Zeugen errichten.

(2) Wer sich in so naher Todesgefahr befindet, dass voraussichtlich auch die Errichtung eines Testaments nach § 2249 nicht mehr möglich ist, kann das Testament durch mündliche Erklärung vor drei Zeugen errichten.

(3) Wird das Testament durch mündliche Erklärung vor drei Zeugen errichtet, so muss hierüber eine Niederschrift aufgenommen werden. Auf die Zeugen sind die Vorschriften des § 6 Abs. 1 Nr. 1 bis 3, der §§ 7, 26 Abs. 2 Nr. 2 bis 5 und des § 27 des Beurkundungsgesetzes; auf die Niederschrift sind die Vorschriften der §§ 8 bis 10, 11 Abs. 1 Satz 2, Abs. 2, § 13 Abs. 1, 3 Satz 1, §§ 23, 28 des Beurkundungsgesetzes sowie die Vorschriften des § 2249 Abs. 1 Satz 5, 6, Abs. 2, 6 entsprechend anzuwenden. Die Niederschrift kann außer in der deutschen auch in einer anderen Sprache aufgenommen werden. Der Erblasser und die Zeugen müssen der Sprache der Niederschrift hinreichend kundig sein; dies soll in der Niederschrift festgestellt werden, wenn sie in einer anderen als der deutschen Sprache aufgenommen wird.

§ 2251 Nottestament auf See

Wer sich während einer Seereise an Bord eines deutschen Schiffes außerhalb eines inländischen Hafens befindet, kann ein Testament durch mündliche Erklärung vor drei Zeugen nach § 2250 Abs. 3 errichten.

§ 2252 Gültigkeitsdauer der Nottestamente

(1) Ein nach § 2249, § 2250 oder § 2251 errichtetes Testament gilt als nicht errichtet, wenn seit der Errichtung drei Monate verstrichen sind und der Erblasser noch lebt.

(2) Beginn und Lauf der Frist sind gehemmt, solange der Erblasser außerstande ist, ein Testament vor einem Notar zu errichten.

第2250条 3인의 증인 앞에서의 긴급유언

(1) 특별한 사정으로 급박한 공증인 앞의 유언작성이 가능하지 않거나 현저히 곤란할 정도로 차단된 장소에 체재하는 사람은 제2249조에 규정된 방식이나 3인의 증인 앞에서 구수의 의사표시로 유언할 수 있다.

(2) 급박한 사망의 위험으로 제2249조에 따른 유언작성이 더 이상 가능하지 않은 사람은 3인의 증인 앞에서 구수의 의사표시로 유언할 수 있다.

(3) 유언이 3인의 증인 앞에서 구수의 의사표시로 작성된 때에는 이에 관한 기록이 작성되어야 한다. 증인에 관하여는 공정증서법 제6조 제1항 제1호에서 제3호, 제7조, 제26조 제2호에서 제5호, 제27조의 규정이 준용되며; 증서에 관하여는 공정증서법 제8조에서 제10조, 제11조 제1항 제2문, 제2항, 제13조 제1항, 제3항 제1문, 제23조와 제28조, 그리고 제2249조 제1항 제5문, 제6문, 제2항과 제6항이 준용된다. 기록은 독일어 외에 다른 언어로도 작성될 수 있다. 피상속인과 증인들은 기록의 언어를 충분히 이해하여야 한다; 이러한 사실은 기록이 독일어가 아닌 다른 언어로 작성되는 때에는 기록에 확인되어야 한다.

<현행민법 제1070조 비교>

第2251条 해상긴급유언

항해 중에 내해의 항구 밖에 있는 독일선적의 선박에 있는 사람은 제2250조 제3항에 따라 3인의 증인 앞에서 구수의 의사표시로 유언할 수 있다.

<현행민법 제1070조 비교>

第2252条 긴급유언의 유효기간

(1) 제2249조, 제2250조 또는 제2251조에 따라 작성된 유언은 작성일로부터 3월이 경과하고 피상속인이 생존하는 때에는 작성되지 않은 것으로 본다.

(2) 피상속인이 공증인 앞에서 유언할 수 없을 때에는 기간의 개시와 진행이 정지된다.

(3) Tritt im Falle des § 2251 der Erblasser vor dem Ablauf der Frist eine neue Seereise an, so wird die Frist mit der Wirkung unterbrochen, dass nach Beendigung der neuen Reise die volle Frist von neuem zu laufen beginnt.
(4) Wird der Erblasser nach dem Ablauf der Frist für tot erklärt oder wird seine Todeszeit nach den Vorschriften des Verschollenheitsgesetzes festgestellt, so behält das Testament seine Kraft, wenn die Frist zu der Zeit, zu welcher der Erblasser nach den vorhandenen Nachrichten noch gelebt hat, noch nicht verstrichen war.

§ 2253 Widerruf eines Testaments

Der Erblasser kann ein Testament sowie eine einzelne in einem Testament enthaltene Verfügung jederzeit widerrufen.

§ 2254 Widerruf durch Testament

Der Widerruf erfolgt durch Testament.

§ 2255 Widerruf durch Vernichtung oder Veränderungen

Ein Testament kann auch dadurch widerrufen werden, dass der Erblasser in der Absicht, es aufzuheben, die Testamentsurkunde vernichtet oder an ihr Veränderungen vornimmt, durch die der Wille, eine schriftliche Willenserklärung aufzuheben, ausgedrückt zu werden pflegt. Hat der Erblasser die Testamentsurkunde vernichtet oder in der bezeichneten Weise verändert, so wird vermutet, dass er die Aufhebung des Testaments beabsichtigt habe.

§ 2256 Widerruf durch Rücknahme des Testaments aus der amtlichen Verwahrung

(1) Ein vor einem Notar oder nach § 2249 errichtetes Testament gilt als widerrufen, wenn die in amtliche Verwahrung genommene Urkunde dem Erblasser zurückgegeben wird. Die zurückgebende Stelle soll den Erblasser über die in Satz 1 vorgesehene Folge der Rückgabe belehren, dies auf der Urkunde vermerken und aktenkundig machen, dass beides geschehen ist.

(3) 제2251조의 경우 피상속인이 기간이 경과하기 전에 새로운 항해를 시작한 때에는 그 기간은 새로운 항해가 종료한 후에 완전한 기간이 새로이 진행하는 효력을 가지고 중단된다.
(4) 피상속인이 기간이 경과한 후에 사망한 것으로 선고받거나 그의 사망시기가 실종법률의 규정에 따라 확정될 경우 피상속인이 생존한 소식에 따라 여전히 생존하였던 시기에 그 기간이 아직 경과하지 않은 때에는 유언은 그 효력을 유지한다.

제2253조 유언의 철회

피상속인은 유언과 유언에 포함된 개별처분을 언제든지 철회할 수 있다. ＜현행민법 제1108조＞

제2254조 유언에 의한 철회

철회는 유언으로 성립한다. ＜현행민법 제1108조 제1항＞

제2255조 파훼 또는 변경에 의한 철회

유언은 피상속인이 이를 무효화할 의도로 유언장을 파훼하거나 그 위에 변경하여 서면의 의사표시를 무효화하려는 의사가 표시되도록 함으로써 철회될 수 있다. 피상속인이 유언장을 파훼하거나 규정된 방법으로 변경한 때에는 그가 유언의 취소를 의도한 것으로 추정한다. ＜현행민법 제1110조＞

제2256조 관청의 보관에서부터 유언장의 회수에 의한 철회

(1) 공증인 앞이나 제2249조에 따라 작성된 유언은 관청의 보관에 맡겨진 증서가 피상속인에게 반환된 때에는 철회된 것으로 본다. 반환하는 관청은 피상속인에게 제1문에 규정된 반환의 효과에 관하여 알리고 그 사실을 증서에 기재하여 이들이 행하여졌다는 사실을 문서화하여야 한다.

(2) Der Erblasser kann die Rückgabe jederzeit verlangen. Das Testament darf nur an den Erblasser persönlich zurückgegeben werden.
(3) Die Vorschriften des Absatzes 2 gelten auch für ein nach § 2248 hinterlegtes Testament; die Rückgabe ist auf die Wirksamkeit des Testaments ohne Einfluss.

§ 2257 Widerruf des Widerrufs

Wird der durch Testament erfolgte Widerruf einer letztwilligen Verfügung widerrufen, so ist im Zweifel die Verfügung wirksam, wie wenn sie nicht widerrufen worden wäre.

§ 2258 Widerruf durch ein späteres Testament

(1) Durch die Errichtung eines Testaments wird ein früheres Testament insoweit aufgehoben, als das spätere Testament mit dem früheren in Widerspruch steht.
(2) Wird das spätere Testament widerrufen, so ist im Zweifel das frühere Testament in gleicher Weise wirksam, wie wenn es nicht aufgehoben worden wäre.

§§ 2258a und 2258b (weggefallen)

§ 2259 Ablieferungspflicht

(1) Wer ein Testament, das nicht in besondere amtliche Verwahrung gebracht ist, im Besitz hat, ist verpflichtet, es unverzüglich, nachdem er von dem Tode des Erblassers Kenntnis erlangt hat, an das Nachlassgericht abzuliefern.
(2) Befindet sich ein Testament bei einer anderen Behörde als einem Gericht in amtlicher Verwahrung, so ist es nach dem Tode des Erblassers an das Nachlassgericht abzuliefern. Das Nachlassgericht hat, wenn es von dem Testament Kenntnis erlangt, die Ablieferung zu veranlassen.

§ 2260 (weggefallen)

(2) 피상속인은 언제든지 반환을 청구할 수 있다. 유언은 피상속인 본인에게만 반환되어야 한다.

(3) 제2항의 규정은 제2248조에 따라 임치된 유언에도 적용된다; 반환은 유언의 효력에 영향을 미치지 아니한다.

제2257조 철회의 철회

유언으로 이루어진 사인처분의 철회가 철회된 때에는, 명백하지 않으면 처분은 철회되지 않은 것과 같이 효력이 있다.

제2258조 후유언(後遺言)에 의한 철회

(1) 유언의 작성으로 후유언이 전유언(前遺言)과 모순되는 범위에서 전유언은 취소된다. ＜현행민법 제1109조＞

(2) 후유언이 철회된 경우 명백하지 않으면 전유언은 취소되지 않은 것과 같은 방식으로 효력이 있다.

제2258a조에서 제2258b조 (삭제)

제2259조 제출의무

(1) 별도로 관청의 보관에 맡겨지지 않은 유언장을 점유하는 사람은 그가 피상속인의 사망을 안 때에는 지체없이 유언장을 상속법원에 제출할 의무가 있다.

(2) 유언장이 법원이 아닌 다른 관청에 보관된 때에는 유언장은 피상속인의 사망 후에 상속법원에 제출되어야 한다. 상속법원이 유언장을 안 때에는 그는 이를 제출하도록 하여야 한다.

＜현행민법 제1091조＞

제2260조 (삭제)

§ 2261 (weggefallen)

§ 2262 (weggefallen)

§ 2263 Nichtigkeit eines Eröffnungsverbots

Eine Anordnung des Erblassers, durch die er verbietet, das Testament alsbald nach seinem Tod zu eröffnen, ist nichtig.

§ 2263a (weggefallen)

§ 2264 (weggefallen)

Titel 8. Gemeinschaftliches Testament

§ 2265 Errichtung durch Ehegatten

Ein gemeinschaftliches Testament kann nur von Ehegatten errichtet werden.

§ 2266 Gemeinschaftliches Nottestament

Ein gemeinschaftliches Testament kann nach den §§ 2249, 2250 auch dann errichtet werden, wenn die dort vorgesehenen Voraussetzungen nur bei einem der Ehegatten vorliegen.

§ 2267 Gemeinschaftliches eigenhändiges Testament

Zur Errichtung eines gemeinschaftlichen Testaments nach § 2247 genügt es, wenn einer der Ehegatten das Testament in der dort vorgeschriebenen Form errichtet und der andere Ehegatte die gemeinschaftliche Erklärung eigenhändig mitunterzeichnet. Der mitunterzeichnende Ehegatte soll hierbei angeben, zu welcher Zeit (Tag, Monat und Jahr) und an welchem Ort er seine Unterschrift beigefügt hat.

제2261조 (삭제)

제2262조 (삭제)

제2263조 개봉금지의 무효

피상속인이 사망한 후 즉시 유언장을 개봉하는 것을 금지하는 피상속인의 지시는 무효이다. <현행민법 제1092조 비교>

제2263a조 (삭제)

제2264조 (삭제)

제8절 공동유언

제2265조 부부에 의한 작성

공동유언은 부부에 의하여만 작성될 수 있다.

제2266조 공동의 긴급유언

공동유언은 제2249조와 제2250조에 규정된 요건이 부부 일방에게만 발생한 때에도 그 법률규정에 따라 작성될 수 있다.

제2267조 공동의 자필유언

제2247조에 따른 공동유언의 작성을 위하여는 부부 일방이 그 법률규정에 규정된 방식으로 유언을 작성하고 상대방이 공동의 의사표시를 자필로 공동서명하면 충분하다. 공동서명하는 배우자 일방은 여기에 그가 서명을 덧붙인 시기(일, 월과 년)와 장소를 기재하여야 한다. <현행민법 제1066조 비교>

§ 2268 Wirkung der Ehenichtigkeit oder -auflösung

(1) Ein gemeinschaftliches Testament ist in den Fällen des § 2077 seinem ganzen Inhalt nach unwirksam.

(2) Wird die Ehe vor dem Tode eines der Ehegatten aufgelöst oder liegen die Voraussetzungen des § 2077 Abs. 1 Satz 2 oder 3 vor, so bleiben die Verfügungen insoweit wirksam, als anzunehmen ist, dass sie auch für diesen Fall getroffen sein würden.

§ 2269 Gegenseitige Einsetzung

(1) Haben die Ehegatten in einem gemeinschaftlichen Testament, durch das sie sich gegenseitig als Erben einsetzen, bestimmt, dass nach dem Tode des Überlebenden der beiderseitige Nachlass an einen Dritten fallen soll, so ist im Zweifel anzunehmen, dass der Dritte für den gesamten Nachlass als Erbe des zuletzt versterbenden Ehegatten eingesetzt ist.

(2) Haben die Ehegatten in einem solchen Testament ein Vermächtnis angeordnet, das nach dem Tode des Überlebenden erfüllt werden soll, so ist im Zweifel anzunehmen, dass das Vermächtnis dem Bedachten erst mit dem Tode des Überlebenden anfallen soll.

§ 2270 Wechselbezügliche Verfügungen

(1) Haben die Ehegatten in einem gemeinschaftlichen Testament Verfügungen getroffen, von denen anzunehmen ist, dass die Verfügung des einen nicht ohne die Verfügung des anderen getroffen sein würde, so hat die Nichtigkeit oder der Widerruf der einen Verfügung die Unwirksamkeit der anderen zur Folge.

(2) Ein solches Verhältnis der Verfügungen zueinander ist im Zweifel anzunehmen, wenn sich die Ehegatten gegenseitig bedenken oder wenn dem einen Ehegatten von dem anderen eine Zuwendung gemacht und für den Fall des Überlebens des Bedachten eine Verfügung zugunsten einer Person getroffen wird, die mit dem anderen Ehegatten verwandt ist oder ihm sonst nahe steht.

(3) Auf andere Verfügungen als Erbeinsetzungen, Vermächtnisse, Auflagen und die Wahl des anzuwendenden Erbrechts findet Absatz 1 keine Anwendung.

第2268条 혼인의 무효 또는 해소의 효과

(1) 공동유언은 제2077조의 경우 그의 내용 전부가 무효이다.

(2) 혼인이 부부 일방이 사망하기 전에 해소되거나 제2077조 제1항 제2문 또는 제3문의 요건이 있으면, 처분이 그러한 경우에도 이루어졌을 것이라고 인정되는 범위에서 처분은 효력이 있다.

第2269条 상호지정

(1) 부부가 그들을 서로 상속인으로 지정하는 공동유언에서 생존배우자가 사망한 후에 쌍방의 유산이 제3자에게 귀속한다고 정한 때에는, 명백하지 않으면 제3자가 유산 전부에 대하여 후에 사망하는 배우자의 상속인으로 지정된 것으로 본다.

(2) 부부가 그러한 유언에서 생존배우자가 사망한 후에 이행되어야 하는 유증을 지시한 때에는, 명백하지 않으면 유증은 생존배우자의 사망으로 비로소 피지명인에게 개시되는 것으로 본다.

第2270条 상호견련된 처분

(1) 부부가 공동유언으로 일방의 처분이 상대방의 처분이 없으면 이루어지지 않았을 것으로 인정되는 처분을 한 경우 하나의 처분의 무효 또는 철회는 다른 처분의 무효를 효과로 한다.

(2) 그러한 처분들 사이의 관계는, 명백하지 않으면, 부부가 서로에게 증여하거나 상대방 배우자에 의하여 일방에게 출연이 이루어지고 피지명인이 생존하는 경우 상대방 배우자와 친족관계에 있거나 그 밖에 그와 밀접한 관계에 있는 사람을 위하여 처분이 이루어진 경우에 인정된다.

(3) 상속인지정, 유증, 부담과 적용되는 상속법의 선택이 아닌 그 밖의 처분에는 제1항이 적용되지 아니한다.

§ 2271 Widerruf wechselbezüglicher Verfügungen

(1) Der Widerruf einer Verfügung, die mit einer Verfügung des anderen Ehegatten in dem in § 2270 bezeichneten Verhältnis steht, erfolgt bei Lebzeiten der Ehegatten nach den für den Rücktritt von einem Erbvertrag geltenden Vorschrift des § 2296. Durch eine neue Verfügung von Todes wegen kann ein Ehegatte bei Lebzeiten des anderen seine Verfügung nicht einseitig aufheben.

(2) Das Recht zum Widerruf erlischt mit dem Tode des anderen Ehegatten; der Überlebende kann jedoch seine Verfügung aufheben, wenn er das ihm Zugewendete ausschlägt. Auch nach der Annahme der Zuwendung ist der Überlebende zur Aufhebung nach Maßgabe des § 2294 und des § 2336 berechtigt.

(3) Ist ein pflichtteilsberechtigter Abkömmling der Ehegatten oder eines der Ehegatten bedacht, so findet die Vorschrift des § 2289 Abs. 2 entsprechende Anwendung.

§ 2272 Rücknahme aus amtlicher Verwahrung

Ein gemeinschaftliches Testament kann nach § 2256 nur von beiden Ehegatten zurückgenommen werden.

§ 2273 (weggefallen)

Abschnitt 4. Erbvertrag

§ 2274 Persönlicher Abschluss

Der Erblasser kann einen Erbvertrag nur persönlich schließen.

§ 2275 Voraussetzungen

Einen Erbvertrag kann als Erblasser nur schließen, wer unbeschränkt geschäftsfähig ist.

제2271조 상호견련된 처분의 철회

(1) 상대방 배우자의 처분과 제2270조에 규정된 관계에 있는 처분의 철회는 부부의 생존 중에 상속계약의 철회에 적용되는 제2296조의 규정에 따라 이루어진다. 부부 일방은 상대방의 생존 중에 새로운 사인처분으로 그의 처분을 일방적으로 취소할 수 없다.

(2) 철회권은 상대방 배우자의 사망으로 소멸한다; 그러나 생존배우자는 그에게 출연된 것을 포기한 경우 그의 처분을 취소할 수 있다. 또한 출연을 수령한 후에도 생존배우자는 제2294조와 제2336조에 따라 취소할 권리가 있다.

(3) 의무상속분권을 가진 부부 또는 일방 배우자의 비속이 지명된 때에는 제2289조 제2항의 규정이 준용된다.

제2272조 관청의 보관에서부터 회수

공동유언장은 제2256조에 따라 부부 쌍방에 의하여만 회수될 수 있다.

제2273조 (삭제)

제 4 장　상속계약

제2274조 사적 체결

피상속인 본인만이 상속계약을 체결할 수 있다.

제2275조 요건

완전한 행위능력이 있는 사람만이 피상속인으로서 상속계약을 체결할 수 있다.

§ 2276 Form

(1) Ein Erbvertrag kann nur zur Niederschrift eines Notars bei gleichzeitiger Anwesenheit beider Teile geschlossen werden. Die Vorschriften der § 2231 Nr. 1 und der §§ 2232, 2233 sind anzuwenden; was nach diesen Vorschriften für den Erblasser gilt, gilt für jeden der Vertragschließenden.
(2) Für einen Erbvertrag zwischen Ehegatten oder zwischen Verlobten, der mit einem Ehevertrag in derselben Urkunde verbunden wird, genügt die für den Ehevertrag vorgeschriebene Form.

§ 2277 (weggefallen)

§ 2278 Zulässige vertragsmäßige Verfügungen

(1) In einem Erbvertrag kann jeder der Vertragschließenden vertragsmäßige Verfügungen von Todes wegen treffen.
(2) Andere Verfügungen als Erbeinsetzungen, Vermächtnisse, Auflagen und die Wahl des anzuwendenden Erbrechts können vertragsmäßig nicht getroffen werden.

§ 2279 Vertragsmäßige Zuwendungen und Auflagen; Anwendung von § 2077

(1) Auf vertragsmäßige Zuwendungen und Auflagen finden die für letztwillige Zuwendungen und Auflagen geltenden Vorschriften entsprechende Anwendung.
(2) Die Vorschrift des § 2077 gilt für einen Erbvertrag zwischen Ehegatten, Lebenspartnern oder Verlobten (auch im Sinne des Lebenspartnerschaftsgesetzes) auch insoweit, als ein Dritter bedacht ist.

§ 2280 Anwendung von § 2269

Haben Ehegatten oder Lebenspartner in einem Erbvertrag, durch den sie sich gegenseitig als Erben einsetzen, bestimmt, dass nach dem Tode des Überlebenden der beiderseitige Nachlass an einen Dritten fallen soll, oder ein Vermächtnis angeordnet, das nach dem Tode des Überlebenden zu erfüllen ist, so findet die Vorschrift des § 2269 entsprechende Anwendung.

제2276조 방식

(1) 상속계약은 양 당사자의 동시참석 아래 공증인의 기록으로 체결될 수 있다. 제2231조 제1호와 제2232조와 제2233조의 규정이 적용된다; 이 법률규정들에 따라 피상속인에게 적용되는 사항은 각 계약체결 당사자에게 적용된다.

(2) 동일한 증서로 혼인계약과 결합된 부부 사이 또는 약혼자 사이의 상속계약에 관하여는 혼인계약에 규정된 방식이 있으면 된다.

제2277조 (삭제)

제2278조 계약으로 허용되는 처분

(1) 상속계약에서 각 계약체결 당사자는 계약으로 사인처분을 할 수 있다.

(2) 상속인지정, 유증, 부담과 적용되는 상속법의 선택이 아닌 그 밖의 처분은 계약으로 이루어질 수 없다.

제2279조 계약에 의한 출연과 부담; 제2077조의 적용

(1) 사인출연과 부담에 적용되는 법률규정이 계약에 의한 출연과 부담에 준용된다.

(2) 제3자가 지명된 때에는 제2077조의 규정은 부부, 종신반려인 또는 약혼자 (또한 종신반려인법률의 의미에서) 사이의 상속계약에 적용된다.

제2280조 제2269조의 적용

부부 또는 종신반려인들이 서로를 상속인으로 지정하는 상속계약에서 그들이 생존자가 사망한 후에 쌍방의 유산이 제3자에게 귀속되어야 할 것을 정하거나 생존자가 사망한 후에 이행되어야 하는 유증을 지시한 때에는 제2269조의 규정이 준용된다.

§ 2281 Anfechtung durch den Erblasser

(1) Der Erbvertrag kann auf Grund der §§ 2078, 2079 auch von dem Erblasser angefochten werden; zur Anfechtung auf Grund des § 2079 ist erforderlich, dass der Pflichtteilsberechtigte zur Zeit der Anfechtung vorhanden ist.

(2) Soll nach dem Tode des anderen Vertragschließenden eine zugunsten eines Dritten getroffene Verfügung von dem Erblasser angefochten werden, so ist die Anfechtung dem Nachlassgericht gegenüber zu erklären. Das Nachlassgericht soll die Erklärung dem Dritten mitteilen.

§ 2282 Vertretung, Form der Anfechtung

(1) Die Anfechtung kann nicht durch einen Vertreter des Erblassers erfolgen.

(2) Für einen geschäftsunfähigen Erblasser kann sein Betreuer den Erbvertrag anfechten; die Genehmigung des Betreuungsgerichts ist erforderlich.

(3) Die Anfechtungserklärung bedarf der notariellen Beurkundung.

§ 2283 Anfechtungsfrist

(1) Die Anfechtung durch den Erblasser kann nur binnen Jahresfrist erfolgen.

(2) Die Frist beginnt im Falle der Anfechtbarkeit wegen Drohung mit dem Zeitpunkt, in welchem die Zwangslage aufhört, in den übrigen Fällen mit dem Zeitpunkt, in welchem der Erblasser von dem Anfechtungsgrund Kenntnis erlangt. Auf den Lauf der Frist finden die für die Verjährung geltenden Vorschriften der §§ 206, 210 entsprechende Anwendung.

(3) Hat im Falle des § 2282 Abs. 2 der gesetzliche Vertreter den Erbvertrag nicht rechtzeitig angefochten, so kann nach dem Wegfall der Geschäftsunfähigkeit der Erblasser selbst den Erbvertrag in gleicher Weise anfechten, wie wenn er ohne gesetzlichen Vertreter gewesen wäre.

§ 2284 Bestätigung

Die Bestätigung eines anfechtbaren Erbvertrags kann nur durch den Erblasser persönlich erfolgen.

제2281조 피상속인에 의한 취소

(1) 상속계약은 제2078조, 제2079조에 근거하여 피상속인에 의하여도 취소될 수 있다; 제2079조에 근거하는 취소를 위하여는 의무상속분자가 취소할 때에 존재할 것이 요구된다.

(2) 상대방 계약체결자가 사망한 후에 제3자를 위한 처분이 피상속인에 의하여 취소되어야 할 때에는 취소는 상속법원에 대하여 표시되어야 한다. 상속법원은 그 의사표시를 제3자에게 통지하여야 한다.

제2282조 대리. 취소의 방식

(1) 취소는 피상속인의 대리인에 의하여 행사될 수 없다.

(2) 행위능력이 없는 피상속인을 위하여 그의 성년후견인은 상속계약을 취소할 수 있다; 후견법원의 추인이 요구된다.

(3) 취소의 의사표시는 공정증서의 작성을 요건으로 한다.

제2283조 취소기간

(1) 피상속인에 의한 취소는 1년의 기간 내에 행사되어야 한다.

(2) 강박을 원인으로 하는 취소가능의 경우 강박상태가 종료한 때부터, 그리고 그 밖의 경우에는 피상속인이 취소원인을 안 때부터 기간이 진행한다. 기간의 진행에 관하여는 소멸시효에 적용되는 제206조와 제210조의 규정[96]이 준용된다.

(2) 제2282조 제2항의 경우 법정대리인이 상속계약을 기간 내에 취소하지 않은 때에는 행위무능력이 소멸한 후에 피상속인은 그가 법정대리인이 없었던 것과 동일한 방법으로 직접 상속계약을 취소할 수 있다.

제2284조 추인

취소가능한 상속계약의 추인은 피상속인 본인에 의하여만 이루어질 수 있다.

96 독일민법 제1944조 참조.

§ 2285 Anfechtung durch Dritte

Die in § 2080 bezeichneten Personen können den Erbvertrag auf Grund der §§ 2078, 2079 nicht mehr anfechten, wenn das Anfechtungsrecht des Erblassers zur Zeit des Erbfalls erloschen ist.

§ 2286 Verfügungen unter Lebenden

Durch den Erbvertrag wird das Recht des Erblassers, über sein Vermögen durch Rechtsgeschäft unter Lebenden zu verfügen, nicht beschränkt.

§ 2287 Den Vertragserben beeinträchtigende Schenkungen

(1) Hat der Erblasser in der Absicht, den Vertragserben zu beeinträchtigen, eine Schenkung gemacht, so kann der Vertragserbe, nachdem ihm die Erbschaft angefallen ist, von dem Beschenkten die Herausgabe des Geschenks nach den Vorschriften über die Herausgabe einer ungerechtfertigten Bereicherung fordern.

(2) Die Verjährungsfrist des Anspruchs beginnt mit dem Erbfall.

§ 2288 Beeinträchtigung des Vermächtnisnehmers

(1) Hat der Erblasser den Gegenstand eines vertragsmäßig angeordneten Vermächtnisses in der Absicht, den Bedachten zu beeinträchtigen, zerstört, beiseite geschafft oder beschädigt, so tritt, soweit der Erbe dadurch außerstande gesetzt ist, die Leistung zu bewirken, an die Stelle des Gegenstands der Wert.

(2) Hat der Erblasser den Gegenstand in der Absicht, den Bedachten zu beeinträchtigen, veräußert oder belastet, so ist der Erbe verpflichtet, dem Bedachten den Gegenstand zu verschaffen oder die Belastung zu beseitigen; auf diese Verpflichtung findet die Vorschrift des § 2170 Abs. 2 entsprechende Anwendung. Ist die Veräußerung oder die Belastung schenkweise erfolgt, so steht dem Bedachten, soweit er Ersatz nicht von dem Erben erlangen kann, der im § 2287 bestimmte Anspruch gegen den Beschenkten zu.

第2285조 제3자에 의한 취소

제2280조에 규정된 사람들은 피상속인의 취소권이 상속이 개시한 때에 소멸한 때에는 제2078조와 제2079조에 근거하여 상속계약을 취소할 수 없다.

第2286조 생존자 사이의 처분

상속계약에 의하여 생존한 사람 사이의 법률행위로 그의 재산을 처분하는 피상속인의 권리는 제한되지 아니한다.

第2287조 계약상속인을 침해하는 증여

(1) 피상속인이 계약상속인을 해할 의사로 증여한 때에는 계약상속인은 그에게 상속이 개시된 후에 부당이득의 반환에 관한 법률규정에 따라 [증여의] 수증자에게 증여받을 것의 반환을 청구할 수 있다.

(2) 청구권의 소멸시효는 상속개시로 진행한다.

第2288조 수증자에 대한 침해

(1) 피상속인이 피지명인을 해할 의사로 계약으로 지시된 유증의 목적물을 멸실, 은닉 또는 훼손한 경우, 이로 인하여 상속인이 급부를 실현할 수 없게 된 때에는 가액이 그 목적물을 갈음한다.

(2) 피상속인이 피지명인을 해할 의사로 목적물을 양도하거나 부담을 설정한 때에는 상속인은 피지명인에게 목적물을 인도하거나 부담을 제거할 의무를 진다; 이 의무에 대하여 제2170조 제2항의 규정이 준용된다. 양도 또는 부담이 증여의 방식으로 행하여진 때에는 피지명인이 상속인으로부터 배상받지 못한 한도에서 상대로 제2287조에 규정된 [증여의] 수증자에 대한 청구권이 피지명인에게 주어진다.

§ 2289 Wirkung des Erbvertrags auf letztwillige Verfügungen; Anwendung von § 2338

(1) Durch den Erbvertrag wird eine frühere letztwillige Verfügung des Erblassers aufgehoben, soweit sie das Recht des vertragsmäßig Bedachten beeinträchtigen würde. In dem gleichen Umfang ist eine spätere Verfügung von Todes wegen unwirksam, unbeschadet der Vorschrift des § 2297.
(2) Ist der Bedachte ein pflichtteilsberechtigter Abkömmling des Erblassers, so kann der Erblasser durch eine spätere letztwillige Verfügung die nach § 2338 zulässigen Anordnungen treffen.

§ 2290 Aufhebung durch Vertrag

(1) Ein Erbvertrag sowie eine einzelne vertragsmäßige Verfügung kann durch Vertrag von den Personen aufgehoben werden, die den Erbvertrag geschlossen haben. Nach dem Tode einer dieser Personen kann die Aufhebung nicht mehr erfolgen.
(2) Der Erblasser kann den Vertrag nur persönlich schließen.
(3) Ist für den anderen Teil ein Betreuer bestellt und wird die Aufhebung vom Aufgabenkreis des Betreuers erfasst, ist die Genehmigung des Betreuungsgerichts erforderlich.
(4) Der Vertrag bedarf der in § 2276 für den Erbvertrag vorgeschriebenen Form.

§ 2291 Aufhebung durch Testament

(1) Eine vertragsmäßige Verfügung, durch die ein Vermächtnis oder eine Auflage angeordnet sowie eine Rechtswahl getroffen ist, kann von dem Erblasser durch Testament aufgehoben werden. Zur Wirksamkeit der Aufhebung ist die Zustimmung des anderen Vertragschließenden erforderlich; die Vorschrift des § 2290 Abs. 3 findet Anwendung.
(2) Die Zustimmungserklärung bedarf der notariellen Beurkundung; die Zustimmung ist unwiderruflich.

제2289조 사인처분에 대한 상속계약의 효력; 제2338조의 적용

(1) 상속계약으로 피상속인의 전사인처분(前死因處分)은 그 처분이 계약에 의한 피지명인의 권리를 침해하게 될 한도에서 효력을 잃는다. 제2297조의 규정에도 불구하고 후사인처분(後死因處分)도 같은 범위에서 무효이다.

(2) 피지명인이 의무상속분권을 가진 피상속인의 비속일 때에는 피상속인은 후사인처분으로 제2338조에 따라 허용되는 지시를 할 수 있다.

제2290조 계약에 의한 취소

(1) 상속계약과 개별 계약에 의한 처분은 상속계약을 체결한 사람들의 계약으로 취소될 수 있다. 그 사람 중 일방이 사망한 후에는 취소는 더 이상 행사될 수 없다.

(2) 피상속인 본인만이 계약을 체결할 수 있다.

(3) 상대방을 위하여 성년후견인이 선임되고 취소가 성년후견인의 임무범위에 속할 때에는 후견법원의 승인을 요건으로 한다.

(4) 계약은 상속계약에 관하여 제2276조에 규정된 방식으로 하여야 한다.

제2291조 유언에 의한 취소

(1) 유증이나 부담이 지시되거나 준거법지정이 이루어지는 계약에 의한 처분은 피상속인에 의하여 유언으로 취소될 수 있다. 취소의 효력발생은 상대방 계약체결자의 동의를 요건으로 한다; 제2290조 제3항의 규정이 적용된다.

(2) 동의의 의사표시는 공정증서로 하여야 한다; 동의는 철회하지 못한다.

§ 2292 Aufhebung durch gemeinschaftliches Testament

Ein zwischen Ehegatten oder Lebenspartnern geschlossener Erbvertrag kann auch durch ein gemeinschaftliches Testament der Ehegatten oder Lebenspartner aufgehoben werden; die Vorschrift des § 2290 Abs. 3 findet Anwendung.

§ 2293 Rücktritt bei Vorbehalt

Der Erblasser kann von dem Erbvertrag zurücktreten, wenn er sich den Rücktritt im Vertrag vorbehalten hat.

§ 2294 Rücktritt bei Verfehlungen des Bedachten

Der Erblasser kann von einer vertragsmäßigen Verfügung zurücktreten, wenn sich der Bedachte einer Verfehlung schuldig macht, die den Erblasser zur Entziehung des Pflichtteils berechtigt oder, falls der Bedachte nicht zu den Pflichtteilsberechtigten gehört, zu der Entziehung berechtigen würde, wenn der Bedachte ein Abkömmling des Erblassers wäre.

§ 2295 Rücktritt bei Aufhebung der Gegenverpflichtung

Der Erblasser kann von einer vertragsmäßigen Verfügung zurücktreten, wenn die Verfügung mit Rücksicht auf eine rechtsgeschäftliche Verpflichtung des Bedachten, dem Erblasser für dessen Lebenszeit wiederkehrende Leistungen zu entrichten, insbesondere Unterhalt zu gewähren, getroffen ist und die Verpflichtung vor dem Tode des Erblassers aufgehoben wird.

§ 2296 Vertretung, Form des Rücktritts

(1) Der Rücktritt kann nicht durch einen Vertreter erfolgen.

(2) Der Rücktritt erfolgt durch Erklärung gegenüber dem anderen Vertragschließenden. Die Erklärung bedarf der notariellen Beurkundung.

제2292조 공동유언에 의한 취소

부부나 종신반려인 사이에 체결된 상속계약은 부부나 종신반려인의 공동유언으로 취소될 수 있다; 제2290조 제3항의 규정이 적용된다.

제2293조 유보한 경우 철회

피상속인은 그가 계약으로 철회권을 유보한 때에는 상속계약을 철회할 수 있다.

제2294조 피지명인의 부존재의 경우 철회

피상속인은 피지명인이 피상속인에게 의무분을 박탈할 권리를 주거나, 수증자가 의무분권자에 속하지 않을 경우에 피지명인이 피상속인의 비속이라면 박탈할 권리를 주게 되는 잘못에 대하여 책임이 있을 때에는 계약에 의한 처분을 철회할 수 있다.

제2295조 반대의무의 소멸에 의한 철회

피상속인은 피상속인에게 그의 종신까지 반복하는 급부를 실현할 피지명인의 의무, 특히 부양을 보장하여야 하는 법률행위상 의무에 관하여 처분이 이루어지고 그 의무가 피상속인이 사망하기 전에 소멸한 때에는 계약에 의한 처분을 철회할 수 있다.

제2296조 대리. 철회의 방식

(1) 철회는 대리인에 의하여 행사될 수 없다.

(2) 철회는 상대방 계약당사자에 대한 의사표시로 한다. 의사표시는 공정증서로 하여야 한다.

§ 2297 Rücktritt durch Testament

Soweit der Erblasser zum Rücktritt berechtigt ist, kann er nach dem Tode des anderen Vertragschließenden die vertragsmäßige Verfügung durch Testament aufheben. In den Fällen des § 2294 findet die Vorschrift des § 2336 Abs. 2 und 3 entsprechende Anwendung.

§ 2298 Gegenseitiger Erbvertrag

(1) Sind in einem Erbvertrag von beiden Teilen vertragsmäßige Verfügungen getroffen, so hat die Nichtigkeit einer dieser Verfügungen die Unwirksamkeit des ganzen Vertrags zur Folge.

(2) Ist in einem solchen Vertrag der Rücktritt vorbehalten, so wird durch den Rücktritt eines der Vertragschließenden der ganze Vertrag aufgehoben. Das Rücktrittsrecht erlischt mit dem Tode des anderen Vertragschließenden. Der Überlebende kann jedoch, wenn er das ihm durch den Vertrag Zugewendete ausschlägt, seine Verfügung durch Testament aufheben.

(3) Die Vorschriften des Absatzes 1 und des Absatzes 2 Sätze 1 und 2 finden keine Anwendung, wenn ein anderer Wille der Vertragschließenden anzunehmen ist.

§ 2299 Einseitige Verfügungen

(1) Jeder der Vertragschließenden kann in dem Erbvertrag einseitig jede Verfügung treffen, die durch Testament getroffen werden kann.

(2) Für eine Verfügung dieser Art gilt das Gleiche, wie wenn sie durch Testament getroffen worden wäre. Die Verfügung kann auch in einem Vertrag aufgehoben werden, durch den eine vertragsmäßige Verfügung aufgehoben wird.

(3) Wird der Erbvertrag durch Ausübung des Rücktrittsrechts oder durch Vertrag aufgehoben, so tritt die Verfügung außer Kraft, sofern nicht ein anderer Wille des Erblassers anzunehmen ist.

제2297조 유언에 의한 철회

피상속인이 철회할 권리를 가진 때에는 그는 상대방 계약당사자가 사망한 후 유언으로 계약에 의한 처분을 취소할 수 있다. 제2294조의 경우 제2336조 제2항과 제3항의 법률규정이 준용된다.

제2298조 상호상속계약

(1) 상속계약에서 양 당사자들에 의하여 계약에 의한 처분들이 행하여진 때에는 그 처분 중 하나의 무효는 계약 전부의 무효를 효과로 한다.

(2) 그러한 계약에서 철회권이 유보된 때에는 일방 계약체결자의 철회에 의하여 계약 전부가 소멸한다. 철회권은 상대방 계약체결자의 사망으로 소멸한다. 그러나 생존한 사람이 그에게 계약으로 출연된 것을 포기하는 때에는 유언으로 그의 처분을 취소할 수 있다.

(3) 제1항과 제2항 제1문과 제2문의 규정은 계약체결자의 다른 의사가 인정될 때에는 적용되지 아니한다.

제2299조 일방적 처분

(1) 각 계약체결자는 상속계약에서 유언으로 할 수 있는 모든 처분을 일방적으로 할 수 있다.

(2) 이러한 종류의 처분에 관하여 그것이 유언으로 하는 것과 마찬가지로 동일한 사항이 적용된다. 처분은 또한 계약에 의한 처분이 취소되는 그러한 계약에서 취소될 수 있다.

(3) 상속계약이 철회권의 행사 또는 계약으로 취소된 경우 처분은 피상속인의 다른 의사가 인정되지 않으면 효력을 잃는다.

§ 2300 Anwendung der §§ 2259 und 2263; Rücknahme aus der amtlichen oder notariellen Verwahrung

(1) Die §§ 2259 und 2263 sind auf den Erbvertrag entsprechend anzuwenden.

(2) Ein Erbvertrag, der nur Verfügungen von Todes wegen enthält, kann aus der amtlichen oder notariellen Verwahrung zurückgenommen und den Vertragsschließenden zurückgegeben werden. Die Rückgabe kann nur an alle Vertragsschließenden gemeinschaftlich erfolgen; die Vorschrift des § 2290 Abs. 1 Satz 2, Abs. 2 und 3 findet Anwendung. Wird ein Erbvertrag nach den Sätzen 1 und 2 zurückgenommen, gilt § 2256 Abs. 1 entsprechend.

§ 2300a (weggefallen)

§ 2301 Schenkungsversprechen von Todes wegen

(1) Auf ein Schenkungsversprechen, welches unter der Bedingung erteilt wird, dass der Beschenkte den Schenker überlebt, finden die Vorschriften über Verfügungen von Todes wegen Anwendung. Das Gleiche gilt für ein schenkweise unter dieser Bedingung erteiltes Schuldversprechen oder Schuldanerkenntnis der in den §§ 780,[97] 781[98] bezeichneten Art.

(2) Vollzieht der Schenker die Schenkung durch Leistung des zugewendeten Gegenstands, so finden die Vorschriften über Schenkungen unter Lebenden Anwendung.

---

97 § 780 Schuldversprechen
Zur Gültigkeit eines Vertrags, durch den eine Leistung in der Weise versprochen wird, dass das Versprechen die Verpflichtung selbständig begründen soll (Schuldversprechen), ist, soweit nicht eine andere Form vorgeschrieben ist, schriftliche Erteilung des Versprechens erforderlich. Die Erteilung des Versprechens in elektronischer Form ist ausgeschlossen.

98 § 781 Schuldanerkenntnis
Zur Gültigkeit eines Vertrags, durch den das Bestehen eines Schuldverhältnisses anerkannt wird (Schuldanerkenntnis), ist schriftliche Erteilung der Anerkennungserklärung erforderlich. Die Erteilung der Anerkennungserklärung in elektronischer Form ist ausgeschlossen. Ist für die Begründung des Schuldverhältnisses, dessen Bestehen anerkannt wird, eine andere Form vorgeschrieben, so bedarf der Anerkennungsvertrag dieser Form.

제2300조 제2259조와 제2263조의 적용; 관청이나 공증인의 보관에서부터 회수

(1) 제2259조와 제2263조는 상속계약에 준용된다.

(2) 사인처분만을 담은 상속계약서는 관청이나 공증인의 보관으로부터 회수되어 계약체결자에게 반환될 수 있다. 반환은 모든 계약체결자들에게 공동으로 이루어져야 한다; 제2290조 제1항 제2문, 제2항과 제3항이 적용된다. 상속계약이 제1문과 제2문에 따라 회수된 때에는 제2256조 제1항이 준용된다.

제2300a조 (삭제)

제2301 사인증여의 약정

(1) 증여자가 사망할 때에 수증자가 생존할 것을 조건으로 표시된 증여의 약정에 대하여는 사인처분에 관한 법률규정이 적용된다. 증여의 방법으로 이러한 조건을 붙여 표시된 제780조[99]와 제781조[100]에 규정된 종류의 채무약속 또는 채무승인도 같다.

(2) 증여자가 출연된 목적물의 급부로 증여를 실행한 때에는 생존한 사람들 사이의 증여에 관한 법률규정이 적용된다.

---

99 제780조 채무약속
약속이 독립적으로 의무를 설정하는(채무약정) 방법으로 급부가 약정되는 계약의 효력발생은 다른 방식이 규정되지 않으면 약속의 서면표시를 요건으로 한다. 전자방식에 의한 약정의 표시는 배제된다.

100 제781조 채무인수
채무관계의 존재가 승인되는(채무승인) 계약의 효력발생은 승인의 의사표시의 서면표시를 요건으로 한다. 전자방식에 의한 승인의 의사표시는 배제된다. 그의 존재가 승인되는 채무관계의 설정을 위하여 다른 방식이 규정된 때에는 승인계약은 그 방식으로 하여야 한다.

§ 2302 Unbeschränkbare Testierfreiheit

Ein Vertrag, durch den sich jemand verpflichtet, eine Verfügung von Todes wegen zu errichten oder nicht zu errichten, aufzuheben oder nicht aufzuheben, ist nichtig.

Abschnitt 5. Pflichtteil

§ 2303 Pflichtteilsberechtigte; Höhe des Pflichtteils

(1) Ist ein Abkömmling des Erblassers durch Verfügung von Todes wegen von der Erbfolge ausgeschlossen, so kann er von dem Erben den Pflichtteil verlangen. Der Pflichtteil besteht in der Hälfte des Wertes des gesetzlichen Erbteils.

(2) Das gleiche Recht steht den Eltern und dem Ehegatten des Erblassers zu, wenn sie durch Verfügung von Todes wegen von der Erbfolge ausgeschlossen sind. Die Vorschrift des § 1371[101] bleibt unberührt.

---

101 § 1371 Zugewinnausgleich im Todesfall

(1) Wird der Güterstand durch den Tod eines Ehegatten beendet, so wird der Ausgleich des Zugewinns dadurch verwirklicht, dass sich der gesetzliche Erbteil des überlebenden Ehegatten um ein Viertel der Erbschaft erhöht; hierbei ist unerheblich, ob die Ehegatten im einzelnen Falle einen Zugewinn erzielt haben.

(2) Wird der überlebende Ehegatte nicht Erbe und steht ihm auch kein Vermächtnis zu, so kann er Ausgleich des Zugewinns nach den Vorschriften der §§ 1373 bis 1383, 1390 verlangen; der Pflichtteil des überlebenden Ehegatten oder eines anderen Pflichtteilsberechtigten bestimmt sich in diesem Falle nach dem nicht erhöhten gesetzlichen Erbteil des Ehegatten.

(3) Schlägt der überlebende Ehegatte die Erbschaft aus, so kann er neben dem Ausgleich des Zugewinns den Pflichtteil auch dann verlangen, wenn dieser ihm nach den erbrechtlichen Bestimmungen nicht zustünde; dies gilt nicht, wenn er durch Vertrag mit seinem Ehegatten auf sein gesetzliches Erbrecht oder sein Pflichtteilsrecht verzichtet hat.

(4) Sind erbberechtigte Abkömmlinge des verstorbenen Ehegatten, welche nicht aus der durch den Tod dieses Ehegatten aufgelösten Ehe stammen, vorhanden, so ist der überlebende Ehegatte verpflichtet, diesen Abkömmlingen, wenn und soweit sie dessen bedürfen, die Mittel zu einer angemessenen Ausbildung aus dem nach Absatz 1 zusätzlich gewährten Viertel zu gewähren.

第2302条 제한될 수 없는 유언자유

어떤 사람이 사인처분을 하거나 하지 않거나 이를 취소하거나 취소하지 않을 의무를 지는 계약은 무효이다.

제 5 장 의무[상속]분

第2303条 의무분권자; 의무분의 범위

(1) 피상속인의 비속이 사인처분으로 상속순위에서 배제된 경우 그는 상속인에게 의무분을 청구할 수 있다. 의무분은 법정상속분의 가액의 2분의 1이다.

(2) 피상속인의 부모와 배우자가 사인처분으로 상속순위에서 배제된 때에는 그들에게 같은 권리가 있다. 第1371条[102]의 규정은 영향을 받지 아니한다.

＜현행민법 第1112条 비교＞

---

102 第1371条 사망의 경우 이익[소득]조정

(1) 재산관리가 배우자 일방의 사망으로 종료된 때에는 이익의 조정은 생존 배우자의 법정상속분이 상속분의 4분의 1을 증액하는 방법으로 실현된다; 이때 부부가 개별사안에서 이익을 얻었는지는 문제되지 아니한다.

(2) 생존배우자가 상속인이 아니고 그에게 유증도 되지 않은 때에는 그는 第1373条부터 第1383条와 第1390条의 규정에 따라 이익의 조정을 청구할 수 있다; 생존배우자 또는 그밖의 의무상속분권자의 의무상속분은 이러한 경우 배우자의 증액되지 않은 법정상속분에 따라 확정된다.

(3) 생존배우자가 상속을 포기한 때에는 그는 이익의 조정과 함께, 상속법의 규정에 따라 의무상속분이 그에게 주어지지 않은 경우에도, 의무상속분을 청구할 수 있다; 그러나 그가 배우자와의 계약으로 그의 상속권 또는 그의 의무분권을 포기한 때에는 그러하지 아니하다.

(4) 부부 일방의 사망으로 해소되는 혼인에서 출생하지 않은 사망한 부부 일방의 상속권이 있는 비속이 있을 때에는, 생존배우자는 그 비속이 재산을 필요로 하고 필요로 하는 동안에는, 第1항에서 추가적으로 보장되는 4분의 1에서 적절한 교육을 위한 재산을 보장할 의무가 있다.

§ 2304 Auslegungsregel

Die Zuwendung des Pflichtteils ist im Zweifel nicht als Erbeinsetzung anzusehen.

§ 2305 Zusatzpflichtteil

Ist einem Pflichtteilsberechtigten ein Erbteil hinterlassen, der geringer ist als die Hälfte des gesetzlichen Erbteils, so kann der Pflichtteilsberechtigte von den Miterben als Pflichtteil den Wert des an der Hälfte fehlenden Teils verlangen. Bei der Berechnung des Wertes bleiben Beschränkungen und Beschwerungen der in § 2306 bezeichneten Art außer Betracht.

§ 2306 Beschränkungen und Beschwerungen

(1) Ist ein als Erbe berufener Pflichtteilsberechtigter durch die Einsetzung eines Nacherben, die Ernennung eines Testamentsvollstreckers oder eine Teilungsanordnung beschränkt oder ist er mit einem Vermächtnis oder einer Auflage beschwert, so kann er den Pflichtteil verlangen, wenn er den Erbteil ausschlägt; die Ausschlagungsfrist beginnt erst, wenn der Pflichtteilsberechtigte von der Beschränkung oder der Beschwerung Kenntnis erlangt.

(2) Einer Beschränkung der Erbeinsetzung steht es gleich, wenn der Pflichtteilsberechtigte als Nacherbe eingesetzt ist.

§ 2307 Zuwendung eines Vermächtnisses

(1) Ist ein Pflichtteilsberechtigter mit einem Vermächtnis bedacht, so kann er den Pflichtteil verlangen, wenn er das Vermächtnis ausschlägt. Schlägt er nicht aus, so steht ihm ein Recht auf den Pflichtteil nicht zu, soweit der Wert des Vermächtnisses reicht; bei der Berechnung des Wertes bleiben Beschränkungen und Beschwerungen der in § 2306 bezeichneten Art außer Betracht.

(2) Der mit dem Vermächtnis beschwerte Erbe kann den Pflichtteilsberechtigten unter Bestimmung einer angemessenen Frist zur Erklärung über die Annahme des Vermächtnisses auffordern. Mit dem Ablauf der Frist gilt das Vermächtnis als ausgeschlagen, wenn nicht vorher die Annahme erklärt wird.

제2304조 해석규정

의무상속분의 출연은, 명백하지 않으면, 상속인지정으로 보아서는 아니된다.

제2305조 추가의무분

법정상속분의 2분의 1에 미치지 않는 상속분이 의무분권자에게 남겨진 경우 의무분권자는 공동상속인에게 2분의 1에서 부족한 부분의 가액을 의무분으로 청구할 수 있다. 제2306조에 규정된 종류의 제한과 의무는 가액의 산정에 고려하지 아니한다. <현행민법 제1112조>

제2306조 제한과 의무

(1) 상속인이 되는 의무분권자가 후상속인의 지정, 유언집행인의 지정 또는 분할지시로 제한되거나 유증 또는 부담으로 의무지워진 경우, 그는 그가 상속분을 포기한 때에 의무분을 청구할 수 있다; 포기기간은 의무분권자가 제한이나 의무를 안 날부터 진행한다.

(2) 의무분권자가 후상속인으로 지정된 경우에는 상속인지정의 제한과 같다.

제2307조 유증의 출연

(1) 의무분권자가 유증으로 지명된 때에는, 그는 그가 유증을 포기한 때에만 의무분을 청구할 수 있다. 그가 포기하지 않은 때에는 유증의 가액이 충분한 경우 그에게 의무분에 관한 권리가 주어지지 아니한다; 가액의 산정에는 제2306조에 규정된 종류의 제한과 의무는 참작되지 아니한다.

(2) 유증으로 의무지워진 상속인은 의무분권자에게 상당한 기간을 정하여 유증의 승인에 관한 의사표시를 최고할 수 있다. 그 기간 내에 승인이 표시되지 않으면, 그 기간의 경과로 유증은 포기한 것으로 본다.

§ 2308 Anfechtung der Ausschlagung

(1) Hat ein Pflichtteilsberechtigter, der als Erbe oder als Vermächtnisnehmer in der in § 2306 bezeichneten Art beschränkt oder beschwert ist, die Erbschaft oder das Vermächtnis ausgeschlagen, so kann er die Ausschlagung anfechten, wenn die Beschränkung oder die Beschwerung zur Zeit der Ausschlagung weggefallen und der Wegfall ihm nicht bekannt war.
(2) Auf die Anfechtung der Ausschlagung eines Vermächtnisses finden die für die Anfechtung der Ausschlagung einer Erbschaft geltenden Vorschriften entsprechende Anwendung. Die Anfechtung erfolgt durch Erklärung gegenüber dem Beschwerten.

§ 2309 Pflichtteilsrecht der Eltern und entfernteren Abkömmlinge

Entferntere Abkömmlinge und die Eltern des Erblassers sind insoweit nicht pflichtteilsberechtigt, als ein Abkömmling, der sie im Falle der gesetzlichen Erbfolge ausschließen würde, den Pflichtteil verlangen kann oder das ihm Hinterlassene annimmt.

§ 2310 Feststellung des Erbteils für die Berechnung des Pflichtteils

Bei der Feststellung des für die Berechnung des Pflichtteils maßgebenden Erbteils werden diejenigen mitgezählt, welche durch letztwillige Verfügung von der Erbfolge ausgeschlossen sind oder die Erbschaft ausgeschlagen haben oder für erbunwürdig erklärt sind. Wer durch Erbverzicht von der gesetzlichen Erbfolge ausgeschlossen ist, wird nicht mitgezählt.

§ 2311 Wert des Nachlasses

(1) Der Berechnung des Pflichtteils wird der Bestand und der Wert des Nachlasses zur Zeit des Erbfalls zugrunde gelegt. Bei der Berechnung des Pflichtteils eines Abkömmlings und der Eltern des Erblassers bleibt der dem überlebenden Ehegatten gebührende Voraus außer Ansatz.
(2) Der Wert ist, soweit erforderlich, durch Schätzung zu ermitteln. Eine vom Erblasser getroffene Wertbestimmung ist nicht maßgebend.

제2308조 포기의 취소

(1) 제2306조에 규정된 종류의 상속인 또는 수증인으로서 제한되거나 의무 지워진 의무상속분권자가 상속 또는 유증을 포기한 때에는 포기할 때에 제한 또는 의무가 소멸하였고 그 소멸이 그에게 알려지지 않은 경우 그는 포기를 취소할 수 있다.

(2) 상속포기의 취소에 적용되는 규정이 유증포기의 취소에 준용된다. 취소는 (유증)의무자에 대한 의사표시로 이루어진다.

<현행민법 제1041조, 제1075조>

제2309조 부모와 원친(遠親)의 비속의 의무상속권

피상속인의 원친의 비속과 부모는 법정상속의 경우라면 그들을 상속에서 배제하였을 비속이 의무분을 청구할 수 있거나 그에게 남겨진 재산을 수령한 때에는 의무분권을 가지지 아니한다.

제2310조 의무분산정을 위한 상속분의 확정

의무분산정의 기준이 되는 상속분을 확정할 때에는 사인처분으로 상속순위에서 배제되거나 상속을 포기하였거나 상속결격으로 선고된 사람도 산입된다. 상속포기로 법정상속에서 배제된 사람은 산입하지 아니한다.

<현행민법 제1113조 비교>

제2311 유산의 가액

(1) 상속이 개시된 때의 유산의 존재와 가치가 의무분산정의 기준이 된다. 피상속인의 비속과 부모의 의무분을 산정할 때에 생존배우자에게 지급하여야 하는 선급은 계산되지 아니한다.

(2) 필요하다고 인정되는 경우 가액은 평가로 정한다. 피상속인이 내린 가액결정은 기준이 되지 아니한다.

<현행민법 제1113조 비교>

§ 2312 Wert eines Landguts

(1) Hat der Erblasser angeordnet oder ist nach § 2049 anzunehmen, dass einer von mehreren Erben das Recht haben soll, ein zum Nachlass gehörendes Landgut zu dem Ertragswert zu übernehmen, so ist, wenn von dem Recht Gebrauch gemacht wird, der Ertragswert auch für die Berechnung des Pflichtteils maßgebend. Hat der Erblasser einen anderen Übernahmepreis bestimmt, so ist dieser maßgebend, wenn er den Ertragswert erreicht und den Schätzungswert nicht übersteigt.

(2) Hinterlässt der Erblasser nur einen Erben, so kann er anordnen, dass der Berechnung des Pflichtteils der Ertragswert oder ein nach Absatz 1 Satz 2 bestimmter Wert zugrunde gelegt werden soll.

(3) Diese Vorschriften finden nur Anwendung, wenn der Erbe, der das Landgut erwirbt, zu den in § 2303 bezeichneten pflichtteilsberechtigten Personen gehört.

§ 2313 Ansatz bedingter, ungewisser oder unsicherer Rechte; Feststellungspflicht des Erben

(1) Bei der Feststellung des Wertes des Nachlasses bleiben Rechte und Verbindlichkeiten, die von einer aufschiebenden Bedingung abhängig sind, außer Ansatz. Rechte und Verbindlichkeiten, die von einer auflösenden Bedingung abhängig sind, kommen als unbedingte in Ansatz. Tritt die Bedingung ein, so hat die der veränderten Rechtslage entsprechende Ausgleichung zu erfolgen.

(2) Für ungewisse oder unsichere Rechte sowie für zweifelhafte Verbindlichkeiten gilt das Gleiche wie für Rechte und Verbindlichkeiten, die von einer aufschiebenden Bedingung abhängig sind. Der Erbe ist dem Pflichtteilsberechtigten gegenüber verpflichtet, für die Feststellung eines ungewissen und für die Verfolgung eines unsicheren Rechts zu sorgen, soweit es einer ordnungsmäßigen Verwaltung entspricht.

第2312条 농지의 가액

(1) 피상속인이 여러 명의 상속인 중 1인이 유산에 속하는 농지를 수익가치에 따라 인수할 권리를 가진다고 지시하였거나 제2049조에 따라 인정되는 경우, 그 권리가 행사된 때에는 수익가치도 의무분산정의 기준이 된다. 피상속인이 다른 인수가격을 정한 경우 그 가격이 수익가치에 이르거나 평가가액을 초과하지 않을 때에는 그 가격이 기준이 된다.

(2) 피상속인이 1인의 상속인에게만 상속하는 경우 그는 수익가치 또는 제1항 제2문에 따라 정하여지는 가액이 의무분산정의 기준이 될 것을 지시할 수 있다.

(3) 이 규정은 농지를 취득하는 상속인이 제2303조에 규정된 의무분권을 가진 사람들에 속하는 때에만 적용된다.

＜현행민법 제1113조 비교＞

第2313条 조건부, 불확정 또는 불확실권리의 계산; 상속인의 확정의무

(1) 유산가액을 확정할 때에 정지조건부 권리와 의무는 계산하지 아니한다. 해제조건부 권리와 의무는 조건 없는 것으로 계산한다. 조건이 성취되면 변경된 법률상태에 적합한 조정이 이루어져야 한다.

(2) 불확정 또는 불확실권리와 명백하지 않은 의무에 관하여는 정지조건부 권리와 의무에 관하여와 같다. 상속인은 통상의 관리에 해당할 때에는 의무분권자에 대하여 불확정권리를 확정하고 불확실권리의 실행을 위하여 노력할 의무가 있다.

＜현행민법 제1040조 비교＞

§ 2314 Auskunftspflicht des Erben

(1) Ist der Pflichtteilsberechtigte nicht Erbe, so hat ihm der Erbe auf Verlangen über den Bestand des Nachlasses Auskunft zu erteilen. Der Pflichtteilsberechtigte kann verlangen, dass er bei der Aufnahme des ihm nach § 260[103] vorzulegenden Verzeichnisses der Nachlassgegenstände zugezogen und dass der Wert der Nachlassgegenstände ermittelt wird. Er kann auch verlangen, dass das Verzeichnis durch die zuständige Behörde oder durch einen zuständigen Beamten oder Notar aufgenommen wird.
(2) Die Kosten fallen dem Nachlass zur Last.

§ 2315 Anrechnung von Zuwendungen auf den Pflichtteil

(1) Der Pflichtteilsberechtigte hat sich auf den Pflichtteil anrechnen zu lassen, was ihm von dem Erblasser durch Rechtsgeschäft unter Lebenden mit der Bestimmung zugewendet worden ist, dass es auf den Pflichtteil angerechnet werden soll.
(2) Der Wert der Zuwendung wird bei der Bestimmung des Pflichtteils dem Nachlass hinzugerechnet. Der Wert bestimmt sich nach der Zeit, zu welcher die Zuwendung erfolgt ist.
(3) Ist der Pflichtteilsberechtigte ein Abkömmling des Erblassers, so findet die Vorschrift des § 2051 Abs. 1 entsprechende Anwendung.

§ 2316 Ausgleichungspflicht

(1) Der Pflichtteil eines Abkömmlings bestimmt sich, wenn mehrere Abkömmlinge vorhanden sind und unter ihnen im Falle der gesetzlichen Erbfolge eine Zuwendung des Erblassers oder Leistungen der in § 2057a bezeichneten Art zur Ausgleichung zu bringen sein würden, nach demjenigen, was auf den gesetzlichen Erbteil unter Berücksichtigung der Ausgleichungspflichten bei der Teilung entfallen würde. Ein Abkömmling, der durch Erbverzicht von der gesetzlichen Erbfolge ausgeschlossen ist, bleibt bei der Berechnung außer Betracht.

---

103 Siehe § 2057 BGB.

第2314条 상속인의 안내의무

(1) 의무분권자가 상속인이 아닐 경우 상속인은 그의 청구가 있으면 유산의 현황에 관하여 안내하여야 한다. 의무분권자는 그가 第260조[104]에 좇아 그에게 제시된 상속목적물의 목록을 작성할 때에 그를 부르도록 하고 상속목적물의 가액이 평가될 것을 청구할 수 있다. 그는 또한 목록이 관할관청이나 관할공무원 또는 공증인에 의하여 작성될 것을 청구할 수 있다.

(2) 비용은 상속재산에서 지급한다.

第2315条 의무분에 대한 출연의 정산

(1) 의무분권자는 의무분에 산입되어야 한다는 조건으로 생전법률행위로 피상속인으로부터 그에게 출연된 것을 의무분에 산입하게 하여야 한다.

(2) 출연의 가액은 의무분을 확정할 때에 유산에 가산된다. 가액은 출연이 이루어진 시기에 따라 정하여진다.

(3) 의무분권자가 피상속인의 비속일 때에는 第2051조 第1항의 규정이 준용된다.

<현행민법 第1114조 참조>

第2316条 조정의무

(1) 여러 명의 비속이 있고 법정상속의 경우 그들 사이에서 피상속인의 출연이나 第2057a조에 규정된 종류의 급부가 조정되었을 경우, 비속의 의무분은 분할할 때에 조정의무를 참작하여 법정상속분에 부족했을 것을 기준으로 정하여진다. 상속포기로 상속순위에서 제외된 비속은 산정에 고려되지 아니한다.

---

104 독일민법 第2057조 참조.

(2) Ist der Pflichtteilsberechtigte Erbe und beträgt der Pflichtteil nach Absatz 1 mehr als der Wert des hinterlassenen Erbteils, so kann der Pflichtteilsberechtigte von den Miterben den Mehrbetrag als Pflichtteil verlangen, auch wenn der hinterlassene Erbteil die Hälfte des gesetzlichen Erbteils erreicht oder übersteigt.
(3) Eine Zuwendung der in § 2050 Abs. 1 bezeichneten Art kann der Erblasser nicht zum Nachteil eines Pflichtteilsberechtigten von der Berücksichtigung ausschließen.
(4) Ist eine nach Absatz 1 zu berücksichtigende Zuwendung zugleich nach § 2315 auf den Pflichtteil anzurechnen, so kommt sie auf diesen nur mit der Hälfte des Wertes zur Anrechnung.

§ 2317 Entstehung und Übertragbarkeit des Pflichtteilsanspruchs

(1) Der Anspruch auf den Pflichtteil entsteht mit dem Erbfall.
(2) Der Anspruch ist vererblich und übertragbar.

§ 2318 Pflichtteilslast bei Vermächtnissen und Auflagen

(1) Der Erbe kann die Erfüllung eines ihm auferlegten Vermächtnisses soweit verweigern, dass die Pflichtteilslast von ihm und dem Vermächtnisnehmer verhältnismäßig getragen wird. Das Gleiche gilt von einer Auflage.
(2) Einem pflichtteilsberechtigten Vermächtnisnehmer gegenüber ist die Kürzung nur soweit zulässig, dass ihm der Pflichtteil verbleibt.
(3) Ist der Erbe selbst pflichtteilsberechtigt, so kann er wegen der Pflichtteilslast das Vermächtnis und die Auflage soweit kürzen, dass ihm sein eigener Pflichtteil verbleibt.

§ 2319 Pflichtteilsberechtigter Miterbe

Ist einer von mehreren Erben selbst pflichtteilsberechtigt, so kann er nach der Teilung die Befriedigung eines anderen Pflichtteilsberechtigten soweit verweigern, dass ihm sein eigener Pflichtteil verbleibt. Für den Ausfall haften die übrigen Erben.

(2) 의무분권자가 상속인이고 제1항에 따른 의무분이 남은 상속분의 가액을 넘는 경우 의무분권자는, 남은 상속분이 법정상속분의 과반에 이르거나 이를 넘은 때에도, 공동상속인에게 초과분을 의무분으로 청구할 수 있다.
(3) 피상속인은 제2050조 제1항에 규정된 종류의 출연을 의무분권자의 불이익으로 참작하지 않을 수 없다.
(4) 제1항에 따라 참작되어야 할 출연이 동시에 제2315조에 따라 의무분에 산입되어야 할 때에는 그 출연은 가액의 절반만으로 의무분에 산입된다.
＜현행민법 제1008조, 제1114조 참조＞

제2317조 의무분청구권의 성립과 양도가능성

(1) 의무분청구권은 상속으로 생긴다.
(2) 청구권은 상속할 수 있고 양도할 수 있다. ＜현행민법 제1011조 전단, 제1113조 제2항 비교＞

제2318조 유증과 부담의 경우 의무분부담

(1) 상속인은 의무분부담이 그와 수증자에 의하여 비율의 관계로 지워진 때에는 그에게 부담지워진 유증의 이행을 거절할 수 있다.
(2) 의무분권을 가진 수증자에게 의무분이 현존하는 한도에서 그에 대한 감액이 허용된다.
(3) 상속인 본인이 의무분권자일 때에는 그는 자기의 의무분이 그에게 현존하는 한도에서 의무분부담을 이유로 유증과 부담을 감액할 수 있다.
＜현행민법 제1115조 비교＞

제2319조 의무분권 있는 공동상속인

여러 명의 상속인 중 1인이 의무분권을 가질 때에는, 그에게 고유한 의무분이 현존하는 한도에서 그는 분할 후에 다른 의무분권자에 대한 변제를 거절할 수 있다. 부족분에 대하여는 그 밖의 상속인이 책임을 진다.
＜현행민법 제1115조 참조＞

§ 2320 Pflichtteilslast des an die Stelle des Pflichtteilsberechtigten getretenen Erben

(1) Wer anstelle des Pflichtteilsberechtigten gesetzlicher Erbe wird, hat im Verhältnis zu Miterben die Pflichtteilslast und, wenn der Pflichtteilsberechtigte ein ihm zugewendetes Vermächtnis annimmt, das Vermächtnis in Höhe des erlangten Vorteils zu tragen.
(2) Das Gleiche gilt im Zweifel von demjenigen, welchem der Erblasser den Erbteil des Pflichtteilsberechtigten durch Verfügung von Todes wegen zugewendet hat.

§ 2321 Pflichtteilslast bei Vermächtnisausschlagung

Schlägt der Pflichtteilsberechtigte ein ihm zugewendetes Vermächtnis aus, so hat im Verhältnis der Erben und der Vermächtnisnehmer zueinander derjenige, welchem die Ausschlagung zustatten kommt, die Pflichtteilslast in Höhe des erlangten Vorteils zu tragen.

§ 2322 Kürzung von Vermächtnissen und Auflagen

Ist eine von dem Pflichtteilsberechtigten ausgeschlagene Erbschaft oder ein von ihm ausgeschlagenes Vermächtnis mit einem Vermächtnis oder einer Auflage beschwert, so kann derjenige, welchem die Ausschlagung zustatten kommt, das Vermächtnis oder die Auflage soweit kürzen, dass ihm der zur Deckung der Pflichtteilslast erforderliche Betrag verbleibt.

§ 2323 Nicht pflichtteilsbelasteter Erbe

Der Erbe kann die Erfüllung eines Vermächtnisses oder einer Auflage auf Grund des § 2318 Abs. 1 insoweit nicht verweigern, als er die Pflichtteilslast nach den §§ 2320 bis 2322 nicht zu tragen hat.

§ 2324 Abweichende Anordnungen des Erblassers hinsichtlich der Pflichtteilslast

Der Erblasser kann durch Verfügung von Todes wegen die Pflichtteilslast im Verhältnis der Erben zueinander einzelnen Erben auferlegen und von den Vorschriften des § 2318 Abs. 1 und der §§ 2320 bis 2323 abweichende Anordnungen treffen.

제2320조 의무분권자의 지위를 승계한 상속인의 의무분부담

(1) 의무분권자에 갈음하여 법정상속인이 된 사람은 공동상속인과의 관계에서 의무분부담을 지고, 의무분권자가 그에게 출연된 유증을 승낙한 때에는 취득한 이익의 한도로 유증을 이행하여야 한다.

(2) 명백하지 않으면, 피상속인이 사인처분으로 의무분권자의 상속분을 출연한 사람에 관하여도 같다.

제2321조 유증포기의 경우 의무분부담

의무분권자가 그에게 출연된 유증을 포기한 때에는 상속인과 수증인 사이의 관계에서 포기가 이익이 되는 사람이 취득한 이익의 한도로 의무분부담을 이행하여야 한다.

제2322조 유증과 부담의 감경

의무분권자가 포기한 상속분 또는 그가 포기한 유증이 유증이나 부담의 의무가 있는 때에는, 포기가 이익이 되는 사람은 그에게 의무분부담의 변제에 필요한 금액이 현존하는 한도에서 유증이나 부담을 감경할 수 있다.

제2323 의무분부담이 없는 상속인

상속인이 제2320조에서 제2322조에 따른 의무분의 부담을 지지 않을 때에는 그는 제2318조 제1항에 근거하는 유증 또는 부담의 이행을 거절할 수 없다.

제2324조 의무분부담에 관한 피상속인의 처분

피상속인은 사인처분으로 상속인 사이의 관계에서 각 상속인에게 의무분부담을 지울 수 있고 제2318조 제1항과 제2320조에서 제2323조와 달리 지시할 수 있다.

§ 2325 Pflichtteilsergänzungsanspruch bei Schenkungen

(1) Hat der Erblasser einem Dritten eine Schenkung gemacht, so kann der Pflichtteilsberechtigte als Ergänzung des Pflichtteils den Betrag verlangen, um den sich der Pflichtteil erhöht, wenn der verschenkte Gegenstand dem Nachlass hinzugerechnet wird.

(2) Eine verbrauchbare Sache kommt mit dem Werte in Ansatz, den sie zur Zeit der Schenkung hatte. Ein anderer Gegenstand kommt mit dem Werte in Ansatz, den er zur Zeit des Erbfalls hat; hatte er zur Zeit der Schenkung einen geringeren Wert, so wird nur dieser in Ansatz gebracht.

(3) Die Schenkung wird innerhalb des ersten Jahres vor dem Erbfall in vollem Umfang, innerhalb jedes weiteren Jahres vor dem Erbfall um jeweils ein Zehntel weniger berücksichtigt. Sind zehn Jahre seit der Leistung des verschenkten Gegenstandes verstrichen, bleibt die Schenkung unberücksichtigt. Ist die Schenkung an den Ehegatten erfolgt, so beginnt die Frist nicht vor der Auflösung der Ehe.

§ 2326 Ergänzung über die Hälfte des gesetzlichen Erbteils

Der Pflichtteilsberechtigte kann die Ergänzung des Pflichtteils auch dann verlangen, wenn ihm die Hälfte des gesetzlichen Erbteils hinterlassen ist. Ist dem Pflichtteilsberechtigten mehr als die Hälfte hinterlassen, so ist der Anspruch ausgeschlossen, soweit der Wert des mehr Hinterlassenen reicht.

§ 2327 Beschenkter Pflichtteilsberechtigter

(1) Hat der Pflichtteilsberechtigte selbst ein Geschenk von dem Erblasser erhalten, so ist das Geschenk in gleicher Weise wie das dem Dritten gemachte Geschenk dem Nachlass hinzuzurechnen und zugleich dem Pflichtteilsberechtigten auf die Ergänzung anzurechnen. Ein nach § 2315 anzurechnendes Geschenk ist auf den Gesamtbetrag des Pflichtteils und der Ergänzung anzurechnen.

(2) Ist der Pflichtteilsberechtigte ein Abkömmling des Erblassers, so findet die Vorschrift des § 2051 Abs. 1 entsprechende Anwendung.

제2325조 증여의 경우 의무분보충청구권

(1) 피상속인이 제3자에게 증여한 경우, 증여된 목적물이 유산에 산입되어야 할 때에는 의무분권자는 의무분이 증가하는 정도의 금액을 의무분의 보충으로 청구할 수 있다.

(2) 소비물은 그 물건이 증여할 때에 가졌던 가액으로 산정된다. 다른 목적물은 그가 상속이 개시된 때에 가지는 가액으로 산정된다; 그것이 증여할 때에 낮은 가치를 가졌던 경우 그 가액만이 산정된다.

(3) 증여는 상속이 개시되기 전 1년 내에는 전부를, 상속이 개시되기 전 그 이전의 각 연도는 각 10분의 1 감축하여 반영된다. 증여된 목적물을 급부한 때부터 10년이 경과한 때에는 증여는 반영하지 아니한다. 증여가 배우자에게 이루어진 경우 기간은 혼인이 해소되기 전에는 진행하지 아니한다. <현행민법 제1114조 비교>

제2326조 법정상속분의 절반을 넘는 보충

의무분권자는 그에게 법정상속분의 절반이 남겨진 경우에도 의무분의 부족분보충(Ergänzung)을 청구할 수 있다. 의무분권자에게 절반 이상이 남겨진 경우, 과다잔여분의 가액이 충분한 때에는 그 청구권은 배제된다.

제2327조 증여받은 의무분권자

(1) 의무분권자가 피상속인으로부터 증여를 취득한 경우, 제3자에게 한 증여와 같이 증여는 유산에 합산되고 의무분권자에게 그 부족분보충에 산입되어야 한다. 제2315조에 따라 산입되어야 하는 증여는 의무분과 부족분보충의 전체금액에 합산된다. <현행민법 제1113조 1항>

(2) 의무분권자가 피상속인의 비속일 때에는 제2051조 제1항의 규정이 준용된다.

§ 2328 Selbst pflichtteilsberechtigter Erbe

Ist der Erbe selbst pflichtteilsberechtigt, so kann er die Ergänzung des Pflichtteils soweit verweigern, dass ihm sein eigener Pflichtteil mit Einschluss dessen verbleibt, was ihm zur Ergänzung des Pflichtteils gebühren würde.

§ 2329 Anspruch gegen den Beschenkten

(1) Soweit der Erbe zur Ergänzung des Pflichtteils nicht verpflichtet ist, kann der Pflichtteilsberechtigte von dem Beschenkten die Herausgabe des Geschenks zum Zwecke der Befriedigung wegen des fehlenden Betrags nach den Vorschriften über die Herausgabe einer ungerechtfertigten Bereicherung fordern. Ist der Pflichtteilsberechtigte der alleinige Erbe, so steht ihm das gleiche Recht zu.

(2) Der Beschenkte kann die Herausgabe durch Zahlung des fehlenden Betrags abwenden.

(3) Unter mehreren Beschenkten haftet der früher Beschenkte nur insoweit, als der später Beschenkte nicht verpflichtet ist.

§ 2330 Anstandsschenkungen

Die Vorschriften der §§ 2325 bis 2329 finden keine Anwendung auf Schenkungen, durch die einer sittlichen Pflicht oder einer auf den Anstand zu nehmenden Rücksicht entsprochen wird.

§ 2331 Zuwendungen aus dem Gesamtgut

(1) Eine Zuwendung, die aus dem Gesamtgut der Gütergemeinschaft erfolgt, gilt als von jedem der Ehegatten zur Hälfte gemacht. Die Zuwendung gilt jedoch, wenn sie an einen Abkömmling, der nur von einem der Ehegatten abstammt, oder an eine Person, von der nur einer der Ehegatten abstammt, erfolgt, oder wenn einer der Ehegatten wegen der Zuwendung zu dem Gesamtgut Ersatz zu leisten hat, als von diesem Ehegatten gemacht.

(2) Diese Vorschriften sind auf eine Zuwendung aus dem Gesamtgut der fortgesetzten Gütergemeinschaft entsprechend anzuwenden.

第2328조 의무분권을 가진 상속인

상속인 본인이 의무분권을 가지는 경우 그는 그에게 의무분의 부족분보충이 주어져야 했을 것을 포함하여 그에게 그의 고유한 의무분이 현존하는 한도에서 의무분의 부족분보충을 거부할 수 있다.

第2329조 수증인에 대한 청구권

(1) 상속인이 의무분의 부족분을 보충할 의무가 없을 때에는, 의무분권자는 부족금액을 원인으로 하는 변제를 목적으로 부당이득에 관한 규정에 따라 증여의 반환을 청구할 수 있다. 의무분권자가 단독상속인일 때에도 그에게 같은 권리가 주어진다. <현행민법 제1115조 1항>

(2) 수증인은 부족금액을 지급하여 반환을 면할 수 있다.

(3) 여러 명의 수증인 사이에서 먼저 증여받은 수증인은 후에 증여받은 수증인이 의무가 없을 때에만 책임을 진다. <현행민법 제1115조 2항 비교>

第2330조 미풍양속의 증여

第2325조에서 第2329조의 규정은 윤리적 의무 또는 도의관념에 적합한 증여에는 적용하지 아니한다. <현행민법 제1114조 제1항 본문 비교>

第2331조 공동재산에서의 출연

(1) 재산공동체의 공동재산에서 이루어진 출연은 각 배우자가 균분하여 한 것으로 본다. 부부 일방으로부터 출생한 비속 또는 그로부터 부부 일방이 출생한 사람에게 출연이 이루어지거나 부부 일방이 공동재산에 대한 출연을 이유로 보상하여야 하는 때에는 출연은 그에 의하여 이루어진 것으로 본다.

(2) 이 규정은 계속 존립하는 재산공동체의 공동재산에서 이루어진 출연에 준용된다.

<독일민법 제2054조 참조>

§ 2331a Stundung

(1) Der Erbe kann Stundung des Pflichtteils verlangen, wenn die sofortige Erfüllung des gesamten Anspruchs für den Erben wegen der Art der Nachlassgegenstände eine unbillige Härte wäre, insbesondere wenn sie ihn zur Aufgabe des Familienheims oder zur Veräußerung eines Wirtschaftsguts zwingen würde, das für den Erben und seine Familie die wirtschaftliche Lebensgrundlage bildet. Die Interessen des Pflichtteilsberechtigten sind angemessen zu berücksichtigen.

(2) Für die Entscheidung über eine Stundung ist, wenn der Anspruch nicht bestritten wird, das Nachlassgericht zuständig. § 1382 Abs. 2 bis 6[105] gilt entsprechend; an die Stelle des Familiengerichts tritt das Nachlassgericht.

§ 2333 Entziehung des Pflichtteils

(1) Der Erblasser kann einem Abkömmling den Pflichtteil entziehen, wenn der Abkömmling

1. dem Erblasser, dem Ehegatten des Erblassers, einem anderen Abkömmling oder einer dem Erblasser ähnlich nahe stehenden Person nach dem Leben trachtet,

2. sich eines Verbrechens oder eines schweren vorsätzlichen Vergehens gegen eine der in Nummer 1 bezeichneten Personen schuldig macht,

3. die ihm dem Erblasser gegenüber gesetzlich obliegende Unterhaltspflicht böswillig verletzt oder

---

105 § 1382 Stundung

(1) Das Familiengericht stundet auf Antrag eine Ausgleichsforderung, soweit sie vom Schuldner nicht bestritten wird, wenn die sofortige Zahlung auch unter Berücksichtigung der Interessen des Gläubigers zur Unzeit erfolgen würde. Die sofortige Zahlung würde auch dann zur Unzeit erfolgen, wenn sie die Wohnverhältnisse oder sonstigen Lebensverhältnisse gemeinschaftlicher Kinder nachhaltig verschlechtern würde.

(2) Eine gestundete Forderung hat der Schuldner zu verzinsen.

(3) Das Familiengericht kann auf Antrag anordnen, dass der Schuldner für eine gestundete Forderung Sicherheit zu leisten hat.

(4) Über Höhe und Fälligkeit der Zinsen und über Art und Umfang der Sicherheitseistung entscheidet das Familiengericht nach billigem Ermessen.

(5) Soweit über die Ausgleichsforderung ein Rechtsstreit anhängig wird, kann der Schuldner einen Antrag auf Stundung nur in diesem Verfahren stellen.

(6) Das Familiengericht kann eine rechtskräftige Entscheidung auf Antrag aufheben oder ändern, wenn sich die Verhältnisse nach der Entscheidung wesentlich geändert haben.

제2331a조 반환유예

(1) 상속인은 상속목적물의 종류로 말미암아 청구권 전부의 즉시이행이 상속인에게 부당하게 가혹한 때, 특히 즉시이행이 상속인과 그 가족의 경제적 생존기초를 형성하는 가족주거주택의 포기 또는 경제재의 양도를 상속인에게 강제할 때에는 의무분의 반환유예를 청구할 수 있다. 의무분권자의 이익이 적절하게 참작되어야 한다.

(2) 반환유예의 결정은, 청구권에 관하여 다툼이 없으면, 상속법원이 관할한다. 제1382조 제2항부터 제6항[106]이 준용된다; 상속법원이 가정법원을 갈음한다.

제2333조 의무분의 박탈

(1) 피상속인은 비속이 다음 각호의 행위를 한 경우, 그로부터 의무분을 박탈할 수 있다.

1. 피상속인, 피상속인의 배우자, 다른 비속 또는 피상속인과 이와 비슷한 긴밀한 관계에 있는 사람을 살해하려는 경우,

2. 제1호에 열거된 사람에 대하여 범죄 또는 중대한 고의 있는 범행에 책임이 있는 경우,

3. 피상속인에 대하여 법률상 그에게 지워진 부양의무를 악의로 침해한 경우, 또는

---

106 제1382조 지급유예

(1) 가정법원은 채권자의 이익을 고려하여도 즉시지불이 불리한 시기에 이루어지게 될 것인 때에는, 조정청구권이 채무자에 의하여 다투어지지 않으면, 신청으로 조정청구권을 유예한다. 즉시지불은 공동자녀의 주거관계 또는 그밖의 생활관계를 사후적으로 악화하게 될 것인 때에는 즉시지불이 불리한 시기에 이루어지는 것이 된다.

(2) 채무자는 유예된 청구권의 이자를 지급하여야 한다.

(3) 가정법원은 신청으로 채무자가 유예된 청구권에 관하여 담보를 제공할 것을 명령할 수 있다.

(4) 가정법원은 이율과 이자의 지급시기, 그리고 담보제공의 종류와 규모에 관하여 자유재량으로 결정한다.

(5) 조정청구권에 관하여 소송이 계류된 경우 채무자는 이 소송절차에서만 유예를 신청할 수 있다.

(6) 가정법원은 판결 후에 사정이 현저히 변경된 때에는 신청으로 확정판결을 취소하거나 변경할 수 있다.

4. wegen einer vorsätzlichen Straftat zu einer Freiheitsstrafe von mindestens einem Jahr ohne Bewährung rechtskräftig verurteilt wird und die Teilhabe des Abkömmlings am Nachlass deshalb für den Erblasser unzumutbar ist. Gleiches gilt, wenn die Unterbringung des Abkömmlings in einem psychiatrischen Krankenhaus oder in einer Entziehungsanstalt wegen einer ähnlich schwerwiegenden vorsätzlichen Tat rechtskräftig angeordnet wird.

(2) Absatz 1 gilt entsprechend für die Entziehung des Eltern- oder Ehegattenpflichtteils.

§ 2334 (weggefallen)

§ 2335 (weggefallen)

§ 2336 Form, Beweislast, Unwirksamwerden

(1) Die Entziehung des Pflichtteils erfolgt durch letztwillige Verfügung.

(2) Der Grund der Entziehung muss zur Zeit der Errichtung bestehen und in der Verfügung angegeben werden. Für eine Entziehung nach § 2333 Absatz 1 Nummer 4 muss zur Zeit der Errichtung die Tat begangen sein und der Grund für die Unzumutbarkeit vorliegen; beides muss in der Verfügung angegeben werden.

(3) Der Beweis des Grundes liegt demjenigen ob, welcher die Entziehung geltend macht.

(4) (weggefallen)

§ 2337 Verzeihung

Das Recht zur Entziehung des Pflichtteils erlischt durch Verzeihung. Eine Verfügung, durch die der Erblasser die Entziehung angeordnet hat, wird durch die Verzeihung unwirksam.

4. 고의의 범죄행위로 집행유예 없는 1년 이상의 자유형을 확정선고받고 그 이유로 피상속인에게 비속의 유산참가를 기대할 수 없는 경우. 비슷한 중대한 고의행위로 비속의 정신치료병원이나 요양시설의 감치가 확정적으로 명령된 경우에도 같다.
(2) 제1항은 부모의무분 또는 배우자의무분의 박탈에 관하여 준용된다.
<현행민법 제1004조 비교>

제2334조 (삭제)

제2335조 (삭제)

제2336조 방식, 증명책임과 무효

(1) 의무분의 박탈은 사인처분으로 이루어진다.
(2) 박탈사유는 유언을 작성할 때에 현존하여야 하고 처분에 기재되어야 한다. 제2333조 제1항 제4호에 따른 박탈을 위하여는 유언을 작성할 때에 그 행위가 행하여져야 하고 기대불가능성의 사유가 존재하여야 한다; 이들이 처분에 기재되어야 한다.
(3) 박탈사유의 증명은 박탈을 주장하는 사람에게 있다.
(4) (삭제)

제2337조 용서

의무분을 박탈하는 권리는 용서로 소멸한다. 피상속인이 박탈을 지시한 처분은 용서로 무효가 된다.

§ 2338 Pflichtteilsbeschränkung

(1) Hat sich ein Abkömmling in solchem Maße der Verschwendung ergeben oder ist er in solchem Maße überschuldet, dass sein späterer Erwerb erheblich gefährdet wird, so kann der Erblasser das Pflichtteilsrecht des Abkömmlings durch die Anordnung beschränken, dass nach dem Tode des Abkömmlings dessen gesetzliche Erben das ihm Hinterlassene oder den ihm gebührenden Pflichtteil als Nacherben oder als Nachvermächtnisnehmer nach dem Verhältnis ihrer gesetzlichen Erbteile erhalten sollen. Der Erblasser kann auch für die Lebenszeit des Abkömmlings die Verwaltung einem Testamentsvollstrecker übertragen; der Abkömmling hat in einem solchen Falle Anspruch auf den jährlichen Reinertrag.

(2) Auf Anordnungen dieser Art finden die Vorschriften des § 2336 Abs. 1 bis 3 entsprechende Anwendung. Die Anordnungen sind unwirksam, wenn zur Zeit des Erbfalls der Abkömmling sich dauernd von dem verschwenderischen Leben abgewendet hat oder die den Grund der Anordnung bildende Überschuldung nicht mehr besteht.

Abschnitt 6. Erbunwürdigkeit

§ 2339 Gründe für Erbunwürdigkeit

(1) Erbunwürdig ist:

1. wer den Erblasser vorsätzlich und widerrechtlich getötet oder zu töten versucht oder in einen Zustand versetzt hat, infolge dessen der Erblasser bis zu seinem Tode unfähig war, eine Verfügung von Todes wegen zu errichten oder aufzuheben,
2. wer den Erblasser vorsätzlich und widerrechtlich verhindert hat, eine Verfügung von Todes wegen zu errichten oder aufzuheben,
3. wer den Erblasser durch arglistige Täuschung oder widerrechtlich durch Drohung bestimmt hat, eine Verfügung von Todes wegen zu errichten oder aufzuheben,
4. wer sich in Ansehung einer Verfügung des Erblassers von Todes wegen einer Straftat nach den §§ 267, 271 bis 274 des Strafgesetzbuchs schuldig gemacht hat.

제2338조 의무상속분의 제한

(1) 비속이 그의 장래의 취득이 현저히 위험하게 될 정도로 낭비하거나 채무초과한 때에는 피상속인은 비속이 사망한 후에 그의 법정상속인이 그에게 남겨진 재산이나 그에게 주어지는 의무분을 후상속인 또는 후수증인으로서 그의 법정상속분의 비율로 취득할 것을 지시하여 비속의 의무분권을 제한할 수 있다. 피상속인은 비속의 생존기간 동안 그 관리를 유언집행인에게 맡길 수 있다; 그러한 경우 비속은 년 순수익에 대한 청구권을 가진다.
(2) 이러한 종류의 지시에 관하여 제2336조 제1항에서 제3항의 규정이 준용된다. 상속이 개시될 때에 비속이 지속적으로 낭비생활에서 벗어났거나 지시의 원인을 형성하는 채무초과가 더 이상 존재하지 않을 때에는 지시는 무효이다.

제 6 장 상속결격

제2339조 상속의 결격사유

(1) 다음의 사람은 상속결격이다.
1. 고의와 위법으로 피상속인을 살해하거나 살해하려고 하거나 피상속인이 그가 사망할 때까지 사인처분을 작성하거나 취소할 능력이 없는 상태에 빠뜨린 사람,
2. 고의와 위법으로 피상속인이 사인처분을 작성하거나 취소하는 것을 방해한 사람,
3. 악의의 기망이나 강박으로 위법하게 피상속인이 사인처분을 작성하거나 취소하도록 한 사람,
4. 피상속인의 사인처분에 관하여 형법 제267조, 제271조에서 제274조에 따라 피상속인의 사인처분에 관하여 책임이 있는 사람.

(2) Die Erbunwürdigkeit tritt in den Fällen des Absatzes 1 Nr. 3, 4 nicht ein, wenn vor dem Eintritt des Erbfalls die Verfügung, zu deren Errichtung der Erblasser bestimmt oder in Ansehung deren die Straftat begangen worden ist, unwirksam geworden ist, oder die Verfügung, zu deren Aufhebung er bestimmt worden ist, unwirksam geworden sein würde.

§ 2340 Geltendmachung der Erbunwürdigkeit durch Anfechtung

(1) Die Erbunwürdigkeit wird durch Anfechtung des Erbschaftserwerbs geltend gemacht.
(2) Die Anfechtung ist erst nach dem Anfall der Erbschaft zulässig. Einem Nacherben gegenüber kann die Anfechtung erfolgen, sobald die Erbschaft dem Vorerben angefallen ist.
(3) Die Anfechtung kann nur innerhalb der in § 2082 bestimmten Fristen erfolgen.

§ 2341 Anfechtungsberechtigte

Anfechtungsberechtigt ist jeder, dem der Wegfall des Erbunwürdigen, sei es auch nur bei dem Wegfall eines anderen, zustatten kommt.

§ 2342 Anfechtungsklage

(1) Die Anfechtung erfolgt durch Erhebung der Anfechtungsklage. Die Klage ist darauf zu richten, dass der Erbe für erbunwürdig erklärt wird.
(2) Die Wirkung der Anfechtung tritt erst mit der Rechtskraft des Urteils ein.

§ 2343 Verzeihung

Die Anfechtung ist ausgeschlossen, wenn der Erblasser dem Erbunwürdigen verziehen hat.

§ 2344 Wirkung der Erbunwürdigerklärung

(1) Ist ein Erbe für erbunwürdig erklärt, so gilt der Anfall an ihn als nicht erfolgt.

(2) 제1항 제3호와 제4호의 경우 상속이 개시되기 전에 피상속인이 그를 작성하도록 규정되거나 그에 관하여 형사범죄가 범하여진 처분[유언]이 무효가 되거나 피상속인이 그를 취소하도록 규정된 처분이 무효가 될 것인 때에는 상속결격이 생기지 아니한다.
<현행민법 제1004조>

제2340조 취소에 의한 상속결격의 행사

(1) 상속결격은 상속재산취득의 취소로 행사될 수 있다.
(2) 취소는 상속이 개시된 후에만 허용된다. 상속이 선상속인에게 개시된 즉시 취소는 1인의 후상속인에 대하여 행사될 수 있다.
(3) 취소는 제2082조에 규정된 기간 내에만 행사될 수 있다.

제2341조 취소권자

상속결격의 소멸로 이익을 받는 사람은 모두 취소권자이며, 타인에게만 소멸하는 경우에도 그러하다.

제2342조 취소소송

(1) 취소는 취소소송의 제기로 행사된다. 소송은 상속인이 상속결격으로 선고되는 것을 목적으로 한다.
(2) 취소의 효력은 판결에 확정효가 생긴 때에 비로소 생긴다.

제2343조 용서

피상속인이 상속결격자를 용서한 때에는 취소가 배제된다. <현행민법 제1004조 비교>

제2344조 상속결격의 효과

(1) 상속인이 상속결격으로 선고된 때에는 상속은 그에게 일어나지 않은 것으로 본다.

(2) Die Erbschaft fällt demjenigen an, welcher berufen sein würde, wenn der Erbunwürdige zur Zeit des Erbfalls nicht gelebt hätte; der Anfall gilt als mit dem Eintritt des Erbfalls erfolgt.

§ 2345 Vermächtnisunwürdigkeit; Pflichtteilsunwürdigkeit

(1) Hat sich ein Vermächtnisnehmer einer der in § 2339 Abs. 1 bezeichneten Verfehlungen schuldig gemacht, so ist der Anspruch aus dem Vermächtnis anfechtbar. Die Vorschriften der §§ 2082, 2083, 2339 Abs. 2 und der §§ 2341, 2343 finden Anwendung.
(2) Das Gleiche gilt für einen Pflichtteilsanspruch, wenn der Pflichtteilsberechtigte sich einer solchen Verfehlung schuldig gemacht hat.

Abschnitt 7. Erbverzicht

§ 2346 Wirkung des Erbverzichts, Beschränkungsmöglichkeit

(1) Verwandte sowie der Ehegatte des Erblassers können durch Vertrag mit dem Erblasser auf ihr gesetzliches Erbrecht verzichten. Der Verzichtende ist von der gesetzlichen Erbfolge ausgeschlossen, wie wenn er zur Zeit des Erbfalls nicht mehr lebte; er hat kein Pflichtteilsrecht.
(2) Der Verzicht kann auf das Pflichtteilsrecht beschränkt werden.

§ 2347 Persönliche Anforderungen, Vertretung

(1) Zu dem Erbverzicht ist, wenn der Verzichtende unter Vormundschaft steht, die Genehmigung des Familiengerichts erforderlich; steht er unter elterlicher Sorge, so gilt das Gleiche. Für den Verzicht durch den Betreuer ist die Genehmigung des Betreuungsgerichts erforderlich.
(2) Der Erblasser kann den Vertrag nur persönlich schließen; ist er in der Geschäftsfähigkeit beschränkt, so bedarf er nicht der Zustimmung seines gesetzlichen Vertreters. Ist der Erblasser geschäftsunfähig, so kann der Vertrag durch den gesetzlichen Vertreter geschlossen werden; die Genehmigung des Familiengerichts oder Betreuungsgerichts ist in gleichem Umfang wie nach Absatz 1 erforderlich.

(2) 상속재산은 상속결격자가 상속이 개시된 때에 생존하지 않았더라면 상속인이 되었을 사람에게 귀속한다; 귀속은 상속개시로 이루어지는 것으로 본다.
<현행민법 제1003조 제2항, 제1004조 비교>

제2345조 유증결격; 의무분결격

(1) 수증자가 제2339조 제1항에 규정된 결격사유 중 하나에 대하여 책임이 있는 경우, 유증청구권은 취소할 수 있다. 제2082조, 제2083조, 제2339조 제2항과 제2341조, 그리고 제2343조의 규정이 적용된다.
(2) 이는 의무분권자가 그러한 결격사유에 대하여 책임이 있을 경우 의무분청구권에 대하여도 같다.
<현행민법 제1004조 비교>

제 7 장　상속포기

제2346조 상속포기의 효과, 제한가능성

(1) 피상속인의 친족과 배우자는 피상속인과의 계약으로 그의 법정상속권을 포기할 수 있다. 포기자는 그가 상속이 개시된 때에 생존하지 않은 것과 같이 법정상속에서 배제된다; 그는 의무상속분을 가지지 아니한다.
(2) 포기는 의무상속분으로 제한될 수 있다.
<현행민법 제1041조, 제1042조 비교>

재2347조 인적 지시, 대리

(1) 상속포기자가 후견 아래 있을 때에는 상속포기에는 가정법원의 승인이 요구된다; 그가 친권 아래 있을 때에도 그러하다. 성년후견인에 의한 포기에는 성년후견법원의 승인이 요구된다.
(2) 피상속인 본인만이 그 계약을 체결할 수 있다; 그가 행위능력에서 제한된 때에는 그는 그의 법정대리인의 동의를 필요로 하지 아니한다. 피상속인이 행위무능력일 경우 계약은 법정대리인에 의하여 체결될 수 있다; 가정법원 또는 성년후견법원의 승인이 제1항과 같은 범위에서 요구된다.
<현행민법 제5조, 제10조, 제13조. 제950조, 제1061조 참조>

§ 2348 Form

Der Erbverzichtsvertrag bedarf der notariellen Beurkundung.

§ 2349 Erstreckung auf Abkömmlinge

Verzichtet ein Abkömmling oder ein Seitenverwandter des Erblassers auf das gesetzliche Erbrecht, so erstreckt sich die Wirkung des Verzichts auf seine Abkömmlinge, sofern nicht ein anderes bestimmt wird.

§ 2350 Verzicht zugunsten eines anderen

(1) Verzichtet jemand zugunsten eines anderen auf das gesetzliche Erbrecht, so ist im Zweifel anzunehmen, dass der Verzicht nur für den Fall gelten soll, dass der andere Erbe wird.

(2) Verzichtet ein Abkömmling des Erblassers auf das gesetzliche Erbrecht, so ist im Zweifel anzunehmen, dass der Verzicht nur zugunsten der anderen Abkömmlinge und des Ehegatten oder Lebenspartners des Erblassers gelten soll.

§ 2351 Aufhebung des Erbverzichts

Auf einen Vertrag, durch den ein Erbverzicht aufgehoben wird, findet die Vorschrift des § 2348 und in Ansehung des Erblassers auch die Vorschrift des § 2347 Abs. 2 Satz 1 erster Halbsatz, Satz 2 Anwendung.

§ 2352 Verzicht auf Zuwendungen

Wer durch Testament als Erbe eingesetzt oder mit einem Vermächtnis bedacht ist, kann durch Vertrag mit dem Erblasser auf die Zuwendung verzichten. Das Gleiche gilt für eine Zuwendung, die in einem Erbvertrag einem Dritten gemacht ist. Die Vorschriften der §§ 2347 bis 2349 finden Anwendung.

§ 2353 Zuständigkeit des Nachlassgerichts, Antrag

Das Nachlassgericht hat dem Erben auf Antrag ein Zeugnis über sein Erbrecht und, wenn er nur zu einem Teil der Erbschaft berufen ist, über die Größe des Erbteils zu erteilen (Erbschein).

第2348조 방식

상속포기계약은 공정증서의 작성을 요건으로 한다.

第2349조 비속에 대한 확장

피상속인의 비속 또는 방계친이 법정상속권을 포기한 때에는, 다른 정함이 없으면, 포기의 효력은 그의 비속에 미친다. <현행민법 제1001조 비교>

第2350조 타인을 위한 포기

(1) 타인을 위하여 법정상속권을 포기한 경우, 명백하지 않으면, 포기는 타인이 상속인이 될 경우에만 유효한 것으로 본다.

(2) 피상속인의 비속이 법정상속권을 포기한 경우, 명백하지 않으면, 그 포기는 피상속인의 다른 비속, 배우자 또는 종신반려인을 위하여만 유효한 것으로 본다.

<현행민법 제1043조 참조>

第2351조 상속포기의 취소

상속포기가 취소되는 계약에 대하여는 제2348조의 규정이 적용되고 피상속인에 관하여는 제2347조 제2항 1문 전단과 2문의 규정이 또한 적용된다.

第2352조 출연의 포기

유언으로 상속인으로 지정되거나 유증으로 지명된 사람은 피상속인과의 계약으로 출연을 포기할 수 있다. 이는 상속계약으로 제3자에게 이루어진 출연에 대하여도 같다. 제2347조부터 제2349조의 규정이 적용된다.

第2353조 상속법원의 관할, 신청

상속법원은 신청에 따라 상속인에게 그의 상속권에 관하여, 그가 상속재산의 일부에 대하여만 상속인이 된 때에는 상속분의 크기에 관한 증서를 발급하여야 한다(상속증서). <현행민법 제1023조 비교>

Abschnitt 8. Erbschein

§§ 2354 bis 2359 (weggefallen)

§ 2360 (weggefallen)

§ 2361 Einziehung oder Kraftloserklärung des unrichtigen Erbscheins

Ergibt sich, dass der erteilte Erbschein unrichtig ist, so hat ihn das Nachlassgericht einzuziehen. Mit der Einziehung wird der Erbschein kraftlos.

§ 2362 Herausgabe- und Auskunftsanspruch des wirklichen Erben

(1) Der wirkliche Erbe kann von dem Besitzer eines unrichtigen Erbscheins die Herausgabe an das Nachlassgericht verlangen.
(2) Derjenige, welchem ein unrichtiger Erbschein erteilt worden ist, hat dem wirklichen Erben über den Bestand der Erbschaft und über den Verbleib der Erbschaftsgegenstände Auskunft zu erteilen.

§ 2363 Herausgabeanspruch des Nacherben und des Testamentsvollstreckers

Dem Nacherben sowie dem Testamentsvollstrecker steht das in § 2362 Absatz 1 bestimmte Recht zu.

§ 2364 (weggefallen)

§ 2365 Vermutung der Richtigkeit des Erbscheins

Es wird vermutet, dass demjenigen, welcher in dem Erbschein als Erbe bezeichnet ist, das in dem Erbschein angegebene Erbrecht zustehe und dass er nicht durch andere als die angegebenen Anordnungen beschränkt sei.

제 8 장 상속증서

제2354조에서 제2359조 (삭제)

제2360조 (삭제)

제2361조 부정 상속증서의 회수와 무효선고

발급한 상속증서가 부정확하다고 인정되는 경우 상속법원을 이를 회수하여야 한다. 회수로 상속증서는 효력을 잃는다.

제2362조 진정한 상속인의 반환청구권과 안내청구권

(1) 진정상속인은 부정확한 상속증서의 점유자에게 상속법원으로 반환을 청구할 수 있다.

(2) 부정확한 상속증서가 발급된 사람은 진정상속인에게 상속재산의 현황과 상속목적물의 소재에 관하여 안내하여야 한다.

<현행민법 제999조 제1항 참조>

제2363조 후상속인과 유언집행인의 반환청구권

제2362조 제1항에 규정된 권리가 후상속인과 유언집행인에게 있다.

<현행민법 제1101조 참조>

제2364조 (삭제)

제2365조 상속증서의 정확성에 대한 추정

상속증서에 기재된 상속권이 상속증서에 상속인으로 표시된 사람에게 있고 그는 기재된 지시 외의 다른 지시에 의하여 제한되지 않는다고 추정된다.

§ 2366 Öffentlicher Glaube des Erbscheins

Erwirbt jemand von demjenigen, welcher in einem Erbschein als Erbe bezeichnet ist, durch Rechtsgeschäft einen Erbschaftsgegenstand, ein Recht an einem solchen Gegenstand oder die Befreiung von einem zur Erbschaft gehörenden Recht, so gilt zu seinen Gunsten der Inhalt des Erbscheins, soweit die Vermutung des § 2365 reicht, als richtig, es sei denn, dass er die Unrichtigkeit kennt oder weiß, dass das Nachlassgericht die Rückgabe des Erbscheins wegen Unrichtigkeit verlangt hat.

§ 2367 Leistung an Erbscheinserben

Die Vorschrift des § 2366 findet entsprechende Anwendung, wenn an denjenigen, welcher in einem Erbschein als Erbe bezeichnet ist, auf Grund eines zur Erbschaft gehörenden Rechts eine Leistung bewirkt oder wenn zwischen ihm und einem anderen in Ansehung eines solchen Rechts ein nicht unter die Vorschrift des § 2366 fallendes Rechtsgeschäft vorgenommen wird, das eine Verfügung über das Recht enthält.

§ 2368 Testamentsvollstreckerzeugnis

Einem Testamentsvollstrecker hat das Nachlassgericht auf Antrag ein Zeugnis über die Ernennung zu erteilen. Die Vorschriften über den Erbschein finden auf das Zeugnis entsprechende Anwendung; mit der Beendigung des Amts des Testamentsvollstreckers wird das Zeugnis kraftlos.

§ 2369 (weggefallen)

제2366조 상속증서의 공신력

특정인이 상속증서에 상속인으로 표시된 사람으로부터 법률행위로 상속목적물나 그 목적물 위의 권리 또는 상속재산에 속하는 권리로부터 면제를 취득한 경우, 그의 이익을 위하여 상속증서의 내용이 제2365조의 추정이 미치는 한도에서 진실한 것으로 본다. 그러나 그가 그 부정확성을 알았거나 상속법원이 부정확성을 이유로 상속증서의 반환을 청구한 사실을 안 때에는 그러하지 아니하다.

제2367조 상속증서상속인에 대한 급부

제2366조의 규정은 상속증서에 상속인으로 표시된 사람에게 상속재산에 속하는 권리에 근거하여 급부가 실현되었거나 그 권리에 관하여 그와 타인 사이에 제2366조의 규정에 속하지 않는, 그 권리의 처분을 내용으로 하는 법률행위가 체결된 경우에 준용된다.

제2368조 유언집행인증명서

상속법원은 신청이 있으면 유언집행인에게 그 선임에 관한 증명서를 발급하여야 한다. 상속증서에 관한 규정이 증명서에 준용된다; 유언집행인의 임무가 종료하면 증명서는 효력을 잃는다. <현행민법 제1093조, 제1095조 비교>

제2369조 (삭제)

§ 2370 Öffentlicher Glaube bei Todeserklärung

(1) Hat eine Person, die für tot erklärt oder deren Todeszeit nach den Vorschriften des Verschollenheitsgesetzes festgestellt ist, den Zeitpunkt überlebt, der als Zeitpunkt ihres Todes gilt, oder ist sie vor diesem Zeitpunkt gestorben, so gilt derjenige, welcher auf Grund der Todeserklärung oder der Feststellung der Todeszeit Erbe sein würde, in Ansehung der in den §§ 2366, 2367 bezeichneten Rechtsgeschäfte zugunsten des Dritten auch ohne Erteilung eines Erbscheins als Erbe, es sei denn, dass der Dritte die Unrichtigkeit der Todeserklärung oder der Feststellung der Todeszeit kennt oder weiß, dass sie aufgehoben worden sind.
(2) Ist ein Erbschein erteilt worden, so stehen demjenigen, der für tot erklärt oder dessen Todeszeit nach den Vorschriften des Verschollenheitsgesetzes festgestellt ist, wenn er noch lebt, die im § 2362 bestimmten Rechte zu. Die gleichen Rechte hat eine Person, deren Tod ohne Todeserklärung oder Feststellung der Todeszeit mit Unrecht angenommen worden ist.

Abschnitt 9. Erbschaftskauf

§ 2371 Form

Ein Vertrag, durch den der Erbe die ihm angefallene Erbschaft verkauft, bedarf der notariellen Beurkundung.

§ 2372 Dem Käufer zustehende Vorteile

Die Vorteile, welche sich aus dem Wegfall eines Vermächtnisses oder einer Auflage oder aus der Ausgleichungspflicht eines Miterben ergeben, gebühren dem Käufer.

§ 2373 Dem Verkäufer verbleibende Teile

Ein Erbteil, der dem Verkäufer nach dem Abschluss des Kaufs durch Nacherbfolge oder infolge des Wegfalls eines Miterben anfällt, sowie ein dem Verkäufer zugewendetes Vorausvermächtnis ist im Zweifel nicht als mitverkauft anzusehen. Das Gleiche gilt von Familienpapieren und Familienbildern.

제2370조 사망선고의 공신력

(1) 사망으로 선고되었거나 그의 사망시기가 실종법률(Verschollenheitsgesetz)의 규정에 따라 확정된 사람이 그의 사망시기로 의제되는 시기에 생존한 경우, 사망선고 또는 사망시기의 확정으로 상속인이 된 사람은 제3자를 위하여 제2366조와 제2367조에 규정된 법률행위에 관하여 상속증서가 발급되지 않은 때에도 상속인으로 본다. 그러나 제3자가 사망선고나 사망시기의 부정확을 알거나 그것이 취소되었다는 것을 안 때에는 그러하지 아니하다.

(2) 상속증서가 발급된 경우, 사망으로 선고되었거나 실종법률의 규정에 따라 그의 사망시기가 확정된 사람이 생존한 때에는 그에게 제2362조에 규정된 권리가 주어진다. 그의 사망이 사망선고 또는 사망시기의 확정이 없이 불법으로 인정된 사람도 같은 권리를 가진다.

<현행민법 제29조 참조>

제 9 장 상속재산매매

제2371조 방식

상속인이 그에게 귀속되는 상속재산을 매도하는 계약은 공정증서의 작성을 요건으로 한다.

제2372 매수인에게 귀속되는 이익

유증이나 부담의 소멸 또는 공동상속인의 조정의무에서 발생하는 이익은 매수인에게 주어진다.

제2373조 매도인에게 잔존하는 부분

매매계약을 체결한 후 후상속이나 공동상속인의 탈락으로 매도인에게 속하는 상속분과 매도인에게 출연된 생전유증은, 명백하지 않으면, 함께 매도된 것으로 보지 아니한다. 가족관계서류(Familienpapiere)와 가족사진에 대하여도 같다. <현행민법 제1008조의3 비교>

§ 2374 Herausgabepflicht

Der Verkäufer ist verpflichtet, dem Käufer die zur Zeit des Verkaufs vorhandenen Erbschaftsgegenstände mit Einschluss dessen herauszugeben, was er vor dem Verkauf auf Grund eines zur Erbschaft gehörenden Rechts oder als Ersatz für die Zerstörung, Beschädigung oder Entziehung eines Erbschaftsgegenstands oder durch ein Rechtsgeschäft erlangt hat, das sich auf die Erbschaft bezog.

§ 2375 Ersatzpflicht

(1) Hat der Verkäufer vor dem Verkauf einen Erbschaftsgegenstand verbraucht, unentgeltlich veräußert oder unentgeltlich belastet, so ist er verpflichtet, dem Käufer den Wert des verbrauchten oder veräußerten Gegenstands, im Falle der Belastung die Wertminderung zu ersetzen. Die Ersatzpflicht tritt nicht ein, wenn der Käufer den Verbrauch oder die unentgeltliche Verfügung bei dem Abschluss des Kaufs kennt.
(2) Im Übrigen kann der Käufer wegen Verschlechterung, Untergangs oder einer aus einem anderen Grunde eingetretenen Unmöglichkeit der Herausgabe eines Erbschaftsgegenstands nicht Ersatz verlangen.

§ 2376 Haftung des Verkäufers

(1) Die Haftung des Verkäufers für Rechtsmängel beschränkt sich darauf, dass ihm das Erbrecht zusteht, dass es nicht durch das Recht eines Nacherben oder durch die Ernennung eines Testamentsvollstreckers beschränkt ist, dass nicht Vermächtnisse, Auflagen, Pflichtteilslasten, Ausgleichungspflichten oder Teilungsanordnungen bestehen und dass nicht unbeschränkte Haftung gegenüber den Nachlassgläubigern oder einzelnen von ihnen eingetreten ist.
(2) Für Sachmängel eines zur Erbschaft gehörenden Gegenstands haftet der Verkäufer nicht, es sei denn, dass er einen Mangel arglistig verschwiegen oder eine Garantie für die Beschaffenheit des Gegenstands übernommen hat.

제2374조 인도의무

매도인은 매도할 때에 현존하였던 상속목적물을 그가 매도하기 전에 상속재산에 속한 권리를 기초로 하거나 상속목적물의 멸실이나 훼손 또는 수용에 대한 배상으로, 또는 상속재산과 관련된 법률행위로 취득한 것을 매수인에게 인도할 의무가 있다.

제2375 배상의무

(1) 매도인이 매도하기 전에 상속목적물을 소비하였거나 무상으로 양도하였거나 무상으로 부담을 설정한 경우 그는 매수인에게 소비하였거나 양도한 목적물의 가액을, 그리고 부담설정의 경우에는 가액감소를 배상하여야 한다. 배상의무는 매매를 체결할 때에 매수인이 소비 또는 무상의 처분을 안 때에는 생기지 아니한다.

(2) 그러나 매수인은 훼손, 멸실 또는 그 밖의 사유로 발생한 상속목적물의 인도불능을 원인으로 배상을 청구할 수 없다.

제2376조 매도인의 책임

(1) 권리의 하자에 대한 매도인의 책임은 그에게 상속권이 귀속하고 그 상속권이 후상속인의 권리 또는 유언집행인의 선임에 의하여 제한되지 않고, 유증, 부담, 의무분부담, 조정의무 또는 분할지시가 존재하지 않고 상속채권자들 또는 그들 중 개개인에 대하여 무한책임이 생기지 않는 것으로 제한된다.

(2) 상속재산에 속하는 목적물의 물건의 하자에 대하여 매도인은 책임을 지지 아니한다. 그러나 그가 악의로 하자를 숨겼거나 목적물의 성질에 관하여 보증한 때에는 그러하지 아니하다.

§ 2377 Wiederaufleben erloschener Rechtsverhältnisse

Die infolge des Erbfalls durch Vereinigung von Recht und Verbindlichkeit oder von Recht und Belastung erloschenen Rechtsverhältnisse gelten im Verhältnis zwischen dem Käufer und dem Verkäufer als nicht erloschen. Erforderlichenfalls ist ein solches Rechtsverhältnis wiederherzustellen.

§ 2378 Nachlassverbindlichkeiten

(1) Der Käufer ist dem Verkäufer gegenüber verpflichtet, die Nachlassverbindlichkeiten zu erfüllen, soweit nicht der Verkäufer nach § 2376 dafür haftet, dass sie nicht bestehen.

(2) Hat der Verkäufer vor dem Verkauf eine Nachlassverbindlichkeit erfüllt, so kann er von dem Käufer Ersatz verlangen.

§ 2379 Nutzungen und Lasten vor Verkauf

Dem Verkäufer verbleiben die auf die Zeit vor dem Verkauf fallenden Nutzungen. Er trägt für diese Zeit die Lasten, mit Einschluss der Zinsen der Nachlassverbindlichkeiten. Den Käufer treffen jedoch die von der Erbschaft zu entrichtenden Abgaben sowie die außerordentlichen Lasten, welche als auf den Stammwert der Erbschaftsgegenstände gelegt anzusehen sind.

§ 2380 Gefahrübergang, Nutzungen und Lasten nach Verkauf

Der Käufer trägt von dem Abschluss des Kaufs an die Gefahr des zufälligen Untergangs und einer zufälligen Verschlechterung der Erbschaftsgegenstände. Von diesem Zeitpunkt an gebühren ihm die Nutzungen und trägt er die Lasten.

§ 2381 Ersatz von Verwendungen und Aufwendungen

(1) Der Käufer hat dem Verkäufer die notwendigen Verwendungen zu ersetzen, die der Verkäufer vor dem Verkauf auf die Erbschaft gemacht hat.

(2) Für andere vor dem Verkauf gemachte Aufwendungen hat der Käufer insoweit Ersatz zu leisten, als durch sie der Wert der Erbschaft zur Zeit des Verkaufs erhöht ist.

제2377조 소멸한 법률관계의 회생

상속의 효과로 권리와 의무의 혼동 또는 권리와 부담의 혼동으로 소멸한 법률관계는 매수인과 매도인의 관계에서 소멸하지 않은 것으로 본다. 필요한 경우 그러한 법률관계를 재건하여야 한다. <현행민법 제191조, 제507조 참조>

제2378조 상속채무

(1) 매도인이 제2376조에 따라 상속채무가 존재하지 않는다는 것에 대하여 책임이 없으면, 매수인은 매도인에 대하여 상속채무를 이행할 의무가 있다.
(2) 매도인이 매도하기 전에 상속채무를 이행한 경우, 그는 매수인에게 보상을 청구할 수 있다.

제2379조 매도 전의 용익과 부담

매도하기 전의 시기에 발생한 용익은 매도인에게 귀속한다. 그는 그 기간 동안 상속채무의 이자를 포함한 부담을 진다. 그러나 상속재산으로 지급하여야 하는 조세와 상속목적물의 고유[기본]가액에 놓인 것으로 여겨지는 예외적인 부담은 매수인에게 있다.

제2380조 매도 후의 위험이전, 용익과 부담

매수인은 매매계약을 체결한 때부터 상속목적물의 우연한 멸실과 우연한 훼손의 위험을 부담한다. 이때부터 그에게 용익이 주어지고 그는 부담을 진다.

제2381조 비용과 지출의 상환

(1) 매수인은 매도인에게 매도인이 매도하기 전에 상속재산에 지출한 필요비를 상환하여야 한다.
(2) 매도하기 전에 지출한 그 밖의 비용에 관하여는 매수인은 그 비용지출에 의하여 상속재산의 가액이 매도할 때에 증가한 한도에서 상환하여야 한다.

§ 2382 Haftung des Käufers gegenüber Nachlassgläubigern

(1) Der Käufer haftet von dem Abschluss des Kaufs an den Nachlassgläubigern, unbeschadet der Fortdauer der Haftung des Verkäufers. Dies gilt auch von den Verbindlichkeiten, zu deren Erfüllung der Käufer dem Verkäufer gegenüber nach den §§ 2378, 2379 nicht verpflichtet ist.
(2) Die Haftung des Käufers den Gläubigern gegenüber kann nicht durch Vereinbarung zwischen dem Käufer und dem Verkäufer ausgeschlossen oder beschränkt werden.

§ 2383 Umfang der Haftung des Käufers

(1) Für die Haftung des Käufers gelten die Vorschriften über die Beschränkung der Haftung des Erben. Er haftet unbeschränkt, soweit der Verkäufer zur Zeit des Verkaufs unbeschränkt haftet. Beschränkt sich die Haftung des Käufers auf die Erbschaft, so gelten seine Ansprüche aus dem Kauf als zur Erbschaft gehörend.
(2) Die Errichtung des Inventars durch den Verkäufer oder den Käufer kommt auch dem anderen Teil zustatten, es sei denn, dass dieser unbeschränkt haftet.

§ 2384 Anzeigepflicht des Verkäufers gegenüber Nachlassgläubigern, Einsichtsrecht

(1) Der Verkäufer ist den Nachlassgläubigern gegenüber verpflichtet, den Verkauf der Erbschaft und den Namen des Käufers unverzüglich dem Nachlassgericht anzuzeigen. Die Anzeige des Verkäufers wird durch die Anzeige des Käufers ersetzt.
(2) Das Nachlassgericht hat die Einsicht der Anzeige jedem zu gestatten, der ein rechtliches Interesse glaubhaft macht.

제2382조 상속채권자에 대한 매수인의 책임

(1) 매수인은 매도인의 책임의 존속에 영향을 받지 않고 매매계약을 체결한 때부터 상속채권자에 대하여 책임을 진다. 이는 매수인이 제2378조와 제2379조에 따라 매도인에 대하여 이행할 의무가 없는 채무에 관하여도 같다.

(2) 채권자에 대한 매수인의 책임은 매수인과 매도인 사이의 약정으로 배제되거나 제한될 수 없다.

제2383조 매수인의 책임범위

(1) 매수인의 책임에 관하여는 상속인의 책임제한에 관한 규정이 적용된다. 그는 매도인이 매도할 때에 무한책임을 질 때에는 무한책임을 진다. 상속재산에 대한 매수인의 책임이 제한된 경우 매매에서 발생하는 그의 청구권은 상속재산에 속하는 것으로 본다.

(2) 매도인 또는 매수인에 의한 목록작성은 상대방에게도 적용된다. 그러나 후자가 무한책임을 지는 때에는 그러하지 않다.

제2384조 상속채권자에 대한 매도인의 통지의무, 열람권

(1) 매도인은 상속채권자에 대하여 상속재산의 매도와 매수인의 이름을 지체없이 상속법원에 통지할 의무를 진다. 매도인의 통지는 매수인의 통지로 대체된다.

(2) 상속법원은 법률상 이익을 증명하는 모든 사람에게 통지의 열람을 허용하여야 한다.

§ 2385 Anwendung auf ähnliche Verträge

(1) Die Vorschriften über den Erbschaftskauf finden entsprechende Anwendung auf den Kauf einer von dem Verkäufer durch Vertrag erworbenen Erbschaft sowie auf andere Verträge, die auf die Veräußerung einer dem Veräußerer angefallenen oder anderweit von ihm erworbenen Erbschaft gerichtet sind.

(2) Im Falle einer Schenkung ist der Schenker nicht verpflichtet, für die vor der Schenkung verbrauchten oder unentgeltlich veräußerten Erbschaftsgegenstände oder für eine vor der Schenkung unentgeltlich vorgenommene Belastung dieser Gegenstände Ersatz zu leisten. Die in § 2376 bestimmte Verpflichtung zur Gewährleistung wegen eines Mangels im Recht trifft den Schenker nicht; hat der Schenker den Mangel arglistig verschwiegen, so ist er verpflichtet, dem Beschenkten den daraus entstehenden Schaden zu ersetzen.

제2385조 비슷한 계약에 대한 적용

(1) 상속재산매매에 관한 규정은 계약으로 매도인으로부터 취득한 상속재산의 매매와 양도인에게 상속되거나 다른 방법으로 그가 취득한 상속재산을 목적으로 하는 다른 계약에 준용된다.

(2) 증여의 경우 증여자는 증여하기 전에 소비되었거나 무상으로 양도된 상속목적물이나 이 목적물 위에 증여하기 전에 무상으로 설정된 부담에 대하여 배상할 의무가 없다. 제2376조에 규정된 권리의 하자를 원인으로 하는 담보제공의 의무는 증여자에게 적용되지 아니한다; 증여자가 악의로 하자를 숨긴 때에는 그는 수증인에게 그로부터 발생한 손해를 배상할 의무가 있다.

한글색인

(D 0000은 독일민법의 법률규정)

Sachverzeichnis

Ziffer = Paragraphen Deutsches BGB,
K Ziffern = Paragraphen, Koreanisches BGB

이진기
성균관대학교 법학전문대학원 교수
법학박사

한국 · 독일 민법전 상속편

초판발행 2019년 10월 30일

편역자 이진기
펴낸이 안종만 · 안상준

편 집 한두희
기획/마케팅 정연환
표지디자인 박준우
제 작 우인도 · 고철민

펴낸곳 (주) 박영사
서울특별시 종로구 새문안로3길 36, 1601
등록 1959. 3. 11. 제300-1959-1호(倫)
전 화 02)733-6771
f a x 02)736-4818
e-mail pys@pybook.co.kr
homepage www.pybook.co.kr
ISBN 979-11-303-3441-7 93360

정 가 25,000원